ィアスポラ研

入管の解体と移民庁の創設

出入国在留管理から多文化共生への転換

駒井 洋 監修
加藤丈太郎 編著

指宿昭一
篠原拓生
平野雄吾
滝朝子
田巻松雄
大西広之
渡邉祐樹
木下洋一
水上洋一郎
テッサ・モーリス＝スズキ
外村大
ファーラー・グラシア
小熊英二
小林真生
近藤敦

明石書店

「移民・ディアスポラ研究」10の刊行にあたって

移民・ディアスポラの流入と定着にともなう諸問題は、重要な研究課題として日本でも近年急浮上してきた。第２次世界大戦後の日本社会においては、移民ないしディアスポラにあたる人びとは在日韓国・朝鮮人および在日中国人以外にほとんどおらず、しかもこの人びとは、単一民族主義のイデオロギーのもとで、できれば日本社会から排除すべき存在として、厳重な管理統制のもとにおかれていた。したがって、この人びとが移民・ディアスポラとして日本社会を構成する、欠くことのできない一員であるという認識は、政策的にまったく欠如していた。

1970年代から、外国人労働者をはじめとして、さまざまな背景をもつ外国人の流入が本格化したが、この人びとはあくまでも一時的滞在者にすぎず、いつかは本国へ帰国することあるいは帰国させることが政策の前提とされていた。このような状況にもかかわらず、移民ないしディアスポラとしての日本社会への定着は、まず在日韓国・朝鮮人や在日中国人からはじまった。この人びとのなかで外国籍を保持する者には特別永住者という日本での永住を予定する在留資格が与えられるとともに、日本国籍を取得して外国系日本人となる者が増加していった。また、非正規滞在者であっても、帰国する意思をもたない者には限られた条件をみたせば在留特別許可が付与されるようになり、その数は相当規模に達している。さらに日本人と結婚するなどの条件をみたした者には永住者という在留資格が与えられ、永住者は激増傾向にある。また、主として日本人の配偶者等あるいは定住者という在留資格で流入したラテンアメリカ日系人やその他の在留資格をもつ外国人の相当部分も日本社会に定着し、難しい条件をクリアして日本国籍を取得する者も増大している。つまり、日本に永住する意思のある外国籍者と日本国籍取得者とからなる、無視できない人口規模の外国系移民・ディアスポラは、日本社会にすでに確固とした地位を確立したのである。

日本での従来の「移民」研究の主要な対象は、日本から主として北アメリカやラテンアメリカに渡った人びとであり、日本にやってくる人びとではなかった。そのため、「移民」研究にはこれまでとは異なる新しいアプローチが要求されている。ディアスポラは、「分散する」「拡散する」「まき散らす」などの意味をもつギリシャ語の動詞を起源とするものであり、近年、ユダヤ人ばかりでなく、国境を越えて定住する人びとをさす概念として広く使われるようになってきた。ディアスポラは、出身国と移住先国に二重に帰属しているから、その異種混淆性から従来の国民文化を超える新しい文化的創造をなしとげる可能性をもつ。また、ある出身国から離れてグローバルに離散したディアスポラは、いわばディアスポラ公共圏とも呼ばれるべきネットワークをグローバルに形成しつつあり、グローバル・ガバナンスの重要な担い手になりつつある。

このような状況に鑑み、われわれは「移民・ディアスポラ研究会」を結成することとした。その目的は、移民・ディアスポラ問題の理論的実践的解明とそれに基づく政策提言にある。この研究会は特定の学問分野に偏らず学際的に組織され、この趣旨に賛同する者であれば、誰でも参加できる。日本にはすでに「移民政策学会」が存在し、活発に活動している。「移民・ディアスポラ研究会」の現在の会員もほとんど「移民政策学会」の会員でもある。それにもかかわらず「移民・ディアスポラ研究会」を立ちあげる主な理由は、日本を中心としながらもグローバルな広がりをもつ、もっとも緊急に解明を要する課題をとりあげ、それに関する研究および実践の成果を体系的に整理しながら政策提言を行う「移民・ディアスポラ研究」のシリーズを刊行することにある。シリーズの各号には編者をおき、おおむね年１冊の刊行をめざす。

シリーズ第 10 号のメインタイトルは、「入管の解体と移民庁の創設―出入国在留管理から多文化共生への転換」とすることとした。2023 年 6 月の国会に改悪された入管法が上程されることは必至である。これが成立すれば、日本で生活している移民たちが蒙る災厄は筆舌に尽くしがたいものになるだろう。そのためわれわれは緊急の課題として本書を刊行することとしたのである。

本書の編者は、著名な救援団体である Asian People's Friendship Society（A.P.F.S.）の中心的スタッフを長年つとめられた加藤丈太郎氏にお願いすることとした。氏の在任中には入管との交渉はいうまでもなく入管への抗議活動も手がけられており、氏は入管の体質を熟知されている。そののち氏は大学院に入学し、博士の学位を取得され、博士論文は氏の著書として出版された。この問題に関する日本の第一人者を編者に得られたことを監修者として喜びたい。

本書は序章と終章のほか、４部から構成されている。第１部は「人権無視の外国人管理」と題され、入管庁におけるいちじるしい人権侵害の実態を弁護士や行政書士をはじめとする５人の著者が告発する。第２部は「元入管職員の『中の視点』から」と題され、入管の元職員３人のなまなましい忘れることができない不愉快な体験と、元東京入国管理局長の政策提言とからなる。

「入管の歴史」と題される第３部は、戦争直後から占領期について検討する２章、独立後から 1980 年代までを通観する章、1990 年代から 21 世紀までを概観する章からなる。とくに占領期に確立した入管法制がアメリカの移民帰化法をそっくり踏襲したことを明らかにする章は衝撃的である。

「移民庁の創設に向けて」と題される第４部は、著名な歴史社会学者による日本における「民族」概念がかかえこんでいる問題点の指摘、レイシストとしての入管官僚の時期的な変容を検討する章、著名な法学者による諸外国における移民庁の成り立ちを紹介する章からなる。

本書が入管庁の解体と移民庁の創設へのきっかけとなることを切望する。

2023 年４月８日

移民・ディアスポラ研究会代表　駒井　洋

目次

序章

出入国在留管理庁の解体と移民庁の創設

加藤丈太郎

はじめに

編者は、2004年10月からボランティアとして、2010年4月からはNPOの代表として、2017年3月まで外国人、その中でも特に在留資格を持たない者の相談業務に従事した。在留資格が、外国人が日本で生活する上での基盤となっているのを実感してきた。たとえば、在留資格がないと健康保険に加入できない。ある相談者は自らの子が、高熱が出ているのに健康保険証がないために病院に連れて行けないのを悔いていた（Osaki 2015）。また、在留資格を持たない者はある日突然、入国者収容所に収容され、最悪の場合、強制送還をされるかもしれない。仮放免の更新許可を得るためには、毎月入国管理局（現出入国在留管理局）に出頭する必要がある。収容を恐れるために出頭の数日前から、不眠状態となっている者もいた（加藤 2021）。このように不安を抱えながら毎日を過ごすのは楽ではない。在留資格取得を目指す途上で病に倒れ、亡くなる者もいた（加藤 2022）。相談者における課題解決の過程で、在留資格を度々問われる中で、ヒトの一生よりも在留資格は重要なのかという疑問を当時NPOで働く中で編者は抱いてきた。この在留資格を扱っているのが本書で取り上げる出入国在留管理庁である。

在留資格を持たない者は、出入国管理及び難民認定法に何らか適合しない点がある。そして、「ルールを守っていない」と職員に叱責される。しかし、いつも出入国在留管理庁が正しいのであろうか。出入国在留管理庁もまた改善しなければならない点はないのだろうか。

編者は東京入国管理局（現東京出入国在留管理局）、東日本入国管理センター（茨城県牛久市所在）に相談者と出向き、職員たちとやり取りをしてきた。東日本入国管理センターでは2018年12月まで一般来庁者も食堂を利用できた。同センターの周りには飲食店もコンビニエンスストアもないので、入管職員も一般来庁者もこの食堂で昼食を取る。東日本入国管理センターでは毎年、入管職員の新任研修が行われており、職員と食堂ですれ違う機会があった。彼／彼女らが「こんにちは」「お先にどうぞ」と爽やかに挨拶をしてくれたのをよく覚えている。しかし、彼／彼女らの中には、東京出入国在留管理局等の現場に配属をされると、時が経つに連れ、目つきが変わり、言動が粗暴になる者も存在した。一体何が彼／彼女らを変えてしまうのだろうか（詳しくは第7章）。

近年、移民の権利に関する政策の不在（髙谷編 2019）や入国者収容所（平野 2020、鈴木・児玉編著 2022、山村 2023）の問題点が指摘されているが、出入国在留管理庁の組織のあり方そのものを問う出版物は未だ限られている。そこで出入国在留管理庁をテーマとする本書を編むことにした。

本章の構成は以下のとおりである。第1節では、2019年4月に創設された出入国在留管理庁について説明する。第2節では、なぜ本書のタイトルの一部を入管（出入国在留管理庁）の「解体」としたのか理由を2つ示して論ずる。第3節では、なぜ本書のタイトルの一部を移民庁の「創設」としたのかを述べる。第4節では、本書所収の各章の内容と著者を紹介する。

なお、本書の著者間でも出入国在留管理庁をめぐっては主張の相違がある。著者の中には出入国在留管理庁の「改善」には賛同するものの、本書のタイトル「解体」までは踏み込んでいない者もいる。編者は著者の多様な主張を尊重し、本を編むうえでは、論理面や構成面の助言に留めた。本書は、一つの論文として完成した原稿をまとめた論文集であるとお考えいただければと思う。

1　出入国「在留」管理庁の創設

出入国在留管理庁の前身は「法務省入国管理局」である。法務省入国管理局は2019年4月に「庁」へと格上げされ、出入国在留管理庁となった。「局」から「庁」に格上げされた点に注目が行きがちだが、編者は「在留」の二文字が加わった点に着目したい。そこには、外国人はあくまでも一時的に「在留」する存在で、それは「管理」すべき対象であるという出入国在留管理庁の意思が表れているように見える。

日本政府は「移民政策」という語を未だ認めていない（小井土・上林 2018）。1994年来、2015年まで概ね5年おきに法務省入国管理局から「出入国管理基本計画」（第5次まで）が出されており、同計画では「出入国管理行政の主要な課題と今後の方針」（法務省入国管理局 2015: 16）が示されてきた。2019年4月、出入国在留管理庁の創設と合わせて「出入国在留管理基本計画」が新たに示された。基本方針として、以下6点が挙げられている。

・我が国経済社会に活力をもたらす外国人を積極的に受け入れていくこと
・開発途上国等への国際貢献の推進を図るとともに、技能実習生の保護の観点から、技能実習制度の適正化を推進すること
・受け入れた外国人との共生社会の実現に向けた環境を整備していくこと
・訪日外国人旅行者の出入国手続を迅速かつ円滑に実施することで観光立国の実現に寄与すること
・安全・安心な社会の実現のため、厳格かつ適切な出入国審査及び在留管理と不法滞在者等に対する対策を強化していくこと
・難民問題については、国際社会の一員として、適正かつ迅速な保護の推進を図っていくこと（下線部は筆者）

同計画では「受け入れ」から「共生社会の実現」に至るまで言及がなされている。つまり、日本においては出入国在留管理庁が定めた、出入国在留管理基本計画が移民政策を代替しているともいえる。同計画では、「厳格」な「在留管理」をもって「安全・安心な社会」を「実現」するという。「在留管理」の対象は外国人である。日本人は含まれない。外国人も日本人も地域で暮らすヒトであることに変わりはない。外国人のみを「管理」の対象として、日本人に「安全・安心な社会」をもたらそうとするのは果たして公正であるだろうか。

さらに、注意して見る必要があるのは、出入国在留管理庁の英文名である。英語に直訳をするならば「Emigration and Immigration Control and Residency Management Agency」となる。しかし、実際には「Immigration Services Agency of Japan[*1]」（下線部は筆者）と訳されている。英訳からは「在留」も「管理」という意味も省かれてしまっている。むしろ、これら本来の意味とは異なる「サービス」という意味が加えられている。日本国内では外国人の「在留」を厳しく「管理」するが、海外には良い顔を向けておきたいという出入国在留管理庁の二面性が翻訳に表れているのではないか。

＊1　出入国在留管理庁ウェブサイトhttps://www.moj.go.jp/isa/index.html（2023年3月3日、最終閲覧）

2　なぜ出入国在留管理庁の「解体」なのか

1　一つの庁で「管理」と「共生」を同時に行うのは無理がある

日本は世界における経済的地位を低下させている。子どもの7人に1人は相対的貧困状態に置かれている。かつて日本を形容していた「一億総中流」は幻想であった。非正規での雇用が増え、終身雇用は多くの場合でもはや保障されていない。日本を支えてきた既存の社会構造は限界に達している。30年にわたって移民社会学研究に取り組んできた駒井（2016: 676）は、アメリカに逃れたドイツ系ユダヤ人の政治哲学者、ハンナ・アーレントの言を踏まえ、「高度に発展した政治共同体であれ文明であれ、そのさらなる発展のためには、異質性を受け入れながらハイブリッド化することが絶対的に要請されている」という。以上を踏まえ、編者は日本には移民[＊2]の受け入れが必要であると主張する。なぜなら、減少の一途をたどる人口の補充に加え、移民による多様な発想やアイディアで日本社会を活性化したいからだ。そして、社会を活性化する発想やアイディアは、ヒトが「厳格」に「在留管理」されているより、安定した法的地位の元でこそ出てくると信ずる。

出入国在留管理庁の機構図[＊3]（図1を参照）を見ると、「在留管理支援部」の下に「在留管理課」と「在留支援課」がある。つまり、一つの部が「管理」と「支援」と相反した内容を同時に行う組織体制となっている。しかし、これまでもっぱら外国人を「管理」してきた主体が、急に「共生」を考えるのには無理がある。Cornelius and Tsuda（2004）は、諸外国の移住政策を比較し、日本においては移住政策が官僚に独占され、また、外国人労働力受け入れはあくまでも一時的に留めるという政府の主張が、国家レベルでの移民の社会統合政策の形成を遅らせてきたと指摘する。日本の移民に関わる政治を研究しているStrausz（2019）は、日本の官僚が、欧州、特にドイツにおいて外国人労働者が国内に留まり移民化したのを否定することで、自らの移民「非」受け入れの立場を正当化してきたと論ずる。また、東京入国管理局長を務めた水上（2021: 174）は「法務省に外国人の受入環境整備に関する総合調整機能」が「閣議決定」により与えられ、「国会で審議することなく……行政府だけで決定」した点を問題視し、「入管は息を切らしながら追いかけていくばかりである」とその限界を述べる。以上を踏まえると、出入国在留管理庁は「共生」の担い手としてふさわしいとはいえない。

加えて、現行の施策には出入国在留管理庁が「受入れ」「共生」を担うことの限界が

図１

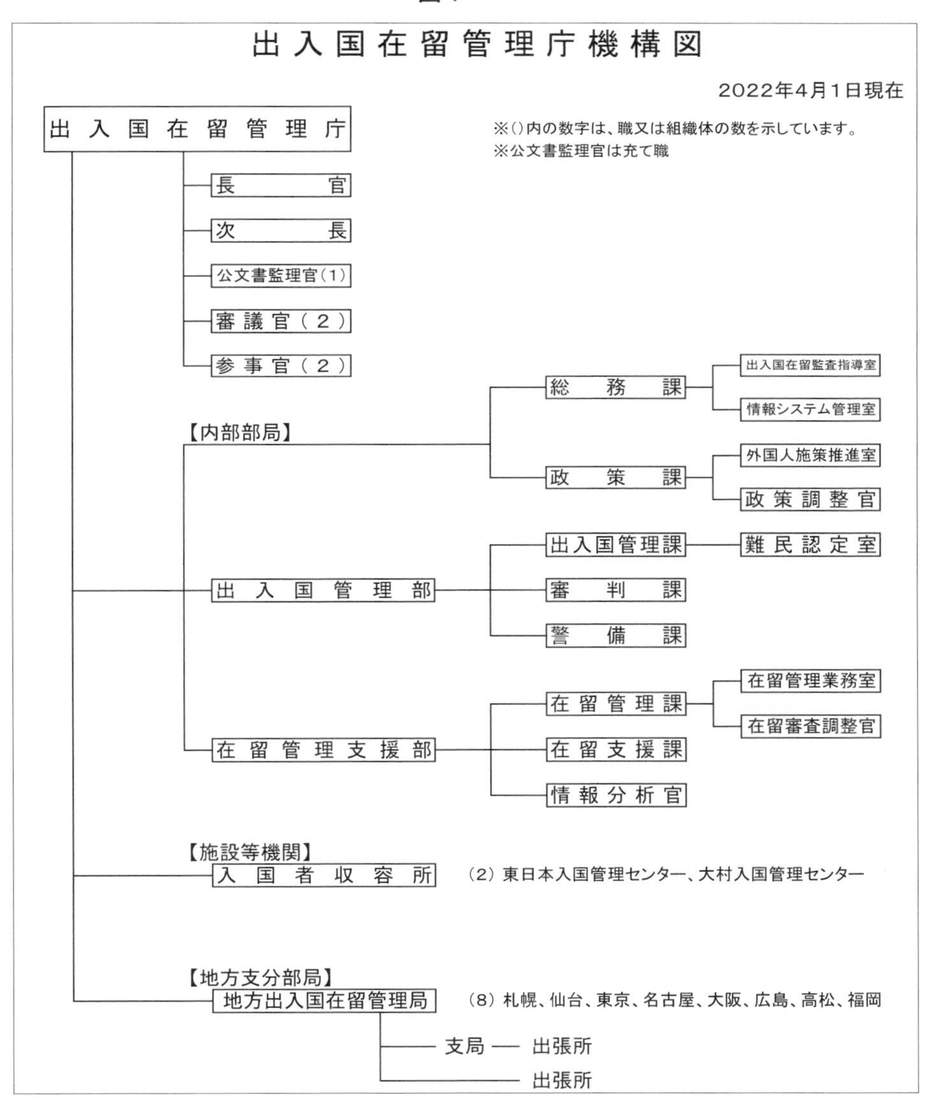

＊2　移民は「通常の居住地以外の国に移動し少なくとも12ヶ月間当該国に居住する人のこと」と国際連合によって定義される。編者は移民受け入れに是の立場から、外国人に代えて「移民」を用いることとする。

＊3　出所：出入国在留管理庁「出入国在留管理庁機構図（2022年４月１日現在）」https://www.moj.go.jp/isa/content/001359741.pdf（2023年３月20日、最終閲覧）

見える。2019年に政府から「外国人材受入れ・共生のための総合的対応策」が出された。出入国在留管理庁はこれを「総合調整」する立場にある。同施策に「ライフステージ・ライフサイクルに応じた支援」が盛り込まれた点こそ評価できるが、この「総合的対応策」が対象としているのが「人材」である点に着目をする必要がある。「人材」とは「才知ある人物。役に立つ人物」(広辞苑)を指す。ヒトは誰しも常に「役に立つ人物」でいられるわけではない。時に精神的に辛くなるときもあれば、体調を崩すこともあろう。外国人のみ「人材」とならなくなったら追放されてしまうのであろうか。それは公平ではないし、公正でもない。加えて、同対応策の「共生社会の基盤整備に向けた取組」を見ると、「『永住者』の在り方について、その許可要件及び許可後の事情変更に対する対応策等について、諸外国の制度及び<u>許可後の状況調査</u>を参考としつつ見直しについて必要な検討」(下線部は編者)が盛り込まれている。施策こそ「受入れ・共生のための」と名付けられているが、中身はむしろ「管理」が強化されており「受入れ・共生」に逆行しているのである。さらに、同対応策の予算を見ると「共生社会の基盤整備」(≒管理)に割いている金額は日本語教育、外国人相談よりも多い。したがって、「受入れ」「共生」に向けた施策は出入国在留管理庁以外の省庁が司るべきであるといえる。

さらに、前述の出入国在留管理庁の機構図を見ると、「難民認定室」は「出入国管理部」「出入国管理課」の下に置かれており、部課として独立していない。世界では入管当局が難民認定をする国はほとんどない(詳しくは第3章、第16章)一方で、日本では現状のままでは「管理」という視点が「難民認定」に優先しかねない状況にある。

以上のように、出入国在留管理庁はその中身にすでに複数の矛盾を抱えている。矛盾を解消するためには、出入国在留管理庁を一度「解体」する必要がある。解体とは「一つにまとまったものをばらばらにすること」(広辞苑)を意味する。解体という語の響きが強すぎると思われた読者もいるかもしれない。しかし、「ばらばら」にした上で、類似するピース同士を繋ぎ合わせて新たな省庁を作った方が、より施策を実行しやすい組織となるのではないだろうか。

2　法務省を他の省庁と同列にする必要がある

「外国人材受入れ・共生のための総合的対応策」では、法務省に「外国人の受入れ環境の整備に関する企画及び立案並びに総合調整を行う[*4]」役割が与えられている。このように、法務省に「企画」「立案」といった大きな役割が委ねられているのはなぜか。

髙谷（2017: 146-147）は、入管法の位置付けが法務省と支援団体の間で異なっている点を指摘する。（外国人）支援団体が、入管法を労働法やそれ以外の法と同列に扱うことを求める一方、法務省は、入管法をあらゆる法の上位に位置付けようとするという。これにはマクリーン訴訟が影響していると考えられる。マクリーン訴訟とはアメリカ合衆国出身の語学教師・マクリーン氏が、在留資格更新不許可処分の取消を求めた訴訟であった（詳しくは第8章、第12章）。最高裁判所はマクリーン氏に対する判決文において「外国人に対する憲法の基本的人権の保障は、右のような外国人在留制度のわく内で与えられているにすぎない[*5]」と述べた。法務省はこの判決を基に、日本における外国人の権利が在留資格の範囲内で認められることを正当化し、外国人においては入管法を他の法より上位に位置付け、「入管法の執行者としての自己自身をあらゆる権力の上位にお」いてきたのだ。

ヒトの暮らしを支えるために、日本では厚生労働省、総務省、法務省、文部科学省をはじめ、様々な省庁が存在する。日本人の場合、法務省のみが上位に位置付けされ、法務省以外が下位に置かれるというのは想像しにくい。しかし、外国人に限っては、法務省が上位に置かれているのは不公平ではないだろうか。外国人においても、法務省を他の省庁と並列させるためには、法務省に「総合調整」の権限を与えるのではなく、移民に関する事項の総合調整を担う新たな省庁が必要である。

3　なぜ移民庁の「創設」なのか

2020年1月13日、麻生太郎副総理（当時）は「2000年の長きにわたって、一つの国で、一つの場所で、一つの民族、一つの天皇という王朝が続いているのはここしかない[*6]」と述べたという。しかし、「単一民族」が「神話」であることはすでに実証されている（小熊 1995）。1952年4月28日から2021年末に帰化をした人の総数は58万5281人[*7]である。つまり、「一つの民族」よりも多い民族がすでに日本人となっ

*4　首相官邸ウェブサイト「外国人の受入れ環境の整備に関する業務の基本方針について」https://www.kantei.go.jp/jp/singi/gaikokujinzai/kaigi/dai1/siryou2.pdf（2023年3月13日、最終閲覧）

*5　最高裁判所判例集「在留期間更新不許可処分取消（1978年10月4日）」https://www.courts.go.jp/app/files/hanrei_jp/255/053255_hanrei.pdf（2022年3月17日、最終閲覧）

*6　吉井理記（2022年2月5日）「『麻生発言』で考えた―なぜ『日本は単一民族の国』と思いたがるのか」『毎日新聞』https://mainichi.jp/articles/20200204/k00/00m/010/113000c（2023年3月18日、最終閲覧）

ているのだ。うち何名が生存し、日本国内にいるかは不明であるが、帰化をした人が日本に相当数存在することは間違いない。

日本においては「移民」という言葉が忌避され続けてきた。特に2012年以降、政権を担っている自由民主党は保守層に支えられており、「移民」という語を使うのに抵抗感を持っている（Roberts 2012）。安倍晋三首相（当時）は「移民政策」を2018年2月20日の経済財政諮問会議において明確に否定している。しかし、日本はすでに移民国家となっている現実を直視する必要がある。2022年末時点で永住者が86万3936人、特別永住者が28万8980人[*8]おり、両者を合わせるとその数は115万人を超える。加えて、OECDのInternational Migration Outlookによると、2019年の外国人流入数は59万2000人[*9]でOECDの中で、ドイツ、アメリカ、スペインに次いで第4位となっている。

同経済財政諮問会議での議論は、2019年4月に創設された特定技能制度につながっている。特定技能制度では、特定技能1号（5年）を経て、特定技能2号に進むと永住の可能性が出てくる。しかし、特定技能2号が認められている業種は、本稿執筆時点では、建設業と船舶・舶用工業のみである。外国人が日本で長く生活するのは認めず、若い一定期間だけ働いてもらおうとする現行の受け入れの継続は果たして可能であろうか。また、妥当であろうか。当初、法務省が帰国すると見込んでいた日系ブラジル人（坂中 2005）は、実際には多くが帰国せず、日本に残り、その子ども、孫が日本で誕生している。ある人が技能実習（最長5年）から特定技能1号（5年）に移行した場合、その人は10年間を日本で過ごすことになる。10年は決して短いとはいえない。「ゆりかごから墓場まで」のライフサイクルは日本人だけに存在するのではない。外国人にも存在する。前述のとおり、出入国在留管理庁が「共生」を担うのには無理がある。そこで、移民に関する事項の「総合調整」をする、また外国人のライフサイクルに向き合う新たな省庁として「移民庁」を創設することを本書では掲げたい。

編者一人だけでここまでに掲げた事項を多面的に考え、論ずるには限界がある。そこで、16名の著者（監修者を含む）に声をかけ、本書を編むことにした。実務家・研究者両方の力を結集し、実務家には出入国在留管理庁の実態を日々の実践を踏まえ明らかにしてもらい、研究者には先行研究を踏まえたうえで、移民庁を構想するための視座を提供してもらおうと考えた。また、出入国在留管理庁を外から批判するだけでは説得力が足りない。そこで、「中の視点」から見るため、元入管の職員4名も著者に含めた。また、研究者には複数の海外出身者を含み、日本を外から見た視点も反映できるようにした。次節では本書の構成を述べる。

4　本書の構成

本書は４部16章（序章・終章をのぞく）から構成される。

第１部は「人権無視の外国人管理」と題し、出入国在留管理庁で現に人権が守られていない状況を主に実務家が明らかにする。

第１章「ウィシュマさん死亡事件」は、弁護士として外国人における人権擁護の最前線で活動する指宿昭一が、自らが担当するウィシュマ・サンダマリ氏の死亡事件の問題点を指摘する。

第２章「強化される在留管理」は、行政書士の篠原拓生が、ネパール人とフィリピン人の事例を元に、在留資格を有する者においても、出入国在留管理庁が「共生」よりも「管理」という視点で見ている様を実証する。また、篠原は外国人を労働者として受け入れるのであれば、永住の可能性を開くべきだと主張する。

第３章「『無法』地帯と暴力―入管収容における暴行、懲罰の実態」は、『ルポ入管』（筑摩書房）の著者でもあるジャーナリストの平野雄吾が、クルド人デニズ氏が入国者収容所で「制圧」された経験をもとに、入管収容における暴行、懲罰の実態を明らかにする。また、出入国在留管理庁が、法令のうち「省令」で全てを決めることで、外国人収容所が「無法地帯」となっている様を指摘する。そして、収容から解放された後も精神的拘束がデニズ氏に続いている様が描かれる。

第４章「収容における性差別主義と多様な性の迫害」では、トランスジェンダーの被収容者の支援にボランティアとして携わってきた滝朝子が、植民地主義に起因する全件収容主義と無期限収容の危険性を訴え、入管収容に性差別主義が通底していることを明らかにする。また、ケアの倫理をもって現行制度を問い直す。

第５章「日系ブラジル人Ｔの収容と強制送還」は、研究者で外国ルーツの子ども向

＊7　法務省法務局「帰化許可申請者数、帰化許可者数及び帰化不許可数の推移」https://www.moj.go.jp/content/001392228.pdf（2022年３月17日、最終閲覧）

＊8　出入国在留管理庁「令和４年末現在における在留外国人について」https://www.moj.go.jp/isa/polices/publications/press/13_00033.html（2022年４月23日、最終閲覧）

＊9　OECD. 2022. “Table A.1. Inflows of foreign population into selected OECD countries.” *International Migration Outlook*. https://www.oecd-ilibrary.org/sites/2ff44e22-en/index.html?itemId=/content/component/2ff44e22-en（2022年３月19日、最終閲覧）

けの教育現場でも活動する田巻松雄が、日系人T氏の日本での20年の生活を追いかけ、T氏の長きにわたる入管施設への収容と強制送還の実態から、入管行政が個々の事情には一切配慮することなく、「不法滞在」を絶対的な悪と見なすことでの問題と課題を論じる。

第2部は、「元入管職員の『中の視点』から」と題し、実際に入管に勤めた経験を有する元職員に、「中の視点」から、出入国在留管理庁における課題を明らかにしてもらう。

第6章「日本における出入国管理組織人事の現状と課題」では、元大阪入国管理局入国審査官の大西広之が、職員やすでに退職した者の配置、昇任及び研修等の事例を紹介し、入管の人事の現状と課題を明らかにする。

第7章「入管内でのいじめ」は、元東京入国管理局成田支局入国審査官で、現在は弁護士として活動する渡邉祐樹が、入管職員として「一人前」になるまでの自らの変容を振り返る。また、先輩職員や同期に自らがいじめを受けた経験を共有し、入管の体質を浮きぼりにする。

第8章「入管の恣意的な判断」は、元東京入国管理局入国審査官の木下洋一が、入管法には言葉の輪郭があいまいな「不確定概念」が散りばめられており、広範な裁量権を入管に与えていると指摘する。また、木下は在留特別許可、正規在留者に対する不許可処分の例を通して、この裁量権が恣意的判断の源泉となっていると指摘する。

第9章「交流共生庁の創設」は、元東京入国管理局長の水上洋一郎が、関係省庁横並びの政策決定における改善の必要性を訴えると共に、出入国、外国人の労働・雇用、厚生、教育・実習生・研修生、難民、移民・移住、帰化、社会への統合等について総合調整し、統一する「交流共生庁」を内閣又は内閣府に設置する構想を述べる。

現代の課題を解決する糸口を見つけるためには過去にさかのぼる必要がある。第3部は「入管の歴史」を4名の研究者がつないで明らかにしていく。

第10章「冷戦と戦後入管体制の形成」は、歴史社会学者のテッサ・モーリス＝スズキが、戦後入管体制は冷戦期に共産主義者による破壊活動に対する不安から、米国のニコラス・D・コレアによってもたらされ、コレアの「行政官に相当の裁量権を与える」べきだという指摘に基づき、入管体制に国家による裁量権が現在まで残っている旨を指摘する。

第11章「戦前から戦後へ―特高警察的体質の保持」は、本『移民・ディアスポラ研究』シリーズの監修者である駒井洋が、戦前から戦後にかけての入管体制の歴史的形成過程を検証し、なぜ、特高（特別高等）警察的体質が、70年以上経過した現在でもそのまま出入国在留管理庁に保持されつづけているのかを考察する。

第12章「冷戦と経済成長下の日本の『外国人問題』」は、歴史学者の外村大が本格的な外国人労働者導入、増大を前にした1950年代半ばから1980年代までの戦後日本について、外国人管理をめぐっていかなる施策や議論があったのかを明らかにしていく。そこから、日本人自身の意識や移民についての点検の必要性を提示する。

第13章「1990年から21世紀における出入国在留管理」は、社会学者・移民研究者のファーラー・グラシアが1990年以降30年以上にわたる日本の移住者人口の移り変わりを紹介する。そして、この間、移民を受け入れられていないのは、自民族中心主義という自己同一性によって制約されているからであると論ずる。

第4部「移民庁の創設に向けて」では、第1部から第3部を踏まえ、移民庁創設に向けて検討しておくべき論点を見る。

第14章「日本における『民族的』アイデンティティ―『民族』概念の創出と伝播」は歴史社会学者の小熊英二による。第13章では、移民受け入れを阻む「自民族中心主義」が議論された。小熊は「民族」を問い直す。民族という概念は、国家の独立と領土の保全のために、実際は均質ではないにもかかわらず、国内の分断を隠蔽して創出されたという。小熊は「民族」をめぐるアイデンティティの政治史を再検討し、日本の「民族的」アイデンティティが現代でも明治期の言説政治に規定されている旨を明らかにする。

第15章は「レイシズムを根底にもつ入管の課題――名古屋入管収容者死亡事件を手掛かりに」は、本シリーズ3号『レイシズムと外国人嫌悪』で編者を務めた小林真生が執筆した。超過滞在の外国人労働者の増加が顕著となった1980年代半ばから現在まで、入管がどのようにレイシズムに基づく認識を形成し2021年3月の名古屋入管死亡事件に至ったのかについて分析する。

第16章は「諸外国の移民庁の成り立ち―入管・総合政策担当機関と収容・永住帰化のあり方」を法学者の近藤敦が、移民政策を担当する国の機関としての「移民庁」のあり方をめぐり、主な諸外国（ドイツ、フランス、イギリス、スウェーデン、アメリカ、カナダ、オーストラリアおよび韓国）の入管政策と統合政策の担当機関を概観し、今後の日本の移民政策の担当機関のあり方を検討する。

終章では第1部から第4部での議論を整理し、移民庁創設に向けて、必要となる視点を盛り込んだ提言を編者にて行う。

なお、巻末には在留資格一覧表、在留期間一覧表と出入国在留管理庁および「出入国管理及び難民認定法」かかわる年表も収録した。本文と合わせて適宜参照されたい。

参考文献

小熊英二（1995）『単一民族神話の起源―〈日本人〉の自画像の系譜』新曜社

加藤丈太郎（2021）「日本で結婚した非正規移民への在留特別許可―婚姻が『安定かつ成熟していること』はいかに評価されているのか」『アジア太平洋討究』第42号、217-229頁

加藤丈太郎（2022）『日本の「非正規移民」―「不法性」はいかにつくられ、維持されるか』明石書店

小井土彰宏・上林千恵子（2018）「特集『日本社会と国際移民―受入れ論争30年後の現実』によせて」『社会学評論』68巻4号、468-478頁

駒井洋（2016）『移民社会学研究―実態分析と政策提言 1987-2016』明石書店

坂中英徳（2005）『入管戦記―「在日」差別、「日系人」問題、外国人犯罪と、日本の近未来』講談社

出入国在留管理庁（2019）「出入国在留管理基本計画」https://www.moj.go.jp/isa/content/930002144.pdf（2023年3月3日、最終閲覧）

鈴木江理子・児玉晃一編著（2022）『入管問題とは何か―終わらない〈密室の人権侵害〉』明石書店

髙谷幸（2017）『追放と抵抗のポリティクス―戦後日本の境界と非正規移民』ナカニシヤ出版

髙谷幸編著（2019）『移民政策とは何か―日本の現実から考える』人文書院

平野雄吾（2020）『ルポ入管―絶望の外国人収容施設』筑摩書房

法務省入国管理局（2015）「第5次出入国管理基本計画」https://www.moj.go.jp/isa/content/930003136.pdf（2023年3月3日、最終閲覧）

水上洋一郎（2021）「入管改革への課題」『世界』950号、岩波書店、170-179頁

山村淳平（2023）『入管解体新書―外国人収容所、その闇の裏』現代人文社

Cornelius, Wayne A. and Takeyuki Tsuda. 2004. “Controlling Immigration: The Limits of Government Intervention.” *Controlling Immigration: A Global Perspective Second Edition.* Stanford University Press, 3-48.

Osaki, Tomohiro. 2015. “Japan’s so-called visa overstayers tell of life in legal limbo.” *The Japan Times* (October, 24th 2015): 1.

Roberts, Glenda S. “Vocalizing the “I” Word: Proposals and Initiatives on Immigration to Japan from the LDP and Beyond.” *Asien.* 124: 48-68.

Strausz, Michael. 2019. *Help (not) Wanted: Immigration Politics in Japan.* State University of New York Press.

第1部
人権無視の外国人管理

第１章
ウィシュマさん死亡事件

指宿昭一

1　名古屋入管ウィシュマさん死亡事件の経緯

2021 年３月６日、名古屋出入国在留管理局（以下、入管）でスリランカ人女性ウィシュマ・サンダマリさんが死亡した。ウィシュマさんは、2017 年６月、留学生として入国した。日本語を学び、将来は日本で英語教師になることをめざしていた。日本語学校に通っていたが、途中から行かなくなり（その理由は不明。なお、学費は前払いしていた）、2018 年６月に日本語学校から除籍。2019 年１月に在留資格を失う。スリランカ人男性と同居していたが、ドメスティック・バイオレンス（DV）の被害に遭い、2020 年８月に警察に出頭。DV 被害者として保護されることはなく、「不法残留」として逮捕され、翌日に名古屋入管に収容された。収容開始時点で、ウィシュマさんは帰国を希望していたが、10 月に、収容前まで同居していた男性から、「スリランカに帰ったら、探し出して罰を与える」という趣旨の手紙を受け取り、強い恐怖を感じて、12 月中旬に在留希望に転じた。すると、入管職員は、「帰れ、帰れ、ムリヤリ帰される（ぞ）」と述べて、何度もウィシュマさんの部屋に来たため、ウィシュマさんは恐怖を覚えた。ウィシュマさんの収容時の体重は 84.9 キログラムであったが、2021 年１月 20 日には 72.0 キログラムで 12.9 キログラム減になっており、飲食をすることが困難な状況であることを訴えていた。その後も、体重は減り続ける。

２月 15 日には、尿検査の結果、「ケトン体３＋」という異常な数値が出ており、これはウィシュマさんが「飢餓状態」にあることを示す数値であり、緊急入院させて点滴で栄養の補給等をすべきであったが、入管は何もしなかった。この頃以降、ウィシュマさんも、面会していた支援者も、何度も、点滴や外部病院の受診を求めたが、入管はこれをせず、３月４日に実現した外部病院の受診は精神科医師に対するものであった。３月４日の精神科受診の際に、入管は、ウィシュマさんが飢餓状態にあることは伝えないで、詐病の疑いがあると医師に伝えており、それでもこの医師は「仮放免すれば良くなる」旨の意見を入管に伝えていた。

3月5日、ウィシュマさんは脱力した状態になり、3月6日には朝から反応が弱く、血圧・脈拍が確認できなかったのに、入管は救急搬送をしようとしなかった。午後2時7分頃、呼びかけに対して無反応で、脈拍が確認できず、2時15分頃にやっと救急搬送を要請。3時25分、搬送先病院で死亡が確認された。司法解剖時の体重は63.4キログラムであり、収容時から21.5キログラム減であった。

ウィシュマさんは2回の仮放免申請をしたが認められなかった。1回目は2021年1月4日に申請したが、2月16日に不許可となった。2回目は2月22日に申請したが、その結果が出る前にウィシュマさんは亡くなったのである。その直後、名古屋入管は、「医師の指示に従って適切に対処していた」とコメントした。3月9日には、上川陽子法務大臣が、入管庁に事実関係の調査を指示したと述べた。

当時、入管法改悪法案が国会に提出されており（2月19日、提出）、4月16日に衆議院本会議で審議入りし、これに反対する市民の声が高まりつつあった。ウィシュマさん死亡事件が報道され、市民の反対の声はさらに高まり、これを背景として、ウィシュマさん死亡事件の真相解明なくして法案審議はありえないとして野党が強く抵抗した。野党はウィシュマさん死亡直前の状況を撮影したビデオ映像の提出などを入管に求めたが、入管は、「保安上の理由」があるなどとして提出を拒否。5月1日にはウィシュマさんの遺族である妹2人が来日。コロナ感染対策の待機期間を経て、16日にウィシュマさんの葬儀を行い、17日には遺族が名古屋入管局長に面談した。真相解明を求める遺族の声と動きはメディアを通じて大きく報道された。法案阻止を求めて国会前に集まる市民の数は日々増えていき、インターネット上でも法案反対の声があふれた。このような状況の中で、18日朝、官邸は法案を事実上廃案にすることを決めた。

2　責任回避に終始する最終報告書

法務大臣の指示に基づき、出入国在留管理庁（入管庁）は出入国管理部長を責任者とし、本庁職員による調査チームを発足させ、2021年4月9日に中間報告を公表。8月10日には最終報告を公表した。以下、最終報告書の問題点を述べる。

★2月15日の尿検査の結果、「飢餓状態」に陥ったウィシュマさんに何も治療をせ

ず、死なせてしまったことについての責任を回避していること

前述したように、2月15日の尿検査の結果、「ケトン体３＋」という異常な数値が出て、ウィシュマさんが「飢餓状態」にあることが明らかになったのに、入管は緊急入院等の対応をしなかった。そのため、ウィシュマさんは餓死したのである。入管は、ウィシュマさんの死因は不明として、複数の可能性を挙げているが、これは、ウィシュマさんが餓死したことを隠すためのものである。そして、入管は、「内科的な追加の検査等」が行われなかった原因は、「週２回・各２時間勤務の非常勤内科等医師しか確保・配置できてなかった名古屋局の医療体制の制約」であるとして入管の責任を否定している。これはすり替えである。医療体制の不備は問題であるが、たとえ不備な体制でも、「ケトン体３＋」という異常数値で「飢餓状態」に陥っていることが分かるのに、何も対応しないということはあり得ない。入管には、ウィシュマさんの命を救おうとする意思も能力もなかったことが明らかであり、責任を逃れることはできない。

★死亡直前の３月５日及び６日に救急搬送をしなかったことについての責任を回避していること

３月５日朝と６日朝に、ウィシュマさんの血圧と脈拍の確認ができなかった（５日はその後に看護師による測定ができた）。入管に、ウィシュマさんの命を救う意思があるなら、これらの時点で救急搬送をしていたはずである。しかも６日は、朝から、「あー」と声を出すだけで、ほとんど無反応だったのである。ウィシュマさんを人として意識していたなら、救急搬送をしていたはずである。実際に救急搬送を要請したのは午後２時15分頃であり、３時25分に搬送先の病院で死亡が確認された。つまり、病院に到着した時には、すでに死亡していたということである。

これについて、最終報告書は、休日の医療従事者の不在、外部の医療従事者にアクセスできる体制がなかったこと、容態の急変等に対応するための情報共有・対応体制がなかったこと、職員の意識等を指摘しつつ、責任を認めていない。人がそこで死にそうになっている状況において、救急車を呼ばなかったことが問題なのであり、そこに責任があることを報告書は看過し、入管の責任を回避している。

★収容中の介護において虐待行為をしていることの責任を回避していること

２月26日午前５時15分頃、バランスを崩してベッドから床に落下し、自力で戻

れないウィシュマさんを、女性の職員２名は、ベッドに戻そうとせず、手とお腹のあたりの服を横に引っ張っただけで、午前８時頃まで床に放置した。報告書には、職員が「体を持ち上げてベッド上に移動させようとしたが、持ち上げることができ」なかったと記載しているが、遺族が一部分だけ観たビデオにはそのような状況は写っていない。

３月１日、ウィシュマさんはカフェオレを飲み込もうとして、鼻から出してしまったが、これに対して、職員は「鼻から牛乳や」と述べ、５日、ウィシュマさんが聞き取り困難な声を出したことに対して、職員が「アロンアルファ？」と聞き返し、６日には、「あー」と声を出すだけで、意思を示すことができないウィシュマさんに対して、職員が、「ねえ、薬きまってる？」と問いかけた（「薬がきまる」とは、違法薬物を摂取して、その効果が表れていることを表現する隠語である）。なお、職員は、これらの発言を笑いながら行っていたことが、遺族が観たビデオには映っているが、報告書にはその旨の記載がない。

報告書は、これらの行為につき、介助等の対応能力、人員体制の確保の問題であるとして、虐待行為であるとも認定せず、責任を回避している。

★仮放免不許可を、帰国意思を変えさせるための拷問として使っていることを容認していること

報告書は、仮放免不許可を、相当の根拠があり、不当と評価できないとしている。その理由の一つとして、「一度、仮放免を不許可にして立場を理解させ、強く帰国説得する必要」があることを挙げている。また、「仮放免されてこれら支援者の下で生活するようになれば、在留希望の意思がより強固になり、帰国の説得や送還の実現がより一層困難になる」とも述べている。在留を希望するという意思を変えさせるために、仮放免の不許可、すなわち、収容の継続ということが使われているわけである。これは、身体的・精神的な苦痛を与えることにより意思の変更を迫ること、すなわち拷問である。報告書は、仮放免不許可が拷問の手段であることを自白し、しかも、それを仮放免を不許可とする相当の根拠があるとして正当化しているのである。

★ＤＶ被害者として扱わなかった責任を回避していること

入管には「ＤＶ事案に係る措置要領」というルールがあり、ＤＶ被害者や被害者と思われる者に対する事情聴取等を行い、事実関係を明らかにすることになっている

が、ウィシュマさんに対してこの事情聴取は行われていない。この点について、報告書は、「反省を要する改善点」であるとしている。

しかし、報告書は、事情聴取をしたとしても、退去強制処分の見直しや特別の取り扱いが必要な事案ではないとして、またもや責任を回避している。ウィシュマさんは、収容中に、かつて同居してた男性から、「スリランカに帰ったら、探し出して罰を与える」という趣旨の手紙を受け取り、この恐怖から帰国ができなくなっていた。この事情を正しく評価していたなら、ウィシュマさんが帰国できない状況に陥っていたことを理解し、速やかに仮放免をすべきだった。報告書は、この点についても責任回避に終始しているのである。

3　入管の打ち出した「改善策」は欺瞞でしかない

報告書は、自らの責任を回避した上で、改善策なるものを打ち出している。

その最初に打ち出されているのが「全職員の意識改革」である。制度ではなく、「全職員の意識」に問題があったというのである。「使命と心得」なる文書を作って「意識改革」をするという。責任回避を前提として、どういう「意識改革」をするというのか。

二点目が「医療的対応を行うための組織体制の改革」である。問題が「名古屋局の組織・運用改革」と「通訳等の活用」に矮小化されている。

三点目が「医療体制の強化」である。飢餓状態に陥ったウィシュマさんに点滴すらせず、死に追いやったことの責任すら認めないで、どういう改革ができるのか。「専門家会議の開催」「外部の医療機関との連携強化」「マニュアルの整備と研修の強化」など、入管にとってやりやすく、根本的な組織改革をしなくてもできる項目が並ぶ。

四点目が「仮放免判断の適正化」である。ウィシュマさんに対する仮放免不許可の判断は正しかったと開き直りながら、どういう「適正化」をするのか。意味不明である。

入管の打ち出した改善策なるものは、欺瞞でしかない。これは、ウィシュマさん事件の責任回避を前提に打ち出された弥縫(びほう)策にすぎない。

なお、報告書と同時に、名古屋入管幹部への処分が公表された。佐野豪俊名古屋入管局長と渡辺伸一次長を訓告、警備管理官ら２人を厳重注意の処分をするというものである。これらは、国家公務員法上の懲戒処分ではなく、事実上の「処分」でしかない。入管庁は、報告書で入管の責任を回避した上で、名古屋入管幹部を懲戒処分しないという判断を下したのである。まさに、入管による入管のためのお手盛りの「幕引き」である。

4　外国人を徹底して管理することが正義であるとする入管体制

ウィシュマさんの死亡は偶然のできことではない。2007年以降、入管施設内で18名の被収容者が亡くなっている。入管は、一度も責任を認めず、何の反省も改革もせず、常に自らは正しいという態度を取り続けてきた。ウィシュマさんの事件においては、市民とメディアの強い批判を受けて、一見、反省をし、改革を考えているかのようなポーズを取っているが、本質はまったく変わってない。報告書をきちんと読めば、入管は何も反省をしておらず、改革をする気など全くないことが分かる。入管が考えていることは、旧態依然とした入管体制を維持することだけである。

入管は、外国人の命も人権も考慮しない。入管法の目的は外国人の「管理」であり、外国人の命と人権の尊重でも、難民の保護でも、多文化共生でもない。そして、この「管理」は、外国人への恐怖と敵視を背景にしている。かつて日本が植民地を放棄した時に、植民地出身者の意向を聞くこともなく国籍をはく奪して「外国人」として位置づけ、徹底した管理の対象としたのが、戦後の入管体制の出発点である。入管の体質は、この時から何も変わっていない。外国人を徹底して管理することだけが入管の正義であり、この「正義」を阻害する価値観を入管は絶対に認めないのである。

入管は、在留資格のない外国人（非正規滞在者）に対しては、強制送還することだけを考えている。そこに外国人の命や人権を尊重する姿勢はない。報告書の公表に際して、上川法務大臣は「送還することに過度にとらわれるあまり、人を扱っているという意識がおろそかになっていた」と述べ、佐々木聖子出入国在留管理庁長官は「人の命を預かる行政機関としての緊張感や心の込め方が不十分だった」と述べた。これは、一見、本質を突いた総括のように聞こえるが、実はそうではない。問題は、「人を扱っているという意識」や「人の命を預かる行政機関としての緊張感や心の込め方」という意識や心理の問題ではない。人の命よりも送還を重視するという入管行政の基本原則が問題なのである。この基本原則の誤りを認め、破棄しなければ、何も変わらない。法務大臣も入管庁長官も、「入管行政の基本は間違っていないが、現場の職員の意識に問題がある」として入管行政の基本原則には問題がないという立場を崩さずに、メディア向けに反省しているというポーズを示していたに過ぎない。

5　遺族の来日と葬儀

ウィシュマさん死亡後、ウィシュマさんの母、スリヤラタさんと２人の妹、ワヨミさんとポールニマさんは、日本在住のウィシュマさんの幼なじみの女性を通じて、日本の弁護士を探した。幼なじみの女性は、名古屋入管でウィシュマさんに面会をしていた支援団体ＳＴＡＲＴと連絡をつけ、私にＳＴＡＲＴから連絡が入って、私は、駒井知会弁護士、高橋済弁護士らと共に遺族からの委任を受けて、ウィシュマさん死亡事件の真相究明のための代理人に就任した。

2021年５月１日、真相究明のために、ワヨミさんとポールニマさんが来日し、私たち代理人と共に真相究明のための活動を開始した。来日と滞在の費用は、市民からのカンパで賄った。

当時、新型コロナウィルス対策のため、来日した外国人については、２週間の待機が求められていた。待期期間が過ぎた５月16日、名古屋市内でウィシュマさんの葬儀が行われた。午前中に、亡くなった姉と初めて対面したワヨミさんとポールニマさんは、やせ衰えた姿を見て、「（この遺体は）お姉さんではない」と言って泣き崩れた。２人は、「（姉であることが）確認できないから、葬儀は中止してください」と訴えたが、私が説得して葬儀を行うことになった。多くの市民や国会議員が参列する中、スリランカ人僧侶によりスリランカ式の読経が行われ、葬儀が執り行われた。その後、岐阜県海津市にあるスリランカ式仏教寺院「ナゴヤ　シリ　サマーディ　ビハラヤ（名古屋吉祥三昧寺院）」に移動して、「プージャ」と呼ばれる供養の儀式が行われた。スリランカ式の読経の後、３つの異なる日本の仏教宗派の僧侶による読経が行われた。この時点で、ウィシュマさんの遺骨をどこに収めるかは決まっていなかった（スリランカでは、遺骨を墓に収めるという習慣がないため、日本のどこかに安置する必要があった）。プージャに参列されていた真宗大谷派の寺院・明通寺の坊守である北條良至子さんが、電話でご住職（北條義信さん）と相談して、その場で、遺骨を引き取ると申し出ていただき、その夜に、明通寺に移動して、急遽、ご住職により読経をしていただき、遺骨を引き取っていただいた。

翌日17日、名古屋入管を訪問したワヨミさんとポールニマさんは、名古屋入管局長らから説明を受けたが、局長らから謝罪の言葉はなかった。ワヨミさんは、「姉が貧しい国の人だから、このような扱いをしたのですか？　もし、姉がアメリカ人なら同じことをしましたか？」、「あなたたちにとっては、他人に過ぎないのでしょうが、私たちにとってはお姉さんなのです。あなたたちの家族が同じ目にあったら、どう思いますか？」と問いかけたが、入管局長からこの問いかけに対する返事はなかった。

6　遺族による監視カメラのビデオ映像の視聴

遺族は、入管に対して、名古屋入管収容中のウィシュマさんの監視カメラによるビデオ映像（2021年2月22日から3月6日のもの）を開示し、データを渡すことを要求したが、入管は、保安上の必要性やウィシュマさんのプライバシー・尊厳を理由にこれを拒否した。これに対して、市民の批判の声が高まり、入管は方針を一転させて、入管が編集した2時間分のビデオを、法務省内でワヨミさんとポールニマさんだけに観せると通知してきた。代理人弁護士が同席できない中で、ビデオを観ることに我々代理人は躊躇したが、ワヨミさんとポールニマさんの強い希望があったため、代理人同席を認めないことに抗議をした上で、これに応ずることにした。

8月12日、我々代理人が、別室で待機する中、ワヨミさんとポールニマさんは、入管職員に囲まれて、名古屋入管収容中のウィシュマさんの映像を観た。衰弱した姉の姿や入管職員の対応に衝撃を受けた2人は体調を崩し（ワヨミさんは嘔吐した）、1時間10分を観た時点で、視聴を中断することになった。法務省の建物を出て、報道陣に囲まれたワヨミさんは、「姉は動物のように扱われ、殺されたようなもの。人道的な対応もまったくない」「（ビデオ映像は）外国人がみな見るべきだ」と語った。

9月10日、ワヨミさん、ポールニマさんは続きのビデオ映像を観るために、代理人弁護士と共に入管庁を訪れ、代理人弁護士同席の下でビデオ映像を観ることを求めたが、入管が代理人弁護士の同席を拒否したため、ビデオ映像を観ることができなかった。ワヨミさん、ポールニマさんは、8月12日のビデオ視聴後、日常生活において、映像や音声がフラッシュバックしたり、夢に出てきたりする状況が続いており、信頼できる代理人弁護士の同席なしで視聴ができる状態ではなかった。

ワヨミさんは、その後も映像や音声がフラッシュバックする状態が続き、健康を害したため、9月23日にスリランカに帰国した。ポールニマさんは、真相究明のために、日本に残った。

7　証拠保全手続きによるビデオの視聴

遺族の求めに応じて、国家賠償請求訴訟の準備をすることになり、真相究明のための弁護団を大幅に拡大して、空野佳弘弁護士を弁護団長、児玉晃一弁護士を事務局長とするウィシュマさん死亡事件国家賠償請求訴訟弁護団が結成された。弁護団は、監視カメラ映像のビデオ等の重要証拠の保全を求めて、2021年7月19日、名古屋地裁に証拠保全申立書を提出した。

ビデオは、10月1日、12月24日と2022年1月24日に名古屋地裁で行われた検証手続において、約295時間のビデオのうち約5時間分をポールニマさんと弁護団が視聴した。初回の視聴の後、ポールニマさんは、泣きながら、「（入管が）救急車を呼べば、姉は死ななかった。姉は（入管に）殺されたのと同じだ」と述べていた。

8　名古屋入管局長らに対する刑事告訴

ウィシュマさんの死亡事件の直後、名古屋地検は、殺人の被疑事実で捜査を開始した。遺族と代理人弁護士は、担当検察官である小林敬英検事に数回面談して、捜査の進行状況を問うたが、まったく説明を受けることができなかった。

そこで、2021年11月9日、遺族の委任を受けた弁護団は、名古屋入管局長らを殺人罪で刑事告訴した。

2022年6月17日、名古屋地検は「嫌疑なし」で不起訴処分とした。新たな担当検察官である溝口貴之検事が、遺族と弁護団に対して口頭で説明したところによると、ウィシュマさんの死因が特定できないため、殺人罪のみならず、保護責任者遺棄致死罪も業務上過失致死罪も「嫌疑なし」で不起訴だということだった。説明の場に同席したワヨミさんとポールニマさんは、泣きながら、机をたたいて抗議をした。

遺族はこれに納得しなかったので、8月8日に、名古屋検察審査会に対して審査申立書を提出した。12月21日、名古屋第一検察審査会は、「本件不起訴処分は不当である」、「業務上過失致死罪の成否について再検討することが相当である」と議決した。これに基づき、現在、名古屋地検で再捜査が行われている。

不起訴処分後に、弁護団は、捜査資料の一部を閲覧し、ウィシュマさんの死亡に関する鑑定報告書が2通存在することを確認した。1通目は、司法解剖を担当した医師による、2021年4月16日付の鑑定書。２通目は、遺体の組織片を鑑定した大学所属の医師による、2022年２月28日付の鑑定書である。２通目の鑑定書には、脱水と低栄養を含む複合的な要因による多臓器不全が死因であると特定されており、この鑑定書に基づけば、ウィシュマさんに対して、点滴を行わないことにより脱水と低栄養に陥らせた入管職員の刑事責任が問えるはずである。この２通目の鑑定書を無視して、死因は特定できないとした名古屋地検は、名古屋入管の責任を問わないために無理な判断をしたのであると考えられる。この２通目の鑑定書は、2021年８月12日（入管庁による最終報告書発表の２日後）に、当時の担当であった小林検事の依頼により作成されたものであった。そして、この鑑定書が作成された2022年２月28日の約１か月後、４月１日に、小林検事は、法務省訟務局に転勤になっている。死因を特定する鑑定書の作成を依頼し、受け取った担当検事が転勤させられ、別の担当検事の下で不起訴処分がなされたことがただの偶然だとは思えない。

9　国家賠償請求訴訟の提訴とビデオ映像の証拠提出

証拠保全の結果を踏まえ、2022年３月４日、弁護団は、国に対して約１億5600万円の賠償を求める国家賠償請求訴訟の訴状を名古屋地裁に提出した。現在までに、５回の口頭弁論期日が行われ、毎回、約60人の傍聴席はほぼ満員となり、また、４回の期日に法廷撮影のためのテレビカメラが入った。毎回の口頭弁論期日の状況は、メディアで大きく報道されている。

原告ら弁護団は、被告に対して、ビデオ映像約295時間分の提出を求めたが、被告は、保安上の問題等を理由としてかたくなに提出を拒んできた。しかし、2022年９月14日の第３回口頭弁論期日において、裁判所が被告に対して、証拠保全手続きで弁護団が視聴した約５時間分のビデオ映像を証拠として提出するように勧告し、被告は12月12日の第４回口頭弁論期日に約５時間分のビデオ映像を提出した。この証拠として提出されたビデオ映像の証拠調べの方法として、原告ら弁護団は、約５時間のビデオ映像を、傍聴人にも見える形で、法廷の大スクリーンに映すことを求めたが、被告はこれに強く反対した。裁判所は、おおむね原告ら弁護団の主張を認め、一部の例外を除き、原告ら弁護団の主張する方法で、2023年６月21日と７月21日の口頭弁論期日で証拠調べを行うことを決めている。

なお、証拠提出されたビデオ映像は、2023年２月から名古屋地裁で閲覧が可能になり、多くのメディアが閲覧を行い、その内容を報道している。

10　ウィシュマさんの三回忌翌日に入管法改悪法案の国会提出

ウィシュマさん死亡事件後、「ウィシュマさんの死亡事件の真相究明を求める学生・市民の会」が結成され、事件の真相究明のための集会やデモ等のアクションに取り組んだ。2021年12月には、この「学生・市民の会」を発展させる形で「入管の民族差別・人権侵害と闘う全国市民連合」が結成され、同じ12月に弁護士の団体として「「入管を変える！」弁護士ネットワーク」が結成された。これらの団体等の運動の影響もあり、2022年には、入管庁は、入管法改悪法案の提出を断念していないと言いながらも、通常国会でも臨時国会でもこれを提出することができなかった。しかし、2023年に入り、入管庁が通常国会に入管法改悪法案を提出する方針を決めたことが報道された。自民党法務部会は、2月8日から4回の会議で入管法改悪法案の検討を行い、2月22日にこれを了承した。市民連合は、1月27日から、毎週金曜日夜に国会前で入管法改悪法案反対のアクションを始め、4回の自民党法務部会会議の時には、自民党本部前で法案を承認しないように要請する行動を行った。

2月18日から21日、私は、ワヨミさん、駒井弁護士と共に、スリランカに行き、ウィシュマさんの母スリヤラタさんを訪ねた。スリヤラタさんには、民事裁判、刑事告訴等の状況を報告し、また、ウィシュマさんの子どもの頃からの様子や来日前の状況などを詳しく聞いた。また、ウィシュマさんが子どものころから通い、日曜学校で仏教を子どもたちに教えていた寺院を訪問して、僧侶からウィシュマさんのことを聞いた。

3月5日には、明通寺で、ポールニマさん、駒井弁護士、私も参加して、ウィシュマさんの三回忌の法要が行われ、2007年以降に入管収容施設で亡くなった18人の被収容者を悼んで18回の鐘をついていただいた。また、明通寺からの呼びかけにより、全国の寺院、教会などでも同じように鐘をついていただいた。3月6日には、真宗大谷派名古屋別院で、ポールニマさんも参加して、18回の鐘をついていただいた。

心ある人々がウィシュマさんの死を悼み、再発防止の決意を新たにしている中で、3月7日、入管法改悪法案が閣議決定され、国会に提出された。法案の内容は、2021年法案とほとんど変わらぬものであった。同日、国会前で、緊急の抗議行動が行われ、私は、「ウィシュマさん事件の責任をとらない入管に入管法改定法案を作成する資格はない。ウィシュマさんの三回忌の翌日に法案を閣議決定した内閣は、恥を知れ」と発言した。

おわりに

ウィシュマさんの事件は、入管が外国人の命を、ひとの命として扱っていないことを示した。この入管による外国人差別を許しておいていいのか、私たち日本の市民一人一人が問われた事件である。日本の市民社会は、これまで何も変わらない入管を許してきた。今回もまた許してしまいそうな気配がある。それに対して絶望し、嘆き、あきらめること。それも、一つの差別である。私たち自身にある内なる差別と闘い、たとえ絶望の中にあってもあきらめず、持続的に闘うこと。これが、私たちに求められている。

私は、入管制度に抑圧される多くの外国人の状況を知ってしまった。入管権力の本質を見てしまった。これに対して、嘆き、悲しんでいるだけでは、現在の入管制度を温存し、入管による外国人差別にある意味で加担することになる。だから、あきらめることはできない。嘆くよりも、入管は何も変わっていないこと、ウィシュマさんの事件の真相は何も解明されていないことを追究し、入管を変えるまで闘っていきたい。

2023年3月22日記

＊この原稿は、月刊『Journalism』2021年11月号（朝日新聞社）に掲載された「ウィシュマさんの代理人から見た報告書の欺瞞とメディアの責任」を大幅に加筆・修正したものである。

第2章

強化される在留管理

篠原拓生

はじめに　しのはら行政書士事務所の基本的考え

私は行政書士として約12年の実績があるが、日本に暮らす外国人に関する業務を専門にやってきた。あくまでも「低所得者層の外国人専門」。これは徹頭徹尾、実践してきた。故に「高度専門職」等は引き受けない。「高度専門職」は高額納税者等を優遇する出入国在留管理庁（以下、入管）の政策であり、国益のみを優先した考え方である。ひっそりと慎ましやかに、懸命に生きている庶民をないがしろにしていると考える。

また、「技能実習」及び「特定技能」についても業務を行わない。「技能実習」については人権侵害の温床になっており、これに反対の立場だからだ。

「特定技能」にも反対である。永住への道が開かれているのは「建設」と「船舶・舶用」のみ。他は最長5年である。しかも日本の経済状況に応じて受入人数を業種ごとに調整すると言うのである。

そもそも労働者を受け入れたいならすべての外国人に対し永住の可能性を開くべきと考える。労働力の使い捨てになってはならない。また受け入れ側からも不満の声がある。いや、そういったこと以前に、一度、受け入れた移民は責任をもって同じ仲間として扱わねばならない。期間が来たから帰ってくれというのは身勝手すぎる。

なお、弊事務所では在留特別許可等の非正規滞在者へのサービスも行っているが、そういった方々の問題は他の執筆者が書かれているので本稿では触れない。あくまでも正規の在留資格のある方の問題を取り上げていきたい。弊事務所ではネパール人とフィリピン人のクライアントが多いので彼ら彼女らの事例を元にお話ししたい。

1　ネパール人の事例から

1　在留資格「技能」で働く調理師

「技能」(Skilled Labor) という在留資格の一号に該当するのが、外国料理の調理師である。俗に「コックビザ」と呼ばれる。国外で10年以上の調理師の経験を経た者に、外国料理の調理師として来日し、日本で働くチャンスがある。日本の外国料理レストラン経営者の代表等が申請代理人となって在留資格認定証明書交付申請を行う。

私はネパールの顧客が多いためインド・ネパール料理店のケースで話をする。ネパールやインドやドバイ等で10年以上の調理師の経験を経て、入管から在留資格認定証明書を交付された場合、その証明書を本国の在外公館に持ち込むことにより「コックビザ」で来日できる。

しかし現実の一面にすぎないが、コックを呼び寄せる財力のある会社が、営利目的でコックを他社へ売り飛ばすケースが散見される。本人も知っての上なのかどうかはわからない。雇用予定契約で結んだ月額給与も怪しいもので、私が知っている最悪なケースでは月額18万円と言いながら13万円で働かされていたケースもある。このときの経営者は日本人だったが、「本人が13万円でいいと言うから」と、労働法違反も甚だしいことを言ってのけた。きつい仕事で長時間労働なのだが、それでも母国で働くより日本で働くほうが、割りがいいらしい。また、杜撰な労働契約、雇用保険に加入しない（被雇用者が保険料を給料から差し引かれることに反対し、労使の合意ができないため加入できない事情もある。しかしそのために外国人の暮らしが不安定になっている。たとえば次に述べる「経営・管理」である）等の問題も外国人コックとその家族、また飲食店を経営する外国人の在留資格の安定を脅かす原因となっている。

2　飲食店を経営する外国人への圧力

入管の指導は雇用保険及び労災保険（労働保険）に加入することについて在留資格「経営・管理」の外国人に対し強く求めつつある。申請書にも雇用保険被保険者番号を入力する項が増え、管理が強化されている。

また、労働関連法規の遵守が在留期間の更新や新規外国人呼び寄せ（在留資格認定証明書交付申請）に影響を与えつつある。飲食店等では雇用保険等に加入していない場合が少なくないのだが、外国人の場合はそれが在留期間の更新に影響するとなると問題は深刻だ。私はこれからの時代、外国人経営者にとって労働関連法規を確実に守っていないと何もできない時代が来ると見ている。

ネパール人のカレル君（仮名）はインド・ネパール料理店経営会社の２代目社長として成功している。しかし父親が引退し在留資格を「家族滞在」から「経営・管理」に変更する時に大変に苦労した。親の会社を子が継ぐというのは当たり前に思えるが、これが難しいのである。在留資格変更に一度、失敗して、二度目を私が引き受けた。

入管法に照らし重箱の隅を突かれるように改善を求められるのである。たとえばコックや経営者が接客業務をやると違法になる。接客担当・清掃担当・会計担当を合法な形で配置せよと。入管の本音は「日本人を雇え」なんだろうが、ランチタイムだけ家庭の主婦がアルバイトするケースはあるが、なかなか難しい。仕方なくコックの奥さんを雇って週28時間以内でアルバイトをしてもらう。

ネパール人男性のタパ君（仮名）は「技術・人文知識・国際業務」である。日本語学校時代からテレビのお笑い番組で日本語を覚えたと言うだけあって、日本語は非常に流暢である。

彼は、今は貿易部門でデスクに座り、大きなパソコンを前に仕事しているが、昔は系列の料理店で接客兼通訳をやっていた。これが「技術・人文知識・国際業務」に該当するかどうかというと今はアウトである。昔は審査官にもよるだろうがアウトに近いセーフであったであろう。彼は単に注文を通すだけでなく、巧みな話術でお客さんを楽しませ、営業的な仕事もしていたからである。当時、行政書士の研修会で、ある高名な先生が「主たる業務が概ね70％を超えていればいい（在留資格が認められる）」と仰っていた。

３　コックの配偶者や子の在留資格をめぐる最近の傾向

日本に来た外国人調理師は安い給料でも一生懸命に働く。そこは10年以上の経験を持つベテランコックである。腕は確か。酒におぼれたり、風営店での遊びを覚えて無一文になったり、仲間と喧嘩して働けなくなったりとかしたりしない限り、幸せに暮らせる。倹約して母国の家族・親族も養える。そして日本での暮らしが安定してきたら配偶者を日本に呼ぼうと考える。コックはほとんどが男性だから「妻」と呼ぶ。もちろん妻がコックの場合も極めて珍しいがある。

コックは妻を母国から呼ぼうとする。先述の在留資格認定証明書交付申請の申請代理人としてである。こういった申請を取り次ぐのが私たち行政書士の仕事なのだが、妻を呼ぶのは比較的、簡単な仕事である。この場合の妻の在留資格は「家族滞在」（Dependent）という「主計者の扶養を受けるビザ」である。そのため自由に働けない。

資格外活動許可を得て「原則週28時間以内・風俗営業等の従事を除く」範囲で就労が可能である。「原則」というのは在留資格「留学」の場合に夏休み等に「1日8時間以内」の例外があるためである。

ところが週28時間を大幅に超えてアルバイトをしてしまう妻が非常に多いのである。抜き打ちチェックが入り在留資格を取り消されてしまう妻も多い。入管と市区町村役場はインターネットで情報を共有しており、夫の課税証明書で配偶者控除がなかったりすると「怪しい」とみて調べるようである。しかしどうも「チェックは気の向くまま」のようであり結果は不平等極まりない。見逃されているケースが多いのである。

入管法の趣旨はその大きな目的の一つと考えられる「日本国民の雇用を守る」という国益優先の考え方である。外国人全員に自由な就労を認めてしまうと日本人の失業者が増えると考えているようである。だから例えば在留資格「技術・人文知識・国際業務」（Engineer/Specialist in Humanities/International Services）の場合、いわゆるホワイトカラーの仕事しか許さないのである。

そして扶養を受けるのが目的の「家族滞在」の妻たちが週28時間を超えてアルバイトをしてしまうことが問題視される。中には年収500万円を超えるまで働く「強者」もおり、「主計者である夫の年収をはるかに超えており悪質」と在留資格を取り消されてしまう。こういったケースは近年、顕著である。

または母国に残した子を呼び寄せようとする。これは妻の場合と違い難しい場合が多い。扶養能力がより一層、問われるだけでなく、子の年齢が問題になってくる。数年前より入管の審査が著しく厳しくなっており、東京入管の場合、「子の年齢が15歳以上の場合は扶養を受けるとはみなされない」としている。理由は入管法上の「扶養を受けること」という部分が厳しく審査されているわけである。私の推測だが例えばネパール人の場合、「東京ブラザーズ」のような半グレ集団が複数ある。「家族滞在」で来日したものの学校の授業についていけず、いじめもあり不良化するのである。こういう子どもは排除したいというのが入管の本音だと思う。あと学校側の外国人を受け入れる態勢が整っていないという問題もある。だから「子を日本で扶養したい場合は出来るだけ早く」と私は言うのだが、親は子のネパール語による意思疎通がうまくいかなくなることを怖れ、また、ネパール人としての一定の教育をネパールで受けさせたいようで、15歳ぎりぎりになって呼ぼうとする。そして一回、不交付となったら汚点がつき、東京入管の場合は永久に無理である。地方の場合は少し甘いようであるが。

子が日本に来られたとしてもここで「学校」という問題がある。未就学の外国人の子どもも多い。日本語ができない子どもを公立小学校等に編入学させるのは難しい。親が会社経営者等で比較的、裕福な場合、インターナショナルスクールに通わせるケースも多い。

「家族滞在」は扶養を受ける在留資格だが、年齢制限がないため一度、来日したら扶養を受ける限り30歳になっても40歳になっても在留できる。しかし30歳にもなって週28時間しかできないアルバイトで生きるのはその人の人生にとってどうだろうと思う。この点、数年前に新しくできた制度で、細かくは書かないが一定の義務教育と高校卒業見込みのある「家族滞在」の子女は「定住者」(Long Term)に変更できる。これに準ずるケースであっても「特定活動」(Designated Activities)に変更できる可能性がある。これは入管の粋な計らいだと思う。ただ、もっと基準を緩くしてほしい。高卒で就職が内定していれば「定住者」への変更を許す。「特定活動」には「扶養者が身元保証人として在留していること」という「定住者」にはない条件があり、これはなくしていただき「定住者」に一本化していただきたい。

4　会社への就職

「技術・人文知識・国際業務」への変更が年々、難しくなっている状況とその理由について述べたい。日本に留学する途上国の若者の多くが日本での就職を希望するわけだが、そもそも「技術・人文知識・国際業務」はいわゆる「ホワイトカラー」に限られる。いわゆる「単純労働」は許されない。しかし日本には業種によって人材不足があり、求人と求職のミスマッチが起こっている。そこで暗躍するのがブローカーである。

ブローカーは日本で就職したい外国人から多額の金を取り、不法就労と分かっていながら「単純労働」をさせたい企業を紹介する。ビザは私のような行政書士に依頼。私は、今はきっぱり断っているが、最初はわからなかった。いや、今でもわからない。わかりづらい。「ひょっとしてブローカーでは……」と思ったときには後に引けない状況になっている。心を強く持ちたい。

入管は不正を暴くため追加提出資料をこれでもかと求めてくる。それでも許可されたりする。「単純労働」なのに。ブローカーは許可が出ると在留期間が「１年か３年か５年か」としつこく聞いてくる。聞くと、取れた在留期間により実入りが違うんだとか。最低である。

ネパール人男性のアチャリャ君（仮名）は三度目の不許可をくらった。まじめで有能な若者だったため、「もういっぺんトライしよう。あなたならできる」と語りかけた。しかしアチャリャ君は「私はもうお金がないんです」という。聞くとこれまでにブローカーに60万円払ってるんだとか。

コンビニエンスストアの話をしたい。コンビニは我々の生活になくてはならないものとなっているが、ここでも人材不足が深刻となっている。アルバイトを募集しても日本人学生は来ないらしい。理由は「コンビニの業務は覚えることが多く体力的にもしんどいため」だと聞いている。

その点、外国人留学生はポジティブで、コンビニの仕事を「日本語等能力アップにつながる」とコンビニでのバイトを希望してくる。そしてコンビニのオーナーは専門士の称号を得て専門学校を卒業した優秀な外国人バイトを正社員として雇いたいと考える。しかしこれが難しい。コンビニの仕事は品出しや清掃等、「単純労働」が多い。

昔はコンビニでの「技術・人文知識・国際業務」付与は不可能ではなかった。今は直営店以外、無理である。私は直営店の事例を受けたことがないので推測だが、本部でデスクワークするという名目になっているんだと思う。

フランチャイジーのコンビニで「技術・人文知識・国際業務」が認められなくなったことにも在留管理の強化が垣間見える。雇う側の意識の低さも問題である。東京入管の立場は「技術・人文知識・国際業務」について「現業労働に従事する可能性のある会社は全て認めない」というもの。私は「現業労働に従事する可能性のない会社とはどういう会社か」と聞いたのだが、「商社とか……」と言われた。商社でなくとも外国人を合法に「技術・人文知識・国際業務」として雇える会社はある。

コンビニの場合、外国人を「技術・人文知識・国際業務」で雇うための合法な職務内容として、まず第一点として外国人アルバイトの指導・教育である。これは通訳業務に該当する。第二点として新型コロナウイルスで駄目になってしまったが、観光大国を目指して国外からの観光客誘致を進めていた当時において、立地にもよるがお客さんの大半が外国人旅行者という店もある。英語ができる外国人にその通訳をやってもらおうというもの。第三点として店長の右腕としての管理補佐業務である。

今でも忘れられないネパール人女性のカトゥリさん（仮名）。カトゥリさんはアルバイトを通じてコンビニでの仕事の楽しさを覚え、短期大学卒業後もコンビニで働きたいと考える。ネパールでコンビニを経営したいという壮大な夢を持っていた。ところがこの「留学」から「技術・人文知識・国際業務」へのビザ変更が難航し、申請から４か月も経ってやっとビザが下りた。アルバイトを終えた彼女と喫茶店で打合せし、新宿駅に向かって歩きながら「よかったね」と言うと、彼女は突然、「うわ～っ」としゃがみこんで泣き出した。「どうしたの？」と聞くと、肩を震わせながら、「怖かった……怖かった……」。外国人にとって在留資格、つまりビザとはこれほども大事なものなのである。

カトゥリさんは今では在留資格「永住者」となっている。

2　フィリピン人の事例から

1　在留資格「定住者」告示外

これまでは「就労系」のビザの話をしてきた。ここからは「永住系」のビザの話をする。「就労系」とか「永住系」とか言っても、一般の方にはわかりづらいと思う。「就労系」は「入管法別表第一」のビザであり「永住系」は「入管別表第二」のビザである（287-289頁参照）。「別表」とは入管法の中にそれぞれの在留資格の定義を示したものである。それを「就労系」という働くことや扶養されることを主目的とした「第一」と、「永住系」という配偶者などの身分に基づく活動を主目的とした「第二」に分けているのである。

「永住系」の中でも「定住者」の話をしたい。「定住者」は「定住者告示」で定められた８つの号からなるもので、一概に定義できない。入管法別表を読むと「法務大臣が特別な理由を考慮し一定の在留期間を指定して居住を認める者」とある。1990年に告示されたミャンマー難民や南米等の日系人、「永住者」や「定住者」等の配偶者や未成年で未婚の実子、中国残留邦人等の配偶者や未成年で未婚の実子である。私はこの告示がなされた背景にバブル経済による人手不足を補うために主に南米から日系人労働者を呼び寄せるのが目的だったと唱えているのだが、その話は割愛させていただきたい。

「定住者」には「告示外」があり、「定住者」の各号には当てはまらないが主に人道上の理由などで「定住者」の在留資格が付与されることがある。先に述べた「家族滞在」の子で高校を卒業し就職が内定している者等だ。また、日本人と離婚したが実質的婚姻生活が３年以上継続し、独立の生計を営むに足りる資産または能力があり、一定の日本語力をもつ場合に、告示外定住が認められる場合がある。これらは入管の審査要領による。俗に「離婚定住」と言う。

私はフィリピン人の「定住者」の顧客が多い。それも女性が圧倒的に多い。1990年代は在留資格「興行」(Entertainer)で、フィリピンパブなどで就労する場合もあったため、そういった女性がお客さんの日本人と結婚したり離婚したりして中長期滞在するケースが多いのである。そしてまた、その再婚相手や連れ子をフィリピンから呼び寄せ、「永住系」のフィリピン人の中長期滞在者が増えていく。

フィリピン人の話をしだすと枚挙にいとまがないのだが、スズキさん(仮名)という女性の話をする。スズキさんは日本人の鈴木さんと結婚してスズキ姓になった。在留資格「興行」から「日本人の配偶者等」(Spouse or Child of Japanese National)へ変更したのはいいものの離婚してしまった。日本人の妻ではなくなったため日本で住み続けることができなくなった。しかし先に述べたように「離婚定住」と言われる告示外定住での日本在留継続が認められることがある。スズキさんは厳しい審査を経て日本に引き続き住むことができるようになり、母国の家族・親族を養い続けることができるようになった。

ここで先述の「家族滞在」と「定住者」の就労制限について触れておきたい。「家族滞在」の場合は原則就労不可であり、資格外活動許可を得た場合にのみ週28時間以内(風営店除く)のアルバイトが可能だと書いた。一方、「定住者」は「永住系」のビザであるため就労制限はない。高収入を目指すことも不可能ではない。しかし言葉はしゃべれても日本語の読み書きが不自由だとなかなか給料のいい仕事には就けない。スズキさんもクリーニングの仕事をしていた。年収は270万円ほど。

2　永住許可の厳格化

そんなスズキさんだが永住許可申請にチャレンジした。永住許可申請は数年前に審査基準が極端に強化された。安定的継続的収入と納税を証明するための住民税の課税・納税証明書の提出期間も3年から5年に引き上げられた(一般外国人の場合。日本人や永住者の配偶者の場合は1年から3年、高度人材外国人の場合は1年)。

これは日本の当時の第二次安倍政権が「移民を認めない国」という自民党の建前を実行しようとしたものと考えられる。日本に暮らす外国人に関し永住に反対する立場だったと推測する。

スズキさんの収入は低かったが、納税義務も遅滞なく果たしているし、過去2年間の公的年金及び公的医療保険の保険料の納付状況も完璧だった。しかし結果は不許可。理由は年収が低いこと。このように入管は常に善良な弱者をいじめる。「金持ち優遇・高額納税者いらっしゃい政策」である。あと「技能実習」や「特定技能」など「奴隷労働推進政策」でもある。労働者が高齢化し日本国の負担になることを避けたいのだと思う。そしてスズキさんはいまだに３年の在留期間である。年収が低いと、「永住者」はおろか５年の在留期間も取れない。

まとめ

私に与えられたテーマは「強化される在留管理」である。現に強化されていることを日々の仕事を通じて痛感している。それをここまで書いてきたわけだが、率直に言って「家族滞在」のアルバイト等はルールを緩和していいのではないかと思っている。その代り税金はしっかり払ってもらう。「経営・管理」の問題についても、日本経済にとって有益なのだから零細企業だからといって厳しくしないでいただきたい。その代りに雇用保険適用事業者（会社法人が従業員を雇う場合）となることを徹底して指導していってはどうだろう。一人でも労働者を雇ったら雇用保険・労災保険（労働保険）に加入する義務がある。こういった日本のルールを厳守することは国益にかなうだけでなく、当事者や被雇用者にとっても益だからである。

「永住者」については言わずもがなというか、そんなに厳しくしてどうするのか。年金加入は外国人にも義務付けられているが、世界の途上国で日本と社会保障協定を結んでいる国があったら教えてほしい。加入しなくていいとは思わないが（年金は働く世代が今の地域の高齢者を支えるものであり自分がもらえるかは関係ないと私は思っている）、それを永住の要件にすることに異議があるのである。故・安倍晋三元首相はことあるごとに「我が国は移民を受け入れないので」と言っていた。しかし１年以上、国外に滞在する者は国際的に「移民」(migrants) であり、安倍氏の言によれば１年ビザの外国人も移民ではないということになる。いわんや「永住者」をや。

私は冒頭で、労働者を受け入れたいのであれば、すべての外国人に対し「永住者」としての身分を開き得るシステムにすべきだという意味のことを主張した。移民とはホスト社会において「共生」していくパートナーである。しかし、本稿でも明らかなとおり入管は外国人を「共生」よりも「管理」という視点で見ている。入管が「共生」施策を担うのには限界がある。故に入管は一度、解体した上で、移民庁の創設が望まれるのである。

第３章

「無法」地帯と暴力─入管収容における暴行、懲罰の実態

平野雄吾

はじめに

東京五輪や外国人労働者受け入れ拡大を背景に、日本政府は2010年代、在留資格のない外国人（非正規滞在者）の取り締まりを強化してきた。不法残留や不法入国を理由に強制退去を命じられた外国人を次々と入国管理施設に収容、その数の増加に加え、一人ひとりの収容期間も長期化した。出口の見えない長期収容で精神を病む収容者も多く、自殺や自殺未遂が相次ぐ。司法審査のない無期限収容制度には国連諸機関が何度も人権上の懸念を表明しているが、日本政府に改革しようとする意思はなく、逆に国連機関への反発を強めている。

いつ自由の身になるとも分からない無期限収容という絶望。それに拍車をかけるのが入管施設内部での処遇である。暴力や暴言、懲罰……。所管する出入国在留管理庁（以下、入管庁）は「法令に従い適切に処遇している」と繰り返すが、外国人支援の弁護士らからは「外国人の人権を軽視している」との批判が絶えない。脆弱な立場の非正規滞在者を前に現れる国家権力の姿。密室で繰り広げられるその「暴力」はこの国の深層を映し出す。

1　「組織的拷問」

「制圧！　制圧！」「わっぱ（手錠）かけろ、わっぱ！」……。2019年1月19日未明、東日本入国管理センター（以下、東日本センター、茨城県牛久市）。トルコ出身のクルド人で、難民申請中のデニズ（44）を入管職員５人が仰向けで押さえつけた。息の上がるデニズ。５人はデニズをうつぶせに回転させ、後ろ手に金属製の手錠をかけた。

ことの発端は薬の服用を巡るトラブルだった。同18日深夜、なかなか寝付けなかったデニズは向精神薬を飲みたいと職員に頼む。しかし、職員はデニズが１か月半

前まで使用していた別の向精神薬が残っているとしてこの要望を拒否、言い争いになった。職員が部屋の外に出るよう求めたが、デニズが断ると、大声を出したとして十数人の職員で別室に連行したというのがいきさつである。

東日本センターの内部文書は次のように記している。

「生活指導のため、別の部屋まで出るように指示したが従わなかったため、デニズの両腕を抱えて連行しようとしたところ、抵抗し、職員の腹部を足で蹴る暴行に及んだ。職務執行妨害に該当するとみられたため、別室に連行しうつぶせに制圧した」

デニズは「職員に手を出したことはない」と否定する。「処方されていた薬は強すぎたからもう飲まなくなっていた。別の薬でリラックスしたかっただけ。本当に殺されるかと思った。指示に従わないとこうなるのだという見せしめで暴行された」

入管当局はこうした職員による取り押さえを「制圧」と呼ぶ。職員らはこの日、手錠をかけた後も、デニズへの制圧を続けた。もはや身動きの取れないデニズの上半身を起こし、1人がデニズの頭を腕で抱え込むと、別の職員が親指で顎の下をぐりぐりと突き上げる。デニズは「やりすぎ、痛い」「やめて、殺さないで」と苦痛の表情を浮かべ、「ああ」と悲鳴を上げた。「息ができない」「殺さないで」。部屋に叫び声が響く。“親指”の職員は「うるさいな」「痛いか、痛いか？」ともてあそぶように大声を出し、別の職員が手錠で動かなくなったデニズの腕をさらに締め上げた。

この日の制圧は10分程度続き、職員は最終的に、デニズをほかの収容者から隔離し、収容者らが「スペシャルルーム」と呼ぶ「保護室」に押し込んだ。「保護室」とは名ばかりで、トイレの穴しかなく、24時間監視される特別室である。

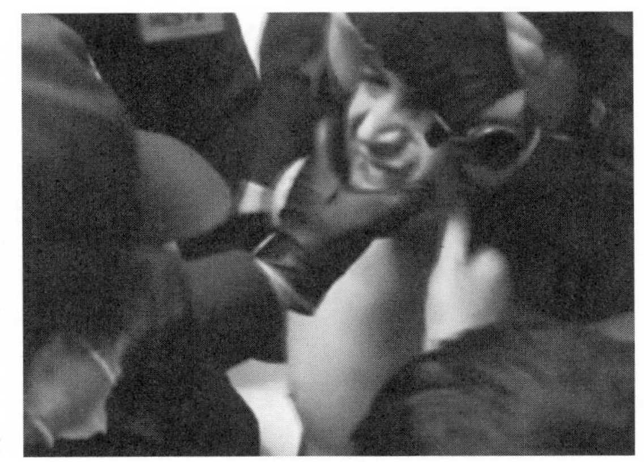
東日本入国管理センターでデニズが制圧されたときの様子。映像からのコマ落とし。職員はデニズの顎の下に親指をぐりぐりと突き上げている（代理人の大橋毅弁護士提供）

デニズは2019年8月、「不必要な制圧で、違法な暴行だ」として、国に約160万円の損害賠償を求め東京地裁に提訴した（後に約1100万円の請求に変更）。代理人弁護士の大橋毅は提訴後、「もはや組織的な拷問としか言えず、まさに人間の尊厳をはく奪しています。放置すれば、入管施設は（米兵によるイラク人捕虜虐待で有名になった）アブグレイブ刑務所のようになってしまうでしょう」と語った。

国側は同12月の口頭弁論で、地裁にこの制圧の映像を証拠として提出、大橋が公開した。共同通信やＴＢＳが報道、現在もインターネット上で閲覧が可能になっている。

さらに、東日本センターの内部文書から明らかになったのは一連の「暴行」の手法である。特徴的だった顎の下を親指でぐりぐりと突き上げる行為を巡り、この〝親指〟の職員は東日本センターの内部調査に対し、こう答えている。

「制圧の方法として、首と顎の境目の部分に２か所痛点があり、そこを押すとかなり痛いので、今回のように話をまったく聞こうとしない場合などに使用する」

収容者に恐怖心を植え付け、指示に従わせようとする組織の体質を吐露した発言である。

デニズの日本人妻、由美子（仮名、64）は報道で流れた映像を目にして絶句、全身が震えてしばらく放心状態になったと振り返る。

「痛かっただろう、苦しかっただろうというのではなくて、侮辱されたというか、辱めを受けたような気持ちになりました。寄ってたかって何人もがたった１人のデニズに対して……。テロリストが集団暴行して首を斬る映像が一時期たくさんネットに流れましたが、入管のしているのは彼らと同じことです」

２　増加する「懲罰」

制圧は特別な事案ではない。負傷するケースも相次いでおり、大阪入国管理局（現大阪出入国在留管理局）では2017年７月、トルコ人ムラット・オルハンが右腕を骨折したほか、東京入国管理局（現東京出入国在留管理局）でも2018年５月にトルコ出身のクルド人ウチャル・メメットが首を負傷した。同10月には、ブラジル人アンドレ・クスノキが肩を負傷、左腱板損傷と診断されている。

出入国在留管理庁（当時は法務省入国管理局）はいずれの事案についても「収容者による順守すべき事項の違反に対して、その行為を抑止するため必要最小限の有形力を行使して制圧措置を取る」と説明する。

たしかに、入管施設は法務省令「被収容者処遇規則」に基づき運営され、この規則は要件を定めた上で、職員による収容者への実力行使を認めている。規則17条２項には、次のようにある。

「被収容者が順守事項に違反する行為をし、又は違反する行為をしようとする場合には、その行為の中止を命じ、合理的に必要と判断される限度で、その行為を制止し、その他その行為を抑止するための措置をとることができる」

ただ、収容者の行為が順守事項に違反するかどうかや合理的に必要な限度がどの程度なのかを判断するのは入管職員である。その判断が妥当だったのかどうかは裁判でもしない限り、誰も検証できないのが実情だ。

入管施設で働いていた元職員は、職員らが録画した制圧事件の動画を入管施設の詰め所で見ながら、談笑する光景を見たことがあると語る。制圧に関わった職員が「おれがこのときキメてやったんだ」と得意げに話していたという[*1]。職業倫理さえ疑われる職員がいるのはたしかで、そうした職員が判断する「合理性」にどこまで依拠できるのか疑問も沸く。

また、デニズもその対象となった手錠の使用や隔離措置についても、入管当局は被収容者処遇規則で要件を定めた上で、認めている。隔離措置に関する要件は以下の三つである。

（1）逃走、暴行、器物損壊その他刑罰法令に触れる行為をすること

（2）職員の職務執行に反抗し、又はこれを妨害すること

（3）自殺又は自損すること

隔離措置は収容者や入管職員の間で「懲罰」と呼ばれ、入管庁は「秩序維持のために必要だ」と説明する。公式見解としては「懲罰は存在しない」と強調するが、自ら「秩序維持のために必要」というように、隔離措置は制圧と並び恐怖支配のための暴力装置として機能する。高まる孤立感と監視の中で、収容者は精神的に追いつめられる。

東京入管で2018年5月、断続的に計約10日間隔離されたトルコ出身のクルド人ウチャル・メメット――職員による制圧で肩も負傷した――は懲罰の体験をこう語る。

「あいさつも含めてしゃべるのは禁止と言われました。何もすることがないから外を見ているだけで、1日がなかなか終わらないんです。『死んだ方がましだ』とか、そんなことばかり考えていました。ご飯が食べられなくなり、10日間で4キロ体重が減りました」

隔離措置は2010年代、急増した。入管庁によると、2015年の174件から2018

＊1　和田浩明＋毎日新聞入管難民問題取材班（2022）『彼女はなぜ、この国で――入管に奪われたいのちと尊厳』大月書店。

年には407件と3年の間に2.3倍に増加している。背景にあるのが収容の長期化で、多くの収容者が無期限長期拘束により精神的に不安定になり職員とのトラブルが増加、力で押さえつけようとする入管施設側が隔離措置を頻発したとみられている。隔離措置と平行して制圧事件が発生するケースも多いが、デニズのような制圧に関する統計は明らかになっていない。

東京五輪の開催が決まった2013年以降、入管当局は就労禁止や移動制限など一定の条件下で拘束を解く「仮放免」許可を厳格化する方針を採用、治安対策として非正規滞在者の排除を掲げ、取り締まりを強化した。無期限の長期収容で非正規滞在者を精神的に追い込み、送還への自発的な同意を迫る方法に切り替えたとみられている。

入管庁によると、就労禁止の条件違反などを理由に仮放免許可が取り消され、再収容された外国人は2017年に537人。121人だった2012年と比べ、約4.4倍になった。呼応するように全収容者数も増加、2012年11月の1104人から2018年10月には1433人へと増えている。1人1人の収容期間も長期化し、同期間に半年以上収容される外国人の割合は30%（335人）から50%（713人）に急増した。もっとも、新型コロナウイルスの流行で2020年以降、入管庁は感染対策として仮放免を増加、収容者数は激減した。21年6月末時点で164人。

隔離措置の急増は収容長期化という背景の中で生じており、東京入管で収容者の精神医療に当たる都立松沢病院の精神科医師は次のように指摘する。

「入管収容は期限が見えないほか、強制送還される場合もあり、先の見えない不安要素が刑務所の服役よりも大きいのが特徴です。『離れてしまった家族に会いたい』『内戦の母国に戻りたくない』といった悩みから抑うつ気分に陥ったり、絶望感を抱いたりする収容者も多くいます。こうした適応障害の場合、元々の人格により攻撃性が高まる人もいるし、自傷行為に走る人もいます。不眠や過呼吸、妄想などの症状は薬物療法で対処できますが、不調の根本原因は拘禁にあります。拘禁が解かれない限り、根本的な治療は難しいのが現実で、精神医療だけの問題ではありません」

3　クルド難民

デニズは1979年2月、トルコ最大都市イスタンブールのクルド人家系に生まれた。2007年4月、イスタンブール中心部で開かれた反エルドアン政権（当時首相、現大統領）のデモに参加したほか、「エルドアンはカネの亡者」などとインターネットサイト上に書き込んだことから約２週間警察に拘束され、「３～４日間は殴る蹴るの暴行を受けた」と話す。釈放された後、再拘束を怖れトルコ脱出を決意、行き先を日本にしたのはビザ（査証）が不要で、入国が容易なためだった。同年５月、関西空港から知人のいる名古屋市へ行き、その後埼玉県川口市で家屋解体の仕事で生計を立て始める。だが、在留期限を過ぎたことが発覚、強制退去処分となり2008年４月、東京入管に収容、同７月に東日本センターに移送された。以後、仮放免と収容を繰り返し、収容期間は計４年以上に上る。その間、2007年12月から難民申請を開始、これまでに３回不認定処分を受け、現在４回目の申請中だ。デニズによれば、トルコ警察は2018年10月９日、イスタンブールに暮らすデニズの父の家を訪れた。「父からの手紙には、『警察は今もお前を探しているから戻ってくるな』と書いてあった」とデニズは言う。だが、入管庁の難民調査官らはこうしたクルド人難民申請者の主張を常に退けている。

クルド人はトルコ、イラク、シリア、イランにまたがる地域に暮らし「国家を持たない最大の民族」と呼ばれる。総人口２千万～３千万人だが、各国では少数派である。トルコでは総人口の15～20％、推定約1500万人が東部や南東部、イスタンブールで生活するが、クルド語の使用が事実上、一部制限されるほか、就職で差別的に扱われるなど「２級市民」の扱いを受ける。広範な自治要求を掲げるクルド労働者党（ＰＫＫ）をトルコ政府はテロ組織に指定、ＰＫＫとトルコ治安部隊との武力衝突も相次ぐ。欧米諸国に逃れ、難民として保護されるクルド人がいる一方、日本にも1990年代から来日が増え、現在は埼玉県内を中心に約２千人が暮らしているとされる。

日本は1981年に難民条約に加入したが、実際の難民受け入れには極めて消極的な姿勢をとり続ける。特にクルド人に関しては、2022年８月に初めて１人認定されたが、それまではゼロだった。国連難民高等弁務官事務所（ＵＮＨＣＲ）の2018年データによると、大半がクルド人とみられるトルコ出身者の難民認定率は世界平均で45.6％。先進７か国（Ｇ７）では、1661人の申請を処理して1485人を認定したカナダ（認定率89.4％）を筆頭に、米国（74.5％）、英国（50.5％）、ドイツ（41.6％）、イタリア（30.8％）、フランス（26.1％）と続く。日本は1010人を処理し、認定者はゼロ。入管庁は「現在のトルコにおいて、クルド人という理由だけで迫害の恐れは生じていない」と強調するが、Ｇ７各国との歴然とした開きを説明する合理的な理由にはなっていない。

デニズの代理人弁護士、大橋毅は「日本の法務省や警察庁はテロとの戦いでトルコ政府と協力関係にあって、クルド人を難民として認定すれば、テロ対策で協力関係が損なわれかねないと考えているのでしょう」と指摘、背景に政治的な思惑があるとみている。

「入管当局が難民認定をする国はほとんどありません。日本でも独立した第三者機関が難民認定をするべきなんです」

認定されないため難民申請を繰り返す。その過程で在留資格を失い入管施設に収容される。仮放免になっても働くことが認められずに困窮する。それでも、帰国すれば迫害の恐れがあるため帰れず日本にとどまる。デニズをはじめクルド人は「難民鎖国」日本の象徴となっている。

デニズは仮放免期間中の2009年1月、東京・六本木のバーで日本人女性、由美子（仮名）と出会い、後に結婚する。「バーで酔っぱらいに絡まれた私をデニズが助けてくれたことがきっかけで、お付き合いするようになりました。夜遅くなると『明日仕事だから帰る』というデニズを見て、まじめな人で、信頼できると感じたんです」

外国人の在留資格や難民認定制度など当初はまったく知らなかったという由美子。結婚生活が10年以上経過、その間に夫のデニズが何度も入管施設に収容されたほか、難民不認定となる中で、制度についてはある程度理解し始める。だが、別の疑問が沸いてきたと話す。それは外国人に関わる行政の恣意性、不透明性の問題だった。

「誰がどのようにいろいろと決めているのかまったく分かりません。同じような立場にあるのに、なぜある人には難民認定が出てデニズには出ないのか。なぜある人には在留資格が出て、デニズには出ないのか。どう選別しているのかまったく分かりません。きちんと説明してほしいんです」

4 「法令順守」か、「無法地帯」か

入管収容を経験した外国人の多くは筆者の取材に「あそこは無法地帯だった」と話す。一方、入管庁は「法令に従い適切に処遇している」と繰り返す。この相反する主張は単に拘束する者とされる者という立場の違いから来る対立ではなく、俯瞰して眺めてみると、どちらも正しいという入管施設の興味深い特質に気が付く。「法令」のうち、法律の規定はほとんどなく、省令で事が進められているのだ。

入管施設の運営の基盤となる入管難民法は61条で「被収容者の処遇」を定める。

「保安上支障がない範囲内においてできる限りの自由が与えられなければならない」とした上で、寝具を貸与し食事を与えると規定、当局は必要に応じて所持品の検査、通信の禁止や制限ができるとしている。そのほかは「法務省令」で定めるとし、具体的なルール設定を事実上、官僚や役人に白紙委任している。省令とは大臣が定める命令で、「施行規則」という名称でも呼ばれる。法律・政令より下位に位置するルールである。省令である被収容者処遇規則や処遇細則が起床時間や面会時間など細かな決まりを定めるが、国会の承認があるわけではなく、官僚や役人が都合よく定めている。収容者にとっては恐怖でしかない制圧や隔離も被収容者処遇規則という法務省令に基づいている。拘束者の大半が日本人である刑務所にも、制圧や隔離は存在する。だが、刑務所での制圧や隔離を規定するのは刑事収容施設法（76条、77条）であり、国会での承認を経た法律が根拠となっている。ここに日本政府の外国人へのまなざしが表れている。

イタリアの哲学者、ジョルジョ・アガンベンはナチス・ドイツの強制収容所と欧州各国の入管施設の類似性を見いだし、法的保護の枠外に放り出された人びとが「剥き出しの生」を生きる「例外状態」の場所として描いた。古代ローマで、父親が息子に対して保有した生殺与奪権のように、主権者は「例外状態」の下で、法を宙吊りにして「剥き出しの生」に置かれた人びとに権力を行使するという。

「収容所とは、例外状態が規則になり始めるときに開かれる空間のことである」「法が全面的に宙吊りにされている例外空間であるからこそ、そこでは本当に一切が可能なのである[*2]」。

東日本入国管理センターが公開した２人用の居室。窓には鉄格子がはめられている＝2018年12月、茨城県牛久市

日本の入管施設では、法律ではなく、その下に位置付けられる省令が事実上全てを決めることで、法は宙吊りとなり、収容者は「剥き出しの生」へと投げ出される。アガンベンの言葉に倣えば、生殺与奪権を握られる。現に入管施設ではすべてが当局の責任とは言えないが、1993

＊2　ジョルジョ・アガンベン（高桑和巳訳）（2000）『人権の彼方に――政治哲学ノート』以文社。

年以降、26人が死亡している（2023年1月時点、うち8人は自殺[*3]）。その意味では、収容所は「無法地帯」でもあり、「法令に従っている場」でもある。そんな「例外状態」が日本各地に存在する。

米国の哲学者、ジュディス・バトラーはこの「例外状態」を軸に、キューバ東部にある米グアンタナモ収容所を分析、官僚や役人の恣意性を問題視した。大統領令により2002年に設置された同収容所はテロ容疑者とみなされた人物を無期限に拘束する。この「司法審査のない無期限拘束」―日本の入管施設と同様である―に現代的な主権の本質を見たバトラーは、大統領令一つで既存の法律が停止、いわば「例外状態」が作り出され、何の責任も負わない官僚、役人が人間の身体拘束の是非を判断する点に注目する。

「国家主権は管理を旨とする「役人」の権力として出現する」と強調、「（国民に選ばれたわけではない）政府の行政部門か官僚だけに、正当性が明確に担保されないまま独占されている」と非難した[*4]。この「正当性が明確に担保されない役人の権力」を下支えしているのが公開性の欠如である。情報公開の目的は、近代国家の大原則となった「法の下の平等」を担保するための恣意性の排除で、他者のまなざしが公平性、平等性を保障するという考えだ。だが、国家主権が役人や官僚の暴力として機能するとき、権力は公開性を蔑視する。行政の恣意性と情報の非開示は密接に結びつき、暴力を行使しうる権力の最も重要な要素となる。

日本の情報公開制度は欧米諸国と比べ、格段に貧弱だが、中でも出入国管理行政の秘密性は極まっている。「外国人の出入国に関する処分は国家主権に関わる」として、行政手続法の適用除外とされ、開示される情報は極端に少ない。筆者が日本の入管施設を巡る問題を取材して、いつもぶち当たった壁がこの公開性の問題だった。制圧や隔離の概要を知ろうと通常の情報開示請求をしても、ほぼすべてが黒塗りにされた文書が返ってくる。当局に直接取材をしても「保安上の理由で答えられない」「プライバシーに関わり答えられない」との返答が常套句である。それは第三者の記者に対してだけでなく、当事者である外国人やその家族に対しても同様だ。デニズの妻、由美子が図らずも口にした入管当局の「わからなさ」、すなわち「選別の恣意性」は換言すれば、公開性の問題である。「例外状態」の入管問題を考えるとき、問われているのは入管という組織の体質以上に、公開性と透明性を基盤とするはずの民主主義のあり方とも言える。

5　蛇の夢

デニズは2020年３月、東日本センターから仮放免され、以後、由美子と東京で暮らす。だが、その生活は穏やかな日常とはほど遠く、いつ再収容されるかもしれぬ不安や収容中に受けた制圧事件のフラッシュバックに襲われる日々だ。悪夢にうなされ、起床すると布団が汗で濡れていることもよくあると話す。その日常を見ると、まるで身体的な解放とは裏腹に、精神的拘束は続いているようにも映る。

仮放免後に通う精神科医師の診断では、「心的外傷後ストレス障害（ＰＴＳＤ）の診断は確定的」とあり、意見書には、「希死念慮（自殺願望）のほか、不安、抑うつ、衝動性のコントロール不能、攻撃性、幻聴、幻視、悪夢等の症状を呈している。日常生活の些細なことから入管での外傷体験の記憶が想起され、症状は持続しており、自殺企図もしばしば引き起こされている」と記されている。

2022年３月中旬には、自殺を図り治療薬を一気に服用、救急搬送された。同３月６日に名古屋出入国在留管理局でスリランカ人女性ウィシュマ・サンダマリさんが死亡、そのニュースに触れ衝動的に「生きる意味がない」と感じたという。その後、約２週間治療のために精神科病院に入院した。

デニズは筆者と電話で話をしていたとき、寝ている間に「蛇の夢」をよく見ると話したことがある。

「たくさんの蛇が現れて、私の体に巻き付いてくる。逃げても、逃げても追いかけてきます」

振り返れば、デニズの長期に及ぶ入管収容は自殺、あるいは自殺願望との闘いでもあった。シーツを使用して自らの首を絞める。チョコレートのプラスチック製包装紙を飲み込む。便器に頭を入れて窒息死を図る。壁に頭を打ち付ける……。特に、2019年３月の制圧事件以降、その頻度は増し軽微なものを含め数十回にも及ぶ。デニズの両腕には、右手首にも左手首にもそれぞれ２本、長いリストカットの跡がくっきりと残る。「（自殺を図る行為は）全部、無意識のうちにやってしまう」と振り返る。

2022年11月11日に東京地裁で開かれた制圧事件に関する訴訟の口頭弁論。制圧に関わった入管職員の証人尋問で、デニズも法廷に足を運んだが、例の〝親指〟の

＊3　山村淳平（2023）『入管解体新書――外国人収容所、その闇の奥』現代人文社。

＊4　ジュディス・バトラー（本橋哲也訳）（2007）『生のあやうさ―哀悼と暴力の政治学』以文社。

職員を目にして気分が悪くなり、法廷を後にした。この日の弁論を傍聴したジャーナリスト樫田秀樹は次のように伝えている。

東日本入国管理センターから仮放免され、妻由美子（仮名）と抱き合うデニズ＝2020年３月24日、茨城県牛久市

「傍聴席にいた原告のデニズさんは『あいつがいる』とつぶやき、顔を伏せた。顔はみるみる紅潮し、まぶたが痙攣し、涙がにじみ、ハー、ハーと呼吸が乱れる。隣にいた妻が『過呼吸を起こす』と背中に手をやる。暴行時のフラッシュバックが起きたのだ。デニズさんはゆっくり立ち上がり、傍聴席を埋める支援者に『ごめんなさい。この人を見たら苦しくなった。私は今でもこの人の夢見る。私は裁判に出られない。ごめんなさい』と告げ、法廷を後にした[*5]」

デニズがトルコ警察による拘束に恐怖を感じ、来日してから15年が経過した。難民申請は認められず、入管施設の収容と仮放免を繰り返す日々に現状では、終わりが見えない。「安全だと思って来たはずの日本でなぜ？」。率直な疑問が時折デニズの口から漏れる。求めたのは安全な、そして平穏な生活だった。この一見単純に見える希望が今のデニズには、驚くほど遠くにある。気分の落ちついていたとき、デニズがささやかな“夢”を照れながら語った。

「奥さんに誕生日プレゼントを買いたい。仮放免で働けないから今はできないけれど。男として恥ずかしいです。奥さんをとても、愛している」

東京地裁（篠出賢治裁判長）は2023年４月、制圧事件を巡る訴訟で、入管職員による親指での顎の突き上げ行為を違法と判断、22万円の損害賠償の支払いを命じる判決を言い渡した。

（敬称略、年齢は2023年１月末時点）

＊5　樫田秀樹（2023）「密室の入管では何が起きるのか――難民申請が、なぜこの事態につながるのか」月刊『望星』（2023年２月号）。

参考文献

平野雄吾（2020）『ルポ入管――絶望の外国人収容施設』筑摩書房

第４章
入管収容における性差別主義と多様な性の迫害

滝　朝子

「トランスジェンダーであるということに罰を受けているようだ」
「ただ他の人と同じように人として扱って欲しい」
「ヘイトじゃなく助けがほしい。私がこれまでどんな苦しみとトラウマを経験してきたか、みんな知らない」
――入管（出入国在留管理庁）に収容された、性差を越境する人たち

はじめに　性的マイノリティの収容と迫害

性的マイノリティでもあり移民・難民でもある人たちは、出身国の迫害から逃れ権利を守られると期待した日本で、入管制度とその欠陥によって暴力的差別を受けている。本稿では、入管による多様な性を持つ人への迫害を批判し、改善を求める。植民地主義に起因する全件収容主義と無期限収容の危険性を訴え、入管収容には性差別主義が通底していることを明らかにし、ケアの倫理をもって現行制度を問い直す。特に性的マイノリティである人は、何重にも複合的な差別と排除にさらされ、人権と命が脅かされている。これは被収容者の迫害という問題に留まらず、在留資格を理由にした一元的収容をする権力機構と性的マイノリティの抑圧管理制度を維持する社会の問題である。

はじめに本稿で扱う用語を説明する。出生時に割り当てられた性別と性自認が一致する人をシスジェンダーと言う。現状マジョリティであるシスジェンダー・異性愛者以外の性自認や性的指向をもつ人の周縁化が起こっている社会で、マジョリティが多様な性を持つ人に強いる立場を表す言葉として性的マイノリティを使用する。

難民支援協会[*1]による調査で、東京入管（東京出入国在留管理局）は、2019 年の収容者

＊1　難民支援協会（2019）「東京出入国在留管理局との意見交換会報告」https://www.refugee.or.jp/report/refugee/2019/08/immig_qa19/（2023年１月９日、最終閲覧）

男女別人数465人（男328人、女137人）のうち、性的マイノリティについて一定数の申告があると答えている。本稿の調査では限定的だが、名古屋入管・牛久収容施設（東日本入国管理センター）はトランスジェンダー女性（割り当てられた性別が男性で性自認が女性である人）を男性区域に収容、東京入管はトランスジェンダー女性・ノンバイナリーである（性別二元性に自身を当てはめない）人を隔離収容、大村入管でも性的マイノリティを収容していた[*2]ことがわかっている。

入管は収容する際、司法の介在なく、在留を求める人を裸同然にして身体的・心理的なプライバシーの詮索・侵害を行い、男性か女性に分けて収容する。性別二元制で分けることができない多様な性を持つ人にとっては、アウティングの強制や性自認の否定、見た目や身体的な特徴による恣意的な判断、ミスジェンダリングや書類上の性の強要など、拘禁と性に関する差別の始まりとなる。2015年に東弁連は「エクスペクテイションズ」の中で、レズビアン、ゲイ、バイセクシャル及び性転換をした被収容者は、平等かつ特有のニーズに応じた取り扱いを受けること、隔離は最短にすべきことなど入管収容の基準を提案している。しかし、入管収容施設では2021年にも性的多様性を理由にした差別的処遇が行われていた。

次にボランティアである筆者が2020年から東京入管の面会活動や仮放免後に出会った収容を経験した多様な性を持つ方から聞き取った事例を紹介する。当事者のプライバシー保護や安全のため、今回は詳細な情報を書かないこととした。フラッシュバック等の危険を感じた方は、無理のない範囲で読んでいただきたい。

1　3つの事例から

事例1　改善を求めても変わらない長期隔離収容

Mさんの出身国は一見性的多様性があるように見られるが、自認する性を承認する法的規則がなく、公的な性別承認が難しい。宗教的にトランスジェンダーを認めない人や、トランスジェンダー女性を標的にした性暴力・殺傷事件が多く、本人も被害を経験している。Mさんは、出生時に男性と割り当てられたが、幼い頃から性別違和を感じ、女性として生活してきた。幼少期に離婚した両親と離れて暮らし、日本に住む父親とのみ連絡をとっていたMさんの来日のきっかけは、差別と孤独から家族を求めたためである。Mさんは成人後パスポートを取り、余命宣告を受けた父を看病するため短期ビザで来日し、義母や実兄と生活し始めた。定住を希望するようになったが、ある日警察に職務質問をされ在留資格がなかったため捕まってしまう。

入管はＭさんの身体検査をし、見た目やホルモン治療による身体的な女性的特徴が強いなどの理由で、女性ブロックに収容する。ただしトイレが窓からも見え、天井の監視カメラにも映ってしまう、入管にとって問題とされる行動をした人などを隔離するいわゆる「懲罰房」での隔離収容だった。施設内では午前午後合計６時間程度のフリータイム（解放処遇）が定められているが、入管はＭさんと他の被収容者が接触しないよう、通常のフリータイム時間外の午前と午後のそれぞれ１時間しか室外に出さず、毎日22時間軟禁状態を作った。入管にはLGBTQ+の理解も居場所もなく、Ｍさんはトランスジェンダーであるだけで隔離収容され、トランスフォビア（トランスジェンダー嫌悪）による罰を受けているように感じていた。ドア越しに話すことができた他の被収容者たちもこの処遇を疑問視し、Ｍさんが女性ブロックで一緒に滞在できるよう職員に手紙を出したそうだ。

「懲罰房」の環境や孤独に耐えきれず、他の被収容者と同じ権利が認められないならと、Ｍさんは男性ブロックへの移動を希望するが断られ、絶望から自傷行為をしてしまう。そして不衛生な環境と栄養不足、医療へのアクセスが奪われホルモン投与が突然止まったことで、外見的な変化や急激なホルモンバランスの崩れによる深刻な精神不安や体調不良が起こった。本人と支援者が診療と仮放免を訴え続け、８か月後にようやく外部病院での診療とホルモン治療を再開することができた。入管は、他の被収容者がいる区域の単独室にＭさんを短期的に移したこともあったが、フリータイムの時間は変わらず、結果１年３か月の間ほぼずっと「懲罰房」に隔離収容していた。Ｍさんはトランスジェンダーであることを理由にした隔離収容や差別的なフリータイムについて不服申出もしていた。被収容者が処遇について不服を申し出た場合は、入管は速やかに調査しなければいけない。Ｍさんの申出は受け入れられず、さらに異議申出をしたが、その結果は仮放免後になり「異議申出には理由がない」とだけ書かれていた。

当時は収容施設内のコロナ感染症対策や仮放免を求めて抗議活動が活発だった。トランスジェンダーの隔離収容という非人道的な事態に、入管収容やトランス排除に問題意識のある人々によって抗議活動や署名が行われ、被収容者の解放と性的多様性の権利などが訴えられた。デモが安全な活動の場になるように、差別などの注意を共有

---

*2　移住労働者と共に生きる・ネットワーク九州（2011）「2011年第8回大村入管センターへの質問と回答・要望と回答」

するガイドラインが配られるなどの配慮もされた。石川大我議員をはじめ国会議員もＭさんと面会を行い、入管へ処遇の改善を申し入れた。活動は海外にも広がる大きな運動となった。

Ｍさんは収容中うつ病を発症し、持病の強迫性障害の症状が悪化。仮放免後も周囲の物が落ちてくるように見え、何度も確認したり、息切れやパニック発作が起こるため、服薬なしでは日常生活を送るのが困難である。就労や移動の自由のない仮放免、再収容への不安も精神的に安定しない一因だ。心身のメンテナンス、日本語習得やボランティア活動をしながら、退去強制令書発付の取り消しを求める裁判を起こした。

収容中も仮放免後も、Ｍさんは精神的負担とリスクを伴いながら、自身で機会を作り取材や講演にも招かれるなどして、思い出すことも辛い経験を共有してきた。自身の尊厳を守り、今後同じ差別を受ける人が出ないようにするために声を上げ続けている。

事例２　「安全のため」の隔離収容で心身が不調に

事例１の後も、入管はノンバイナリーであるＫさんを隔離収容している。Ｋさんは収容開始時の調査で性的マイノリティであると判断され、性別は男女どちらでもいいと考えていることを伝えると、「あなたの安全のため」と言われ、拒否したが男性ブロックの単独室で毎日 22 時間収容された。約半年の隔離収容によってＫさんは不眠症や栄養不足になり、診察の必要な病気を発症したが、外部の病院診療は叶わなかった。仮放免が出る数日前のみ、他の人がいる区域の部屋に１人で移され、フリータイムを共にしたが、そこで問題は起こっていない。仮放免後に無料低額診療事業で数回病院に通い、投薬により体調は回復した。

事例３　名古屋入管・牛久収容施設

名古屋入管は、トランスジェンダー女性と把握しているＮさんを男性ブロックで収容し、その後男性のみを収容する牛久収容施設に移送した。どちらも男性と同部屋でフリータイムも共有シャワー室でも安全確保の配慮はなく、スカートを含む私服の一部着用禁止や、物品貸出を断られるなど差別的な対応があった。計２年２か月に渡る牛久での収容中、日常的なセクハラやシャワー室での被収容者による性暴力を受けており、叫んでも職員が助けに来ることはなかった[*3]。彼女は入管独自のトランスジェンダーへの処遇判断に問題があり、性別違和に関する専門家の指示や介入があるべきだと指摘する[*4]。

一方、アムネスティ[*5]による入管への調査では、性的多様性がある被収容者への特別な処遇に関する質問に対し、牛久収容施設において性別適合手術（自認する女性性に身体的に性別適合）した人を「他の人と別に収容していたが、精神的に不安定になるので、精神科医の診断を受け、本人の希望と女性被収容者の承諾を得て、一緒に運動場で運動させたことがある」と過去の事例紹介がある。性別適合手術を受けた人もなお隔離収容する驚愕の抑圧体制であるが、いくらか柔軟な対応も可能であることがわかる。

2　世界の性的多様性に対する迫害

前述事例の当事者たちは、出身国では性的多様性に対する直接的差別やヘイトクライムで亡くなる人も多く、面と向かって差別をされることが少ない日本社会に居場所を見いだしていたが、入管はそうではなかったと言う。性的多様性の権利は国際人権法で謳われているが、同性愛に対し法律上の禁止や罰則を作っている国は70か国程度あり、性別違和などによる治療や法的性別承認を認めていない国も多い。性別による職業差別や迫害の禁止、差別からの保護を明文化している国は少なく、性的マイノリティの保護は特にアジア、アフリカ、ラテンアメリカで課題だとされる[*6]。ヒューマンライツキャンペーン[*7]は、性的マイノリティが差別や暴力に合う高い確率があるため、毎年の殺害被害者数報告と、「暴力文化の解体」の提案をしている。こうした社会情勢により、移民・難民として来日する多様な性を持つ人もいるが、日本で性的多様性を理由に出身国で迫害される恐れのある人が難民として認定されたのは、2018年が初めてである。

---

*3　平野雄吾（2020）『ルポ入管―絶望の外国人収容施設』筑摩書房、112頁。

*4　イアン・トーマス・アッシュ（2021）『USHIKU』（映画）

*5　アムネスティ・インターナショナル日本（2019）「2019年度東京出入国在留管理局参観事前質問回答&質疑応答記録」

*6　ILGA（2020）「STATE-SPONSORED HOMOPHOBIA: GLOBAL LEGISLATION OVERVIEW UPDATE 2020 Updated Edition」https://ilga.org/downloads/ILGA_World_State_Sponsored_Homophobia_report_global_legislation_overview_update_December_2020.pdf（2023年1月9日最終閲覧）

*7　HRC（2021）「Dismantling a Culture of Violence」https://reports.hrc.org/dismantling-a-culture-of-violence（2023年1月9日最終閲覧）

3　入管の都合のみで、多様な性を持つ個人が考えられていない

本稿のため、東京入管に性的マイノリティの処遇に関する問い合わせをした。

（問）フリータイムで他者と接触を禁じる理由、館内の処遇基準の有無、現場判断の基準や事例

（答）いわゆる性的マイノリテイの方々については、その方の性的指向、性自認や身体的特徴等を踏まえつつ、プライバシー、身体保護及び収容施設の秩序と規律維持の観点から、他の被収容者への影響等を勘案の上、個別処遇を行う場合があります。

（問）収容施設の男女の区分や隔離によって、被収容者の性自認を否定することに対する尊重の欠如、精神的苦痛の認識と今までの対応、今後の方針。

（答）いわゆる性的マイノリティの方々については、個々の事情等を勘案し、当局の保安上支障がない範囲内において最大限に配慮しています。

他に、「研修等の機会を通じて、職員や被収容者に対するご質問のような性的指向の多様性に関する理解の促進に努めている」（トランスジェンダーの理解促進には言及なし）、「性差別的発言や行動等の他人への迷惑行為があった場合は、関係法令に基づき、職員が当該被収容者の行為に対し中止又は制止などの措置を講じて、適切に対処しています」等の回答があった。

しかし３つの事例から、心身の保護と真逆の暴力的な隔離収容が行われていることが明らかとなっている。上記の東京入管の回答からは、それを性的マイノリティへの迫害と認識していないことがわかる。当事者からは職員の無理解や差別が聞かれたが、性暴力や差別的言動に対する制止があったという報告はなかった。職員には収容施設内を監視し、入管にとって不都合なことは小さな問題でも制圧や懲罰する業務があるが、被収容者が生きるために必要な研修や業務は手薄だ。過去に牛久収容施設が対応した性別適合手術を受けていた人だけでなく、他者と過ごす時間や移動の自由は心身の健康と尊厳を保つために誰にとっても最低限必要である。

当事者によれば隔離収容の理由は明らかにされていないが、恋愛や性暴力の防止を意味する職員の発言があったようである。性的指向の誤解の場合もある上、国家が恋愛を禁ずる権力を持つことがおかしいのではないか。性別二元制や異性愛主義を強制せず、人それぞれ身体の性やジェンダーの捉え方や表現の仕方は異なり、グラデーションがあることを捉え直さなければならない。まして性暴力は加害者によるもので

ある。性暴力の侵犯者のせいで、被害を想定される人を制限することは、権利を奪うことにつながり慎重であるべきで、十分な対応でもない。性暴力の防止には、日常的なセクハラ等の注意、性暴力を引き起こす抑圧の除去、性被害に対する理解と想像力、人とのつながりなど加害に向かない環境が必要である[*8]。入管は性的マイノリティの処遇を管理の都合で決定していないか。収容施設では多くの人の心理的・身体的安全性が疎かになっているが、性的マイノリティである人の心理的・身体的安全性があまりにも軽視されてきた。当事者から自己決定権を奪い、コミュニケーションを遮断、移動を制限し、孤立させることで、精神に大きなトラウマを与え健康被害を引き起こしている。もっとも、見直すべき問題は日本に生活基盤がある人や緊急性がない人の収容を続けることであり、収容の停止が前述事例の当事者たちの一番の望みである。

4　刑務所における多様な性を持つ人の処遇指針

刑務所でも多様な性を持つ人の差別的処遇がある。しかし2011年（2015年更新）に法務省矯正局は「性同一性障害等を有する被収容者の処遇指針について」の通知を各施設に出している（入管にこのような指針があるかは不明）。この通知は、自由権規約委員会からも、トランスジェンダーの受刑者に対し一般的な処遇として独居拘禁をしない措置のために参照すべきとされている[*9]。同通知は、法的性別承認を伴わない性的多様性をもつ被収容者は単独室の昼夜居室処遇が適当だが、「性別違和」という理由のみをもって隔離するのは相当ではないとする。「性別違和」の診断は専門知識及び経験を有する医師でなければ鑑別が困難であり、申請があれば医療機関等の診断書または指名医を含めた診療を検討すべきという指針を示す。入浴中や身体検査の職員の監視について様々なケースの対応策もあり、外形変更の有無に関わらず特別扱いをせず支障がない範囲で集団運動を実施すべきとしている。性別違和の捉え方や処遇に関して矛盾と捉えられる内容もあるが、長期隔離収容と孤立を避ける方針を示している。入管がこの指針に従っていれば、少なくともより健康的な収容環境あるいは早期の仮放免

---

*8　藤岡淳子（2021）「第58回日本犯罪心理学会大会長講演」https://www.youtube.com/watch?v=1ucvGQtaPmw&t=344s（2023年1月9日、最終閲覧）

*9　国際人権連盟（2022）「日本：国連機関は死刑確定者の置かれる状況を非難し、死刑廃止に向けて前進することを要求」https://www.fidh.org/%E6%97%A5%E6%9C%AC%E8%AA%9E-2106/%E6%97%A5%E6%9C%AC-28912（2023年1月9日、最終閲覧）

を実現できたのではないだろうか。

5　シスジェンダーにとって

入管の性差別主義は、性に関わる特定のアイデンティティの強制、女性への性暴力、リプロダクティブヘルスの無配慮などの形でも現れている。制圧による深刻な負傷に対して、男性収容者が国を提訴する裁判（詳しくは第３章参照）が相次ぎ、国が賠償を命じられた判決もある[*10]。男性に暴力を強要するマッチョイズムは、被収容者だけでなく職員にとっても性差別主義的である。過去には職員による職権を利用した女性被収容者への性暴力が多数報告され[*11]、問題が表面化し、2000年代以降はささやかだが人権研究者やNGOメンバーが職員研修等に呼ばれるようになり減少したと考えられる[*12]。しかしコロナ禍では、女性区域で仮放免を求めて集まった20名程の被収容者に対し、50人程の職員・警備官によって制圧が行われた。その間下着姿の女性被収容者を撮影し男性区域を歩かせ、職員からのセクハラ言動があった[*13]。筆者が聞き取りを行った女性４名は、収容中に貧血や生理不順などリプロダクティブヘルスに関する問題を経験し、感染症や子宮筋腫の診断を受けた人もいる。彼女らは栄養不足やストレス、あるいは不衛生なトイレ・シャワー室の細菌感染が原因ではないかと考えている。

6　被収容者は声を持つ――当事者と共に入管を変える

入管収容施設の生理の貧困状況は、上智大学田中雅子教授と学生によるソーシャルアクションによって改善された。被収容者が生理用品を入手するには、限られた割高な購入リストから自費購入するか、差入れを依頼するしかなかった。被収容者処遇規則第23条では必要な際は日用品を給与するとしており、横浜入管は困窮者に生理用品を配布したことがあるようだが、多くの人は困っていてもティッシュでの代用や生理用品の長時間使用で我慢していた。

同プロジェクトによる入管への３度の要請と、その後の話し合いを経て、2021年10月横浜入管が生理用品の提供を開始。当初は口頭確認やゴミ箱の確認など精神的負担を伴う方法だったが、現在は個別配布に加え、シャワー室に昼夜の生理用品が一括配備され、全国の入管でも提供が行われるようになった。被収容者の中には、自分の要求が聞き入れられなかった状況が変化し、意見の反映を実感すると、改善の提案をする積極性が現れたという[*14]。外部が仲介し国際基準などを参照しながら、入管と対話のチャンネルを作り、当事者の意見によって問題解決した当事例を参考に、関係者で協働し性的マイノリティの処遇改善にも取り組みたい。

7　国際的な連帯と廃止主義

国家行政が制度的に、企業や特権的マジョリティが社会的に、マイノリティを監視・管理する性差別主義や収容拘禁を組み込んだ社会構造がある。『トランスジェンダー問題』の中でフェイ[*15]は、廃止主義（アボリショニズム）に立脚しながら、国家による性的多様性を排除する制度と暴力、主権者となる条件を課す統合の仕方を批判し、刑務所や移民収容施設ではなく、個々の人生の複雑さに対応する仕組みとコミュニティの必要性を訴える。

英国では2016年以降、トランスである受刑者が地域のトランスジェンダー事例委員会に、収容区域の変更などを申し立てることができるようになった。ただし、住んでいる地域から離れている場合など、すべての人が自認する性による収容を望むわけではない。また、トランスジェンダーである人のみを収容する区域の試例においても、職員や制度の理解・準備不足によって、適切な環境が提供できず当事者が苦しんだ結果があり、施行してもトランスたちの収容が増えるだけだと問題視する。フェイは、拘禁や懲罰というシステムでは、状況の複雑さを無視し、果たすべきはずの犯罪の抑止や更生というポジティブな役割を果たし損ねていることを鋭く指摘している。

「トランスフォビアをシステムの中の解決すべきバグの１つと見なすようなナラ

---

*10 上東麻子（2022）「『うるさい、静かにしろ！』　入管施設『制圧』の実態　映像入手」毎日新聞 https://mainichi.jp/articles/20220211/k00/00m/040/249000c（2023年１月９日、最終閲覧）

*11 入管問題調査会（1996）『密室の人権侵害』現代人文社。

*12 高橋徹（2007）「日本の外国人政策と入管収容施設」『壁の涙』現代企画室、42-65頁。

*13 志葉玲（2020）「『膝で押さえつけ』『女子部屋に乱入、下着姿を撮影』入管職員の女性への暴行、セクハラ ―森法相の責任重大」『ヤフーニュース』https://news.yahoo.co.jp/byline/shivarei/20200605-00181924（2023年１月９日、最終閲覧）

*14 田中、乾、川村、萩原（2021）「『入管収容者にも生理用品を』プロジェクト―被収容者・被仮放免者とのソーシャルアクション」上智大学グローバル・コンサーン第14号、181-208頁。

*15 ショーン・フェイ（2022）『トランスジェンダー問題』明石書店。

ティブを超えて、システムそれ自体が破綻していることを理解するところから始めなければならない。私が思うに、システム自体は完全にそのままにしつつ、現在の刑務所システムをトランスの人々に適用しようとすることは、道徳的責任放棄である。トランスの運動家やアクティヴィスト、そしてアライたちは、もっと勇気を出して、反―刑務所の政治へとはっきりと前進すべきである」(260頁)

性的多様性や在留資格の有無だけでなく、障害や暴力の抑止など様々な理由によって、一元的な収容拘禁をする危険なパターナリズム(父権主義)が、仮想的な「安全」を建前に抑圧管理として働いている。個人はそれぞれの仕方で存在し生活し、そして時に連帯して居場所を作っている。それは権威的制度ではないオルタナティブな社会を作る力である。

おわりに　移民・難民、性的多様性の権利

ジェンダー化された労働や性的搾取は国際移動の大きな動機であり、人種化・ジェンダー化された諸制度は、人ではなく労働力や資本が国境を越えるために使われる。それは新自由主義経済の高度で不平等な国境管理と資源配分をもたらし、全くちがった人間同士、そして人間以外の存在が共存する持続可能な世界を不可能にしている[*16]。国籍や在留資格による一元的管理によって、移民・難民、特に女性や性的マイノリティは、性的搾取やDVなどの差別状態を強化される。当事者が選択・参画できる移民・難民への複合的差別に対応した制度運用をしなければならない[*17]。

例えば、現在日本で法律上の性別承認を行うには、生殖腺がないこと又は生殖腺の機能を永続的に欠き、他の性別の性器に近似する外観を備えており、婚姻せず未成年の子がいないという条件が性同一性障害者特例法によって定められている。これは個別事情の無配慮、婚姻当事者やリプロダクティブヘルスの権利侵害という批判があり[*18]、違憲性を争う裁判も行われている。世界には性別承認に手術要件がない国、第3の性を認める国もある。さらに、法的性別承認の要件に当てはまらないトランスジェンダーや同性カップルは、現状日本では法律婚もできない。これは外国籍保持者にとって在留の障害にもなりうる。日本国籍等保持者との結婚は配偶者としての在留資格を取得するための条件であり、在留特別許可に係るガイドラインの積極要素とされている。婚姻の平等な法整備を進めると同時に、性的マイノリティで法律婚が難しい場合も在留資格の対象として考慮すべきである。

収容を経験した多様な性を持つ人たちは、仮放免後も収容のトラウマや制度的差別という困難がありつつも、自分らしさと尊厳を持ち、喜びや悲しみを周りの人たちと共有しこの社会で生活している。現状、国籍・性的マジョリティで、執筆発表できる特権的な立場にある筆者は、国境や性別二元性を越える人たちと協働する中で、現行制度や統制に甘んじず、自身と社会を変えていくビジョンと力を得ることができた。性的多様性の権利のための法整備が注目される中、国籍や在留資格で排除してはならない。国籍保持者やマジョリティだけがあてはまる制度や人権ではなく、属性による管理ではなく、生きることをケアする制度と社会を作っていきたい。

◎　個人情報保護のため、当事者に関する記事は一部を除き相談の上省略した。

---

*16 ケアコレクティブ（2021）『ケア宣言』大月書店、167頁。
*17 元百合子（2022）「ジェンダー・複合差別と人権基本法」外国人人権法連絡会。
*18 藤戸敬貴（2017）「性同一性障害特例法とその周辺」『調査と情報』No.977（2017.9.26）国立国会図書館。

参考文献

国際自由権規約委員会（2020）「日本の第７回政府報告に関する事前質問票（仮訳）」https://www.mofa.go.jp/mofaj/files/100045760.pdf（2023年１月９日、最終閲覧）

裁判所「性別の取り扱いの変更」https://www.courts.go.jp/saiban/syurui/syurui_kazi/kazi_06_23/index.html（2023年１月９日、最終閲覧）

東京弁護士会（2015）「エクスペクテイションズ（期待される状態）入国管理局被収容者の取り扱いと状況を評価するための基準（案）」

法務省（2015）「性同一性障害等を有する被収容者の処遇指針について（通知）」

第５章

日系ブラジル人Tの収容と強制送還

田巻松雄

「法務省にも伝えてほしい。決まりは人を裁くためではありません。人間はみな自由になる権利があります。法務省と全部の入管にはちゃんと人権を守ってほしいものです。人権を守ってません。仮放免制度があるにもかかわらずみんなの仮放免をダメにしていますから。ですからちゃんとしてほしいです。長期間人間を収容するのはやめてください。……自由のない生活はひどくやっぱり失敗に対して気持ちが収まらない悔しいです。悲しさやさびしさで胸がしめつけられるように苦しくてつらいです。社会復帰が出来る日がやってくるのだろうか。いったい、いつまで待たされるのだろうか。わからないけど、命がある限り頑張る気持ちでいます。いつか……出れる日を信じて仮放免でも、仮放免という希望を……今現在不法滞在だけど、それでも、仮放免認められるようにこれからもここで私は、一生懸命頑張ろうと思います。あきらめずに、あせらずに、ゆっくりと頑張ります」（2018年９月付のTからの手紙、原文のママ）

「田巻松雄様　お世話になっております。誠に申し訳ありません。やっぱり、やめて、あきらめます。あきらめました。ごめんなさい。きゅうに帰えりたくなったので、もう10年以上も、外には出ていたい為、ブラジルに帰国することにしました。なんて言ったらいいのかわかりません。言葉がありません。Deportetionの紙には、もうサインをしましたので帰国するのは早いかと思われます。母には、手紙と電話で伝えましたので、父にも伝わっていると思います。２か月はかからないと言っていましたので、おそらくは、２～３週間年内には帰国が出来ると考えています。今必要としている物は、23kgのバッグ（トランク）１つとブラジルから父と母と弟に連絡、れんらくが取れるように、lockなしのスマトフォン１台もし、使っていない物がありましたらまたは、中古でもかまいません。乱筆乱文多謝にて失礼いたします」（2019年11月７日付のTからの手紙、原文のママ）

2018.9.17

1

拝啓
田巻松雄様へ
政府に伝えたいことは、日本政府の皆さん、こんにちは、規則について
それによってものごとが行われるように定められているきまり、入管の決まりは、決まりが悪いことで、おかしいです。
法務省にも伝えてほしい 決まりは人を裁くためではありません。人間はみな自由になる権利があります。
法務省と全部の入管たはちゃんと人権を守ってほしいものです。
人権を守ってません。
仮放免制度があるにもかかわらずみんなの仮放免をダメにしてますから
ですからちゃんとしてほしいです。
長期間人を収容するのはやめて下さい。
最収容もやめてほしいです。
罪なき人間を収容するのはおかしい
更生施設から来た人も罪を償ってます。

5

入管のことは、これからも訴える考えでいます。
気に入らないこと。
不満や不平なことなど、全て私が満足するまで入管の悪いところを、伝えつづけたいです。
時間がかかりますが かまいません。
事実を伝えたいです。
入管は収容することでみんな私もふくめて体に苦痛をあたえてます。
つらいです。
自由のない生活はひどく やっぱり失敗に対して 気持ちが収まらない悔しいです。悲しさやさびしさで、胸がしめつけられるように苦しくてつらいです。
社会復帰が出来る日がやってくるのだろうか！
いったい いつまで待たされるのだろうか！
わからないけど、命がある限り頑張る気持ちでいます。いつか…出れる日を信じて仮放免でも、仮放免という希望を…

6

田巻松雄さん
さん
さん
さん
さん
さん
面会に来ていただきありがとうございます。
田巻先生に感謝しています。また私の20年の軌跡18枚の紙にまとめていただきありがとうございました。良く出来ていると思います。
何時間もかけてパソコンで作ってくれて大変だったと思います。いつまでこのじょうきょうがつづくのかわかりませんが、厚生施設に在留資格を失って今現在不法滞在だけど、それでも、仮放免認められるようにこれからもここで私は、一生懸命頑張ろうと思います。
あきらめずに、あせらずに、ゆっくりと頑張ります。

2019.11.9

元11 7

田巻松雄 様

お世話になっております。
誠に申し訳ありません。
やっぱり、やめて、あきらめます。
あきらめました。
ごめんなさい。
きゅうに帰えりたくなったので、もう10年以上も、外には出ていない為、
ブラジルに帰国することにしました。
なんて言ったらいいのかわかりません。 言葉がありません。
Deportetion の紙には、もう サイン をしましたので
帰国するのは早いかと思われます。
母には、手紙と電話で伝えましたので、父にも伝わっていると思います。
2ヵ月はかからないと言っていましたので、おそらくは、2～3週間
年内には帰国が出来ると考えています。今必要としている物は、
23kgのバッグ（トランク）1つと ブラジルから父と母と弟に
連絡、れんらくが取れるように、LOCK なしのスマトフォン1台
もし、使っていない物がありましたら、または、中古でもかまいません。
乱筆乱文多謝にて失礼致します。T

はじめに

日系ブラジル人Tは、1998年2月に両親とともに10歳で来日した。Tは2019年11月に31歳の年齢で、3年近い入管収容施設での長期収容を経て、祖国ブラジルへ強制送還された。仮放免に望みを託し、長期収容に耐えてきたTは、2019年11月上旬に帰国を決意する。その1週間ほど前に届いた手紙では、体調が良くない母親の看病をしたいので、ぜひ仮放免を認めてほしいという気持ちを綴っていた。しばらく前から帰国を言葉にすることはあったが、苦渋の選択として急遽帰国を決意したものと思われる。

Tからの最初の手紙が収容先の東日本入国管理センターから筆者に届いたのは2018年4月である。Tは、同センターに差し入れされていた本（宇都宮大学HANDSプロジェクト『中学教科単語帳　日本語⇔ポルトガル語』2014年）の巻末に代表者である筆者の氏名と連絡先が書かれているのを見て、思い切って手紙を書いてみたと語った。「拝啓　田巻松雄様へ　はじめまして、私はブラジル国籍の名前はTと申します。おいそかしい中とつぜん失礼です。私は、中学校卒業かたちじょうでは出来ましたが、学歴が足りません、オーバーステェーになりいつかはブラジルに帰えらなきゃならいが、ブラジルでもまともに学校には行っておらず何も出来ません。学歴が足りない人の為に保護か何か本当にないのでしょうか。＊学校はいじめがげんいんでやめました」（最初の手紙、原文のママ）。3回目の手紙には、日本語の日常会話には特に問題はなく一度会いたいことや、刑事事件をおこし法律に触れるようなことをしてしまい反省していることなどが書かれていた。

2018年5月25日に初めて面会に行った。Tはその時30歳であった。30分以内という短い面会時間の中で、少年院入院中に中学校を卒業したことや刑務所服役中に定住者の在留資格を失ったことなどを静かな口調と穏やかな表情で語った。ゆっくりかつ噛みしめるような話し方からは、学び直しややり直しを切望していることが伝わってきた。

この出会いをきっかけに、筆者はTの日本での20年を調べ、「転落の20年」と言わざるをえない現実の背景と意味について考察した（『ある外国人の日本での20年――外国人児童生徒から「不法滞在者」へ』下野新聞社、2019年、英語版は2021年に同社から出版）。その結果、Tが非行や犯罪に走った背景には義務教育を十分に受けられなかった問題や突然の失業によって収入が閉ざされたこと等いくつもの要因が複雑に絡んでいたことをみたうえで、「罪と罰の均衡」という視点から、犯した罪に比べてはるかに重い罰を課せられたと論じた。罰とは、３年近い入管収容施設での長期収容と１度も仮放免されることなく、したがって家族とも会えず、20年も帰国していない生活基盤のないブラジルに送還されてしまったことである。

本稿では、Ｔの入管施設への収容と強制送還の実態から、入管行政の問題と課題を論じる。大きなポイントとして、刑務所服役中に「不法滞在」になったこと、刑務所を仮釈放された当日に入管収容施設に収容されたこと、裁判で敗訴したこと、７回の仮放免申請がすべて却下されたことがある。なお、来日から強制送還までの主な流れは以下のようにまとめられる。

・1998年２月１日、日系ブラジル人として来日。小学校４年生（在留資格は定住者）。
・2001年、中学校入学後数か月で不登校。その後、日本人の不良仲間らと共に非行を繰り返す。
・2003年10月少年院入院（2004年３月少年院で中学卒業）、2005年４月少年院再入院。
・2010年５月、強盗の被疑事実により逮捕、懲役７年。同年12月刑務所に入所。22歳
・2012年２月１日、刑務所内で「同日を超えて不法滞在」。
・2016年10月、仮釈放された当日に退去強制処分の執行により東京入国管理局に収容。
・2017年３月、東日本入国管理センターに移送。
・2017年４月、東京入国管理局長、東京入国管理局主任審査官を相手に「退去強制令書発付処分取消等」請求する裁判を起こす。東京地裁・高裁で敗訴。
・2019年11月　ブラジルへ強制送還（それまで、７回の仮放免申請、すべて却下。）

1　事実経過

1　定住者から「不法滞在」へ

Ｔは刑務所服役中に、定住者の在留期間更新時期を迎えた。2012年１月に父親がＴの在留期間更新許可申請を代理申請で行うが認められず、この結果、Ｔは、2012年２月１日に刑務所内で「同日を超えて不法滞在」となり、定住者から「不法滞在者」（退去強制対象者）となった。Ｔは、「不法滞在」状態で４年半ほど服役を続けた。

２　仮釈放と入管収容施設への収容

2016年８月12日に関東地方更生保護委員会は、10か月の刑期を残して、Ｔの仮釈放を決定した（仮釈放日は10月27日）。仮釈放とは、矯正施設に収容されている人を収容期間満了前に仮に釈放して更生の機会を与え、円滑な社会復帰を図ることを目的とした制度で、刑事施設等からの仮釈放、少年院からの仮退院等がある。仮釈放の検討時期としては、一般に服役から刑期の８割が過ぎた頃が目安と言われる。Ｔの場合、服役から９割近くが過ぎた段階で仮釈放が決定された。元関東更生保護委員会調整指導官は、７年の実刑判決が出て、10か月残して仮釈放されているということは、基本的には刑務所の中でやってきたいろいろな更生プログラムに対する本人の努力が認められものだと言う。

Ｔは、2016年10月27日に仮釈放されたが、２日前の10月25日に退去強制令書が発付されたことを受け、仮釈放された当日に東京入国管理局に収容された。そして、Ｔは、2017年３月10日に東日本入国管理センターに移送された。

３　裁判

Ｔは、2017年４月24日に、処分をした行政府（東京入国管理局長、東京入国管理局主任審査官）を相手に「退去強制令書発付処分取消等」を請求する行政裁判を起こした。Ｔは、原告に在留特別許可を付与しなかった裁決につき、裁量権の範囲を逸脱し又はこれを濫用した違法があるなどとして、本件の裁決及びこれに基づく本件の退令処分の取消しを求めたのである。本裁判は、東京地方裁判所と東京高等裁判所で争われたが、いずれも原告敗訴であった（高裁結審は2018年６月28日）。Ｔは最高裁への控訴はしなかったため、裁判は終了した。

４　長期収容と強制送還

外国人は、収容令書あるいは退去強制令書によって収容される。収容令書が収容期間を最大60日とするのに対し、退去強制令書は、上限がなく無期限で、長期収容を可能とする。長期の収容を想定した収容所は、現在、茨城県牛久市にある東日本入国管理センターと長崎県大村市にある大村入国管理センターの２か所である。

センターに収容されている者を一時的に放免する仮放免制度がある。それは、収容されている者について、病気その他やむを得ない事情がある場合、一時的に収容を停止し、一定の条件を付して、例外的に身柄の拘束を解く制度である。Tは、計7回仮放免申請を行ったが、すべて却下されている。2019年9月時点では8回目の仮放免申請を検討していた。しかし、Tは同年10月に退去強制されることに同意し、同年11月に退去強制された。収容は3年近くに及んだ。

2　考察

1　Tの悪質性

Tが「退去強制令書発付処分取消等」を請求した裁判で入管側は、Tの在留状況が極めて悪質であることを3点から主張している。第一に、強盗等の罪により懲役7年の実刑判決に処せられたこと、第二に、実刑判決の対象となった事案以外にも多数の非行や犯行を繰り返し行ったこと、第三に、「不法残留していたこと」である。

2010年5月、Tは、強盗未遂事件1件、強盗3件、窃盗6件の被疑事実により逮捕された。強盗4件（うち未遂1件）が同国人と共犯で起こした犯罪である。検察側は、年若く、勤労により生活費等を稼ぐことが十分可能でありながら、金に困るや車上荒らしや強盗を決意したその安易かつ短絡的な犯行時に酌量すべきものは微塵もない、として懲役9年を求刑した。弁護側は、十分な教育を受けられなかったことや失業によって収入が閉ざされたことが本件事件に深く関わっていること、4件の強盗事件ではいずれも中心的役割を果たしたのはTではなかったこと、Tが本件事件を深く反省し更生意欲も高いこと等を挙げ、寛大な刑を求めた。判決では、「生活費や遊興費に窮し、安易に本件各犯行に至ったものであり、その動機に酌量の余地はなく、被告人の刑事責任は重い」としたうえで、「酌むべき事情も認められるとして」、懲役7年が言い渡された[*1]。

Tの場合、不登校になり非行に走った背景には、日本語能力の低さ、友だちが出来なかったこと、いじめられたこと、学ぶ場や居場所がなかったこと、「悪い仲間」から誘われて断り切れなかったこと等、様々な要因が関係している。しかし、本裁判では、Tを不登校や非行に追い込んだ当時の学校や地域に関する諸要因については全く取り上げられなかった。また、犯行に及んだ動機は「安易」とされており、犯行に至った動機や経緯に関する具体的な言及もなかった。

*1 「判決文」2010年12月16日。

「不法残留」の悪質性については、「不法残留自体が我が国の出入国管理制度の秩序を乱す行為であり、重要な国家・社会の法益を侵害する悪質な行為で刑罰法令にも抵触するものであるから、理由や目的のいかんを問わず、不法残留したとの事実だけをみても、原告の在留状況は悪質というべきである[*2]」と記載されている。また、「原告は本件刑事事件判決の宣告を受けて刑務所に収監された結果、刑務所への収監中に在留期限を経過したのであるから、このような不法残留の経緯に何ら酌むべき事情はない[*3]」とも記載されている。

理由や目的の如何を問わず事実だけみることは、在留資格を失う人々の個々の事情を一切考慮しない入管側の姿勢を象徴している。Tが刑務所服役中に「不法滞在」になったのは、在留期間更新許可申請が認められなかったことと出国の自由がなかったことが原因であることは明らかであるが、入管側は、「理由や目的のいかんを問わず」という論理で、「不法滞在」は悪質な行為と断じた。

2　刑事責任を果たすことの意味

一般的に言えば、仮釈放は、満期出所よりも早く更生の機会が与えられたことを意味する。しかし、Tは仮釈放された当日に入管収容施設に収容された。この行政手続きは、入管法によって、刑事手続きと退去強制手続きとの合理的な調整として規定されている。入管法（刑事手続き）第63条は、刑事訴訟に関する法令等の規定により身柄が拘束されている外国人に対して退去強制令書が発付された場合の同令書の執行はこれらの刑事手続きが終了した後にすることを定めている。すなわち、刑事手続きが終了した後に退去強制手続きが開始される。Tの場合、刑務所服役中に「不法滞在」になり、事実上日本社会への復帰が閉ざされてしまった状態で4年半服役を続けたこととなる。

Tによると、仮釈放については2～3日前に知らされたが、仮釈放される日に入管収容施設に収容されるとは知らされていなかった。「仮釈放が決まり、お父さんとお母さんが迎えに来てくれると思っていたら、入管の職員が来てそのまま入管施設に連れていかれた」。

なお、裁判において、入管側は、Tが刑事責任を果たした点に関して、「刑務所で服役したとの事実は、かかる評価（Tの在留状況が悪質であること）を何ら変更するものではない[*4]」と主張している。刑事責任を果たすことは、入管法上の手続きとはまったく無関係であると捉えられている。

３　仮放免制度の形骸化

仮放免の許否は、仮放免請求等に基づき、個別の事案ごとに諸般の事情を総合的に勘案して判断されるものとされる。仮に仮放免が許可されて入管収容施設から出られたとしても、退去強制令書の効力は失われず、送還されるべき立場に変わりはない。

2016 年 4 月 7 日に、法務省入管局長は、入国者収容所長と地方入管局長にあてて、「安全・安心な社会の実現のための取組について」と題した通知を出している。この通知は、2020 年開催予定の東京オリンピック・パラリンピックにふれたうえで、「安全・安心な社会の実現のためには、「不法滞在者等」や「送還忌避者」など我が国社会に不安を与える外国人を大幅に縮減することを喫緊の課題と位置付けている。弁護士グループが情報公開請求し、開示された 2018 年 2 月 28 日付文書には仮放免運用方針として「仮放免を許可することが適当とは認められない者は、送還の見込みが立たない者であっても収容に耐え難い傷病者でない限り、原則、送還が可能となるまで収容を継続し送還に努める」とあり、「適当と認められない者」として、「殺人、強盗、人身取引加害、わいせつ、薬物事犯等、社会に不安を与えるような反社会的で重大な罪により罰せられた者」が挙げられている。

難民支援協会が HP 上で公開しているデータによると、東日本入国センターでの仮放免申請数と許可数及びその比率は以下のように推移した。2014 年申請数 866、許可数 272、許可率 31.4%、2015 年申請数 818、許可数 346、許可率 42.3%、2016 年申請数 786、許可数 379、許可率 48.2%、2017 年申請数 1053、許可数 224、許可率 21.3%[＊5＊6]。2016 年から 2017 年にかけて許可率が大きく減少している。参考までに全国の退去強制令書により収容されていた者が仮放免された件数の推移をみておくと、2015 年 1,063、2016 年 1,160、2017 年 822、2018 年 523、2019 年 725 件となっており、2016 年までの件数に比べて 2017 年以降の減少が確認できる。

＊2　「答弁書」2017年７月６日、22-23頁。

＊3　前出「答弁書」、22-23頁。

＊4　前出「答弁書」、21頁。

＊5　難民支援協会「東日本入国管理センターとの質疑応答」（2016年10月13日）。https://www.refugee.or.jp/report/refugee/2016/10/post_422/（2023年１月４日、最終閲覧）

＊6　難民支援協会「東日本入国管理センターとの質疑応答（2018年5月9日）https://www.refugee.or.jp/report/refugee/2018/05/immig_qa18/（2023年１月４日、最終閲覧）

Tは仮放免申請を7回行ったが、すべて却下された。この背景としては、東京オリンピック・パラリンピックの開催を控えて、仮放免制度を含む出入国管理制度の厳格化が強化されてきたことも関係していよう。

3　Tの叫び

在留資格を失ってしまう理由や経緯は様々である。しかし、入管側は、個々の事情には一切配慮することなく、「不法滞在」を絶対的な悪と見なす。強制送還されることが、送還されてしまう者とその家族に与える影響も様々である。一般的に言って、家族と一緒に暮らすことが出来なくなってしまう、生活基盤のない国に送還されてしまう場合、強制送還は最も過酷な罰となる。しかし、入管側はそのような個々の事情にも十分配慮しない。Tは、20年帰っていないブラジルに送還され、家族とは事実上分断された。

Tは、10年近い刑務所と入管収容施設での生活をどのような想いで過ごしてきたのだろうか。Tは10通を超える手書きの手紙を筆者に送り、後悔や憤りや希望や絶望を伝えてきた。なかでも2019年6月4日に届いたレターパックに同封されていた400字詰め原稿用紙40枚はTがすべてをぶつけた文章に読める。筆者は、その半分程度の文章をそのまま「Tの叫び」と題して『ある外国人の日本での20年』に掲載した。

その「Tの叫び」に関して、刑事事件の裁判でTの国選弁護人を務めたHから読後の感想をいただいた。送っていただいた資料には、「二人だけのクリスマス」と題する以下のHの文章があった。

「もう10年ほど前の12月の出来事である。……私は、彼と最後の接見をするため大里の拘置所に向かったのである。私は、事前に新約聖書の小型版（A6サイズ）を差し入れていた。……『君は何年の実刑判決になるかわからないけれど、相当に長時間にわたり刑務所の中で服役しなければならない。しかし、刑務所の中で無駄に時間を過ごしてはいけない。大事な時間は、神に与えられたと思って、いろいろな技能を刑務所内で習得してほしい。何よりも差し入れた聖書をじっくり読んで神様のことを学んでほしい。そのためにも日本語の読み書きについても刑務所の中で勉強して欲しい』と語り、ルカの福音書2章を開き、二人だけでイエス・キリストの御降誕をおぼえて礼拝した。彼は、自分が実刑になることを覚悟していて、これから与えられる時間は聖書を読むために捧げると約束してくれたのである。……彼は、甲府拘置所内で私と約束したとおり、日本語を学び、読み書きを勉強してさらに聖書をどんどん読んでいるのだ！[*7]」。

また、Hから送られてきたハガキには以下の文面があった。「彼が、こんなに達者に日本語で自分の考えを表現できるようになったこと、特に旧約聖書のエゼキエル書を引用して、自分の今置かれた位置について深く理解していることには驚きました。エゼキエルという予言者がバルセロナに捕囚された人々に、希望を与えるため神様がつかわされたのですが、自分が正にそのような閉じ込められた状況にあることを認め、そこからの救い希望を告白しているのです」（2019年11月8日付ハガキ）。

Tは、刑務所へ服役することに人生の再生の可能性をみていた。「今現在も、逮捕されて良かったと思います。古約聖書のエゼキエル書33章11節こうある私は悪人が死ぬのを喜ばない。かえってその悪人が態度を悔い改めて、生き直す事を私は喜ぶ。立ち返れ、立ち返れ、お前の悪しき道から。△△△よ、どうしてお前が死んで良いのだろうか。ここから、これから、悔い改めて、厚生して、反省して、△△△という人間は、新しい人間を目差しますよ。そして、弱い人間を守れる強い人間となる」（「Tの叫び」96-97頁）。

Tは「刑務所では、しっかり働き、しっかり勉強もしました」と語る。罪を悔い、更生や社会復帰に向けて努力したことには、再生のチャンスを与えてくれたと思っていたことに対する感謝の気持ちとこれが最後の再生のチャンスとの決意が大きく関係していただろう。しかし、刑務所で学んだことや身に付けた技能を活かすことは許されなかった。

入管収容施設は、不法滞在者を本国あるいは第三国に送還するための収容施設であり、送還が目的であるがゆえに、社会復帰に向けたプログラムなどは一切ない。運動の自由や部屋から出られるある程度の自由はあるが、長時間部屋で過ごさなければならない環境である。親孝行したい、弟の面倒がみたい一心で繰り返し申請してきた仮放免申請は、すべて却下されてきた。そのような環境の中で、Tは、いつになっても出られないのでないかという不安にかられながら、一途の希望を頼りに日本語や法律の勉強をしてきた。

Tが入管施設収容中に繰り返し仮放免申請をしたことは、なによりも家族と一緒に

*7　昭和町キリスト教会月報「昭和町通信　2019年12月号」。

暮らしたい気持ちに基づいている。

「外に出て一日でも早く両親の元へ帰えり、親孝行をして、もし、二回目入管に収容をされることがあった時には、母国に帰えりたいと思うことだと思いますが、帰える前にも、準備帰える前のすること前から用意をする事で帰えるにはこの準備が必要なものですね、ものごとをするにはなんでも準備がいると思いますが、帰えるのにも準備が出来てないし、お金もないし、チケットもかえないし、帰えるにも帰えれないっていうか帰れらない判対に家族が日本に誰もいないだったらもう初めからサインして東京入国管理局から私は帰えっていたと思いますが、その逆で家族は全部全員日本国内にいますから帰えれない。今帰えたらもう二度と両親には会えない気がします。△△△から日本へ来た時には私はまだ小さかったが、おじいちゃんとおばあちゃんが△△△にのこって私がまだ小さい時におじいちゃんとおばあちゃんをなくしました。大好きだったおじいちゃんとおばあちゃんとには二度と会えなかったからトラウマになっていて今でもまだそのトラウマがあって、それで両親には同じことがおこったらどうしようでどうしても考えちゃうんですね。また帰って父と母にもしものことがあるじゃないかと不安と心配です。両親はもう年も年だしいつまでも健康でいられると思えませんからよけいに考えます。必要以上にも考えます。だから私は帰えらない。例え私がここで死ぬことになっても、死んだら死んだでいいや。私は人生をかけます。東日本入国管理センターから仮放免ででるか、死んで出るか二つに一つです」（「T の叫び」144-147 頁）。

そして、仮放免申請に対して、何の理由も示さず、不許可を繰り返す入管を憤る。

「収容の現状をみれば、外国人を人として扱っていないことは明らかです。超過滞在の外国人は治安を脅かす存在でしょうか。いえ、我々は超過滞在しかしていないのです。何年も理不尽な収容をされながら耐えている仮放免を受けたあと日本で何年も生活している人々も同様です。働くなとか県外に出るなという制約を受け、微罪でも犯せば再収容されてしまうという厳しい条件を偽装したり公文書を偽造したりする人より、よほど真面目に生きている人たちです。日本語や仕事に熟練した即戦力もたくさんいます。むしろ我々外国人に「特別技能」の在留許可を与えたほうが、お互いのためになるのではないでしょうか。……それでも入管と法務省は、私の国じゃない国へ帰れと言う？　家もない、家だけじゃなくて、いばしょもどこにもない！　家族もいない！仕事もない！　どうしたら生きられますか。国で生活したこともなければ、言葉もわからなければ、仕事も住むところも見つからない、ブラジルという国で難民？わりあわないし、難民やってもいいんだけど日系３世の私には、無意味（未）いみがないではありませんか。日本人の名前と本人の血が流れていますから、日本人のプライドじゃないけれども最後まで私は“目に見える限りの夢を手の届く限りの希望を燃え尽きるこの命の限り”乱筆乱文多謝にて失礼いたします」（2019年９月13日付手紙、原文のママ）。

おわりに

2020年１月にＴから年賀状が届いた。「田巻松雄様へ。新年あけましておめでとうございます。2020年はご家族と一緒に良い年になりますように心よりお祈り申し上げます。私は今頃ブラジルでなれて元気でやっています。どうかご心配なさらないでほしい。Ｔより」と書かれていた。一瞬ブラジルから届いたものと思い喜んだが、しかし、この年賀状は、Ｔが強制送還される前に、新年に届くように準備していたものだった。このような文面を準備したことに、Ｔの優しさが溢れていると感じる。

帰国後のＴとは、2020年３月にMessengerで連絡が取れた。Messengerで何度か呼びかけたところ、「Hai sou desu. Benji de gabatte masu Kedo mada shigoto mitsukaranaidesu. Minasan ni yoroshiku tsutaete kudasai.」と短いメッセージが届いた。その後、同年９月まで４回Messengerで呼びかけたが返事はなかった。帰国後のＴと何度か電話で話したという母からの情報によると、サンパウロ空港に降り立ったＴは２日〜３日間空港から出られなかったという。何をどうして良いのか判断がつかなかったと思われる。そのＴを空港まで迎えに行ったのは、一緒に強盗した時の主犯格であったＣだった。Ｃはしばらく前にブラジルに送還されていたとのことであるが、送還前に、Ｔの母にＴを強盗に巻き込んで悪かったと電話で謝罪したという。ブラジルに戻ったＣは結婚しており、Ｔはしばらく C 夫婦と一緒に暮らしたらしい。Ｔの母は、Ｃと離れたＴは物売りなどして何とか暮らしているがホームレス状態にあるようだと語った。2020年夏ころの情報である。それ以来、連絡はなく、連絡を取り合うことはもう無理かなと諦めかけていた。

Ｔは生き延びていた！　Konbanwa T desu. Ogenki desu ka!?!（原文のママ）

2023年1月29日早朝、このメッセージが深夜12時23分にメールで届いていたことに気づいた。Tは、「私は悪人が死ぬのを喜ばない。かえってその悪人が態度を悔い改めて、生き直す事を私は喜ぶ。立ち返れ、立ち返れ、お前の悪しき道から。△△△よ、どうしてお前が死んで良いのだろうか」の想いで生き延びているのではないだろうか。

◎手紙とメールに記載されている本名はTと書き換えている。

詳しくは以下を参照

田巻松雄（2019）『ある外国人の日本での20年—外国人児童生徒から「不法滞在者」へ』下野新聞社

Tamaki Matsuo（2021）*From Foreign Child to Illegal Immigration: The Case of T, A Brazilian Man of Japanese Descent who lived in Japan for 20 years,* 下野新聞社

参考文献

坂中英徳・斎藤利男（2012）『出入国管理及び難民認定法　逐条解説［改定第四版］』日本加除出版、2012年

出入国在留管理庁『出入国在留管理』（2020年版、日本語版）https://www.moj.go.jp/isa/policies/policies/03_00002.html（2023年1月4日、最終閲覧）

入国者収容所東日本入国管理センター『業務概況書』（平成29年）

第２部
元入管職員の『中の視点』から

第６章

日本における出入国在留管理組織人事の現状と課題

大西広之

はじめに

日本においてすべての人の出入国や外国人[*1]の在留の管理を行うのは、出入国管理及び難民認定法（1951 年政令 319 号、以下「入管法」という）により権限を与えられた出入国及び在留の管理を行う官署に勤務する入国審査官や入国警備官である。この入国審査官や入国警備官の人事に関する現状を検討することは、日本の移民や難民といった外国人に関する政策を研究をするうえで重要な意味があるものと考えられる。しかし、出入国及び在留を管理する官署の職場の実態に関して公にされる情報は少なく、その実態を把握することは非常に難しい。そこで本章では、日本における出入国及び在留管理の業務を行う組織と担い手、そしてその業務の内容を概説したうえで、その業務を実施する官署に勤務する職員の採用から退職に至るまでのキャリアパスに関する実情について、いわゆるノンキャリア[*2]と呼ばれる、現場で業務に従事している職員及び定年等によりすでに退職した者に対する質問等の調査を通じて判明した配置換、昇任及び研修等の実際の事例を紹介しながら、出入国在留管理を行う官署の人事の現状と課題について述べることとしたい。

2　日本における出入国在留管理業務を行う組織

主権国家においては、国際的な人の移動をコントロールする行政作用が必要となる

---

*1　国籍法第４条においては日本国民でない者を、入管法第２条第２号では日本の国籍を有しない者をいう。

*2　西尾勝（2001）『行政学（新版）』有斐閣、によれば、国家公務員採用Ｉ種試験（著者注：現在の国家公務員採用総合職試験）に合格し、本省庁によって採用されたキャリアと呼ばれる者以外の者をいい、ノンキャリアは各地方出先機関等による採用者で、人事異動がキャリアとは別の人事部局によって所管されている。

ことから、諸外国では、出入国や出入域を管理ないし規制するため出入国審査が行われている。日本において、出入国管理行政を行っているのは、法務省設置法（1999年法律第93号）により、法務省出入国在留管理庁及びその事務を分掌するために設置された地方出入国在留管理局である。なお、外国人の出入国及び在留の公正な管理に関する施策を総合的に推進するため、2019年4月1日をもって従来の法務省の内部部局である入国管理局は廃止されている[*3]。

2019年4月1日より、出入国在留管理業務を所掌する組織として、法務省の外局として出入国在留管理庁が設置され、また、その地方支分部局として、全国8つの地域ブロックごとに地方出入国在留管理局、その下に7支局及び61出張所（支局の出張所を含む）が設置されている。また、法務省の施設等機関として全国2か所に入国管理センター（入国者収容所）が設置されており、それぞれ法令に基づいて、出入国審査、在留審査、退去強制手続、難民の認定といった出入国在留管理行政関係の様々な業務を行っている。これら、出入国在留管理庁、地方出入国在留管理局、支局、出張所及び入国管理センター（入国者収容所）を総称して、以下「出入国在留管理官署」という[*4]。

また、地方出入国在留管理局の出張所（支局の出張所を含む）については、元来、外航船舶の乗員・乗客の出入国審査を目的として設置された歴史的事情を背景に、その大半が全国の海港区域内に立地していたが、国際間の主たる輸送手段が船舶から航空機に移ったことに伴い、空港における出入国審査が主となったほか、長期間我が国に在留する外国人が増加したことにより、これら行政のニーズの変化に応えるため、海港に設置されている出張所の整理・統廃合を進めるとともに、国際線が数多く就航している地方空港や、都道府県庁所在地その他主要都市に出張所を設置するなど、出張所の再配置がされてきた。その結果、入国管理事務所から地方入国管理局に組織改編した1981年4月1日当時全国に103か所設置されていた出張所は2022年4月1日現在で61か所となり、都道府県ごとに最低1か所の地方出入国在留管理官署を設ける一方、1981年当時から約4割を縮減するに至っている[*5]。

3　日本の出入国在留管理官署に配置される職員とその業務[*6]

入国者収容所及び地方出入国在留管理局には、出入国在留管理業務に従事する職員として、入国審査官、入国警備官が配置されているほか、一般行政事務を行う職員である法務事務官及び医師等の法務技官が配置されている。

入国審査官は、①外国人の上陸の審査、日本人と外国人の出国の確認及び日本人の帰国の確認を自らの権限で行うこと、②外国人が保持する在留資格の変更、更新及び取得並びに永住許可、再入国許可及び資格外活動の許可、さらには、就労資格証明書の交付や在留資格の取消しを法務大臣の補助機関として行うこと、③退去強制についての審査及び口頭審理、収容令書又は退去強制令書の発付、仮放免及び在留特別許可を行うこと、④難民認定及び在留資格諸申請等に関する事実の調査を行っている。

入国警備官は、①入国、上陸又は在留に関する違反事件の調査、②収容令書又は退去強制令書を執行するため、その執行を受ける者の収容、護送、送還、③入国者収容所、収容場における被収容者の処遇及び施設の警備など入管法違反者の取締りを行っており、「国家公務員法」及び「一般職の職員の給与に関する法律」の規定の適用については警察職員とされ、危険な業務に従事することも多いことから、公安職職員となっている。入国警備官には、摘発等の部隊組織で行動する際の指揮命令を明らかにするため、７つの階級（上位から警備監、警備長、警備士長、警備士、警備士補、警守長、警守）が設けられている。

また、入国審査官及び入国警備官は、個々の職員が独立した出入国管理業務の専門家としての業務を行うことから、専門官制が導入されている。

4　出入国在留管理官署の職員の人事

1　出入国在留管理官署の職員の採用

出入国在留管理官署の職員の採用は、出入国在留管理庁独自の試験として入国警備官採用試験があり、最終合格者は、地方出入国在留管理局又は入国者収容所入国管理センターに入国警備官として採用される。一方、入国審査官は、入国警備官採用試験のような独自の試験は設けてられておらず、まずは人事院が主催する国家公務員採用一般職試験を受験し、最終合格した者の中から、各地方出入国在留管理局の面接を経て出入国在留管理庁職員として、当初は法務事務官として採用される。また、国家公

---

*3　出入国管理及び難民認定法及び法務省設置法の一部を改正する法律（2018年法律102号）による出入国在留管理庁の設置に伴う措置。

*4　出入国在留管理庁編（2022）『2022年度版出入国在留管理』171-172頁。

*5　出入国在留管理庁、前掲、176頁。

*6　出入国在留管理庁、前掲、178頁。

務員総合職試験を受験し、最終合格した者の中から出入国在留管理庁の面接を経て採用される場合は、主に出入国在留管理庁に法務事務官として採用される。このほか、国家公務員障害者採用試験、国家公務員就職氷河期中途採用試験によっても採用が行われている。また、入国者収容所の診療所の医師、看護師等の採用にあたっては、選考採用が行われている[*7]。

この国家公務員採用総合職試験、国家公務員採用一般職試験は、1985年度から2011年度までは、国家公務員採用Ⅰ種試験、国家公務員採用Ⅱ種試験として実施されており[*8]、国家公務員の定年を考慮すると、現在、現役職員として勤務する者は、ほぼこれらの試験によって採用された者といえる。このようにして採用されたものは、まず、国家公務員の肩書としての官職である法務事務官、入国警備官、法務技官に任ぜられる。この官職については出入国在留管理官署では、非常勤職員の採用も行っているが、事務補佐員として勤務する非常勤職員は採用されても官職にはつかず勤務している。ただ、非常勤職員は、国家公務員の育児休業等に関する法律（1991年法律第109号）第7条の規定に基づき育児休業等を取得した職員の代替職員として、法務事務官等に採用されることがある。

出入国在留管理官署で働く職員はこれ以外にも、配置転換の受け入れによる場合がある。2006年6月30日に閣議決定された「国の行政機関の定員の純減について」の中で、5年間に1万8936人（5.7%）以上の純減を確保することが明示され、そのためのセーフティネットとして、同日閣議決定された「国家公務員の配置転換、採用抑制等に関する全体計画」において、2007年度から2010年度までの間、配置転換の対象となる約2900人（農林水産省の食糧管理及び農林統計等関係、国土交通省の北海道開発関係）の職員の規模に見合った一定の数を目標に、各府省はその受入れを図るものとされた。これを受けて策定された実施計画に基づき、法務省においても受入れを実施しており、その一部が出入国在留管理署で勤務している[*9]。

2　出入国在留管理官署の職員の研修

国家公務員採用一般職試験により採用された職員に対して、基礎的な法律知識や入管職員として必要な実務知識を修得するための初等科研修が行われる。次に採用後おおむね4年以上の職員を対象として実施される中等科研修では、より高度な法律知識の修得や実務の習熟を図るための講義・実習が行われるなど、中堅職員の育成を目的としたカリキュラムが実施される。これ以降は、勤務年数及び役職に応じて高等科研修、管理科研修、特別科研修などの研修が実施される。これらの研修は、入国警備官採用試験により採用された職員についても、採用後、入国警備官向けの独自のカリキュラムで実施される初任科研修が行われた後、採用後３～４年以上の職員を対象として入国審査官と同様の中等科研修が実施される[*10]。

このような法務省及び出入国在留管理庁の研修施設で行われる研修のほかに、語学学校の専門課程で英語、中国語などを学ぶ３か月程度の長期委託研修のほか、勤務終了後に語学学校に通学する在勤地研修、さらに、国内外の大学に留学して研究を行う長期留学制度などが実施されている。入国審査官に採用後５年程度勤務したのち、スペイン語の能力向上を目指すため、日墨戦略的グローバル・パートナーシップ研修計画スペイン語・メキシコ文化コースの団体推薦枠によりメキシコの大学に留学した女性職員の事例がある。

３　出入国在留管理官署の職員のキャリアパス

出入国在留管理庁に職員として採用された後は、おおむね２、３年ごとに配置換、転任及び昇任等の人事異動を繰り返し、経験を積んでいくことになる。採用後、法務事務官として採用された職員は、一般職の職員の給与に関する法律（1950年法律第95号）別表第１に規定されている行政職俸給表（一）２級に昇格すると、審査部門においては入国審査官の官職に就くことになる。しかし、入国審査官及び入国警備官の官職にある者が、総務課等の審査部門及び警備部門以外の課等に配置換等となった場合には、法務事務官に転官することになる。このほかにも、在留審査業務と共に海港の出入国業務を管轄する出張所に配置される入国警備官は、入国審査官を併任されることがある。いずれも男性職員の例ではあるが、入国警備官に採用後２年で併任となった事例や、採用後10年後に併任となった事例がある。入国警備官が入国管理官に転官する例としては、採用後一定の経験を経たのち入国審査官となる事例や、統括入国警備官が統括審査官となることもあるなど、一定のルールに従って人事異動が行われているわけではないようである。

---

*7　出入国在留管理庁採用案内（https://www.moj.go.jp/isa/supply/recruitment）（2023年３月18日、最終閲覧）。

*8　人事院編（2022）「国家公務員試験の変遷」『令和３年度年次報告書』、230-231頁。

*9　平成19年度法務局長・地方法務局長会同における法務省大臣官房人事課長説明（2007）『民事月報』Vol.62 No. 8、44-45頁。

*10　出入国在留管理庁、前掲、180頁。

また、入国審査官にあっては、採用後10年程度の間に上陸審査、在留審査、違反審査、その他の審査関連業務及び総務会計事務等のうちから複数の業務を経験するように人事ローテーションが行われているが、複数の業務を経験しないまま勤務を続ける者も存在する。

入国審査官として、実務経験を積み、行政職俸給表（一）3級以上に昇格すると、上陸手続又は退去強制手続のうち口頭審理を担当するものとして入管法上に定められている特別審理官として出入国在留管理庁長官から指定を受ける。さらに、行政職俸給表（一）4級以上に昇格後は、同じく入管法上に定めがある難民調査官に指定を受ける場合がある。

入国審査官や入国警備官はその能力と勤務実績にもとづく昇格により、入管法上の職とは別に、地方出入国在留管理局組織規則（2019年法務省令第27号）に定められている監理官、審査監理官、警備監理官、首席審査官、首席入国警備官、統括審査官及び統括入国警備官を命じられる[*11]。難民調査官は一部の大規模庁を除き、専従の職員が置かれず、統括審査官の地位にあるものが指定される場合が多い。専従であるか兼任であるかを問わず、難民調査官は、数年の勤務の後、再び入国管理の他部門に移るのが通常であり、難民調査官にとっては、難民調査官の業務は、出入国管理関係の業務の中で一時的に従事する仕事にすぎず、数年後には出入国管理業務に復帰する。

入管職員はそのキャリアの過程で、任命権者を異にする異動が行われることもあり、その中には人事交流によるものも存在する。省庁間の人事交流については、1994年12月22日付け「省庁間人事交流の推進について」と題する閣議決定により、各省庁間の緊密な連携の強化と広い視野に立った人材の養成の観点から、将来の行政の中核的要員と見込まれる職員及び幹部職員についての積極的な省庁間人事交流を推進していくという方針が決定されたことを踏まえ、法務省でも積極的に人事交流の拡大に努めているが、この制度は主に本省庁間で行われている。

出入国在留管理庁では他省庁との人事交流の一環として、職員を外務省に出向させた上、在外公館勤務に就かせることが恒常的に行われており、入国審査官であった者は、領事や書記官として査証発給事務などを担当することになっているようである。入国警備官が中東地域の大使館の警備担当の書記官に出向したケースや、入国審査官がアジア地域や南米地域の領事館の査証担当領事に出向した事例がある。このような在外公館への出向は、おおむね30歳代の職員が出向することが多く見られ、出向先は日本入国のための査証発給審査に困難な事案が予想される地域が多いと考えられる。この在外公館のに準じるものとして、日本と国交のない台湾で領事事務等を行っている公益財団法人日本台湾交流協会の台湾の現地事務所に勤務し査証業務を担当する者も存在する。この出向は２年程度の期間、入国審査官に限らず入国警備官からも行われている。

これ以外にも、入国審査官や入国警備官のレベルで行われている任命権者を異にする異動には、法務省内組織間人事交流管理要綱に基づき実施される人事交流の制度がある。法務省内においても複雑困難な課題に適時かつ有効に対処するため、各組織の枠を越えて種々の問題に対し幅広い視野をもって柔軟に対応することのできる人材を養成する必要があり、1994 年度から、法務本省において法務、検察、矯正、保護及び入管の５つの組織間で人事交流を開始し、その後、順次これを拡大して 1997 年度からは、全国すべての管区の地方支分部局で人事交流を開始し、出入国在留管理官署では例年１０名程度の人事交流が実施されている。

法務省組織間人事交流は、行政職俸給表（一）２級の職員と一部の３級の職員で、おおむね３０歳前後の職員を対象者としており、出向期間は２年間である。例外として、本人の希望などにより期間を延長した事例もある。地方出入国在留管理局への人事交流の場合、その職員が配属される部署は在留審査部門であれば、できるだけ多くの在留資格の審査が経験できるよう交流期間内に異動が行われ、上陸審査を経験するため、空港の審査部門に異動となることもある。また、警備部門の場合においても、企画、処遇、収容といった複数の業務を経験できるような配属が行われている。そして、各組織に関わらず共通している事項としては、人事交流により異動となった組織の中等科研修を受講することになっている。また、希望すれば出向先に転籍する者も存在する。

出入国在留管理官署において、法務省内組織間人事交流制度により、法務省の他官署から異動となった行政職俸給表の適用を受ける職員は、同じ俸給表の適用を受ける入国審査官に任ぜられ、公安職俸給表の適用を受ける職員は、同じ俸給表の適用を受ける入国警備官に任ぜられることが多いが、行政職であった職員が入国警備官となったり、公安職の職員が人事交流により行政職となったりする場合もある。

国家Ⅱ種試験により地方入国管理局に採用された女性職員の事例では、採用８年目

---

*11 この他に統括審査官が不在等の場合に、統括審査官に代わる役割を果たす行政職俸給表（一）３級程度の職として入国・在留審査要領第１編第１章第３節第３に定められた上席審査官がある。

に法務省内組織間人事交流制度により２年間法務局に勤務したのち、出身官署である入国審査官へ異動した。また、国家Ⅱ種試験により法務局に採用された男性職員の事例では、採用６年目に法務省内組織間人事交流制度により２年間入国審査官として勤務したのち、法務局の法務事務官に異動している。

法務省内組織間人事交流ではないが、30 歳前後の一般の入国審査官が、税関職員となる事例や反対に税関職員が入国審査官となる事例もある。

さらに、外国人の技能実習の適正な実施及び技能実習生の保護に関する法律（2016 年法律第 89 号）に基づく法務省及び厚生労働省が所管する認可法人である外国人技能実習機構には、技能実習の在留資格についての審査を現に担当している、過去に担当していた又は、これから担当する予定の入国審査官等が多く出向している。この出向においては、首席審査官級の職員が出向するときは機構の部長級、統括審査官級の職員が出向するときは機構の課長級として、一般の入国審査官は機構の係長級のポストに就くことが多くみられる。なお、この人事異動は、任命権者の要請に応じ、公庫等特別の法律により設立された法人でその業務が国の事務又は事業と密接な関連を有するものに、公務を辞職して移籍する国家公務員退職手当法に基づく退職金の通算を行う退職出向制度により行われている。

5　出入国在留管理官署の人事上の特徴と課題

出入国在留管理庁関係の職員数は、1985 年度は約 1740 人であったが、業務量の増加に伴い、2015 年度には 4202 人、2022 年度末現在では 6181 人へと入国管理局から移行時の約 5000 人より増加を続けており、今後もさらなる増員が見込まれる。国の財政事情が悪化し、行政のスリム化（総人件費改革）の流れの中、国家公務員の定員について大きく定員が抑制され、毎年減少措置がとられている現在においても、出入国在留管理庁は増員が認められている数少ない組織の一つとなっている。その結果、急激に職員数が増加したことにより、新規採用職員の研修を計画通りに行うことが難しくなっており、研修機会が遅れる職員が出てきており、審査事務が年々困難化の傾向にある出入国在留管理官署にとって大きな問題となっている。

出入国在留管理官署の人的構成として、関西国際空港や中部国際空港といった新規国際空港の開港、羽田空港の国際化の大きなプロジェクト時に多くの職員を採用し、近年では大幅な増員査定による新規採用職員数の増加によって、年齢層による職員数の不均衡が生じており、職員の昇進管理のあい路となっている。職員数の増加は、出入国在留管理官署の組織の肥大化を伴い、これによって、現在は、首席審査官等の管理職としての役割を担うべき適任者の不足が生じている。これは、現在これらの役職に昇任することができる年齢層の職員数の絶対数が不足しているのが原因であり、これにより適切な組織運営を行うことができないのではないかと懸念される。

そのような問題とは別に、出入国在留管理官署では、現在、心身の健康を害する職員が多く見受けられるようになっており、特に心の病による休業者への対応が重要視されてきている。出入国在留管理官署における休業者のうち、休職中の人数について当局が2010年6月現在で24人と発表している[*12]が、精神・行動の障害を理由とするものが何人いるかは不明である。しかし現在勤務している職員から聞き及ぶところによれば、休業者の原因の8割から9割は心の病によるものではないかとのことである。

心の病で約11か月休業した女性入国審査官の事例では、その場で判断することを要求される業務に採用十数年目にして初めて異動となったことに加え、職場の雰囲気が悪く、部下職員の健康管理に対する管理職の意識が低いことが、その原因と考えられた。心の病で休む期間は短い者で3か月、長い者では2年以上であり、中には復職と休業を繰り返す者もいるようで、傷病による休業者は職場において珍しくはないが心の病による休業者は、その期間が長期にわたり、業務従事職員の減少により、他の職員への負担及び業務への影響が大きい。国家公務員においては人事院規則により傷病者に対しても、一定の間、身分が保障されている。その結果、周りの者が業務の負担を強いられることとなり、職場全体のモチベーションが下がったり、業務過多により新たに体調を崩す者がでてきたりするようになってきている。心の病による休業者の職場復職対策は、休業者だけではなく、休業者を受け入れる職員のことも考えての施策が必要であると考えられる。

一般的に国家公務員の人事制度は、人事院規則に定められたルールに従っているが、法令に定められた事項以外にも様々な慣例により運用されていると感じられる。このような人事制度の運用は公平性という観点では優れたものであるが、反面お役所的と評されるような硬直化した人事制度になりがちであるともいえる。本章のはじめにも述べたように、出入国在留管理官署の現場で勤務する職員の現状を考えるため、

---

*12 全法務省労働組合近畿地方本部大阪入国管理局支部機関紙「ユニオンメイト」233号、2010年10月20日。

いくつかの実例を紹介したが、このような人事上の情報は非常にセンシティブなものであるため、一定数以上の事例を収集することが難しく、公開できる情報の内容についても、個人情報等の保護の観点から限界があり、出入国在留管理官署人事の明確な特徴を定義づけるまでには至らないものではあるものの、これまでに知り得た出入国在留管理官署の人事の運用をみると、少なくとも入国審査官及び本庁を含む法務事務官に関しては、慣例や前例にとらわれない柔軟な運用なされているように思われる。特に、人事交流に関していえば非常に広範囲に行われているように思われる。これは出入国在留管理官署が社会の要請によって非常に速いスピードで変化せざるを得ない行政事務を所管していることから、それに対応するために、法務省内でも特徴的な面をもった人事の運用となっているのではないだろうか。

6　出入国在留管理組織のあり方について

主権国家には領域が存在し、その境界である国境には、各国の領域における通関、出入国管理及び衛生に関する脅威から国を守る役割を有している。それぞれの役割は相互に連関し、国境管理システムとして機能している。このような国境の機能は、customs（税関）、immigration（出入国審査）、quarantine（検疫）の頭文字からＣＩＱ（シー・アイ・キュー）と呼ばれ、一般的に出入国手続の総称として用いられている。日本においてこれらの手続を所管する組織は、国家行政組織法（1948年法律第120号）及び各省の設置法などの法令により、以下の５つと定められている。財務省の地方支分部局である税関は、旅行者の所持品に対し、法律で定めた基準に従い、持ち込みを禁止したり、免税または課税を行う。法務省の外局たる出入国在留管理庁の地方支分部局である地方出入国在留管理局は、旅券等や査証などにより出入国者を審査し記録を行う。厚生労働省の施設等機関である検疫所は、旅行者が必要な予防接種を行っているかなどをチェックをするとともに、農林水産省の施設等機関である植物防疫所と動物検疫所は、動物や植物が持ち込まれるときに検査を行う。また、日本は領土の周囲を海に囲まれており、国家と国家との版図を区画する境界線である国境が、すべて領海の縁辺にある。そのため、日本においては国土防衛を主たる任務とする自衛隊や領海警備が主たる任務である海上保安庁が行う警察活動も、ＣＩＱの機能とともに重要な役割を担っている。

出入国管理の法制は国によって異なり、実務運用等も様々であるが、一部の諸外国のように日本における国境行政の組織の一体的運営をすることは可能なのであろうか。

複数の省庁にまたがる内部部局や外庁を再編することは、中央省庁再編や、近時のスポーツ庁及びこども家庭庁の創設などの例をみても、国境管理機能などを一元的に所管する国境管理庁のような組織を創設することは可能であると考えられる。しかし、政策の企画立案を行う本省庁以外の具体的に政策を実施する地方支分部局や施設等機関は、そこで行なっている各業務が法律、政省令以外の多くの通達、通知その他の事務連絡や、先例などの行政実例に基づき運用されていることから、各業務に従事する職員は採用から退職まで専門官としてのキャリアを歩むことがほとんどである。

出入国在留管理官署においても入国審査官と入国警備官の両者は、その採用から退職に至るまで、原則としてそれぞれの専門官としてキャリアを積んでいくことになる。このことは他のＣＩＱ部門である税関、検疫所等においても同様であり、仮に国境管理庁が創設されたとしても、出入国在留管理官署、税関、検疫所等はそのまま存置されると想定される。人事についても、国境管理が統合された本庁では、国家公務員採用総合職試験から一元的に職員が採用されるとしても、各業務を実施する機関においては、それぞれの組織が、現在と同様に国家公務員採用一般職試験、入国警備官採用試験又は選考採用などにより職員を採用し、人事交流制度なども積極的に活用しながら養成していくことになるであろう。

このように、ＣＩＱを担う組織を省庁の垣根をこえて、たとえば内閣府の外局に位置づけることは可能であろうが、それぞれの国境機能を担っている審査官等はきわめて専門性が高く、それぞれの専門分野ごとに人材を養成することが望ましい。しかしながら、近年の国際情勢の変化の問題に国家として統一した対処をするには、警察機関、軍事組織による国境警備体制のみならず、日本におけるＣＩＱを含めた国境機能の政策立案を行う行政組織はどのようなものが望ましいのか、不断に検討していくことが重要であると考える。

第７章
入管内でのいじめ

渡邉祐樹

私は国家Ⅱ種の試験を受けて 1994 年４月に東京入国管理局（現在は東京出入国在留管理局）に就職した。

すぐに茨城県牛久市の東日本入国管理センターにおいて２週間ほどの初等科研修があり、入管法や在留資格などを学んだ。そのときに収容施設を見学する機会があった。外部の者が見学する際には原則として被収容者がいない場所のみの見学となるのだが、職員なので被収容者がいる状況での見学であった。そのときのことは今でも覚えている。おそらく国籍、人種も異なる数人の方々が一つの場所に入れられていて、見学している私たちを見てニヤニヤ笑う者、私たちに何かを訴えている者（言葉は分からない）、まったく無視している者など反応も様々であった。私は映画『猿の惑星』を連想した。このように言うと、「外国人を猿に例えるのは不謹慎だ」と怒る方もいるのだが、それは誤解であって、『猿の惑星』で収容されているのは人間であり、収容している側が猿なのである。つまり、人間を支配している側に立つ気持ちになったのである。

私は成田空港支局の審査部門に配属された。空港のブースにおいて、外国人の出入国審査や日本人の出帰国の確認が主な業務内容であった。

入国を申請する外国人のうちのほとんどの方々は問題はないのだが、偽造旅券の行使や虚偽申請などで不法に入国しようとする者もいる。偽造旅券については多くがブローカーに依頼するので、偽造も類型化しているものがあるため、その情報が局内に出回り、とくにそれに注意することで見破る。虚偽申請については、とくに日本で就労できる在留資格ではない者が就労しようとすることを見破ることになる。だが、たとえば、アメリカ国籍の老夫婦が観光で日本に入国する場合と、貧困層が多い国（当時）の若者が観光で来る場合とで、審査の程度は当然に異なることになる。また、過去に退去強制歴がある者などについてはブラックリストに掲載されており、端末で確認する。不法入国の疑いがある者については、別室において、特別審理官が審査することになる。

私は学生時代に接客のアルバイト経験が長かったことから、審査の相手に対して愛想良く接していたが、それを見た複数の先輩たちから「そんなんじゃ舐められる」と怒られていた。そのため、それまでは「こちらにどうぞ」といった丁寧な言動に努めていたのだが、「早く来いよ」といった強い言動になっていくと、「お前も一人前になったな」と言われるようになった。相手に対して「ここは日本なんだから日本語しゃべれよ」と怒鳴ったこともあった。同期の職員も同じように変わっていった。

特別審理官の中には、相手の態度が悪いと、殴る者もいた。他の職員もそのことは知っていたが、それを非難するのではなく、むしろ「熱心だな」と評価する雰囲気だった。

私が国家Ⅱ種の試験を受けたのは、大学は法学部だったので、司法試験を目指す友人が多かったのだが、当時は合格率が2%ほどであったので、「司法試験を目指すのは98%雨が降る予報なのに『私のところには降らない』と傘を持たずに出かけるようなものだ」と思い敬遠し、国家Ⅰ種も「無理そうだ」と逃げたことによる。そのような屈折した気持ちがあったことから、「就職したら活躍してやる」と意気込んでいた。国家Ⅱ種の職員にとって霞が関の本省で勤務することはステータスであった。私は本省に異動できるようにと意気込んでいた。そのような私を評価する上司の方々がいて、翌年度の就職活動用の入管のパンフレットに私の写真が掲載された（80人ほどいる同期のうち写真が掲載されたのは4名のみ）。2年目の途中での成田空港支局内の審査管理部門への異動も異例のことであった。

しかし、そのような私をよく思っていない先輩もいて、私への職場内でのいじめが始まった。勤務中に私に対して露骨に揶揄してきた。任意参加の宴会において、参加を命じられ、参加すると「パンを買ってこい」と宴会場所から遠く離れたコンビニエンスストアまで買いに行かされ、それを買って戻ると別の先輩が「俺のも買ってこい」と命じ、戻ってくると別の先輩が「俺のも」と命じるので「1度に言ってくださいよ」と断ると「あいつらのは買ってきて、俺のは買ってこないのか」と言われて仕方なく買いに行くようなことを繰り返し、宴会での飲食はほとんどできなかったにもかかわらず参加費用は払わされたこともあった。

そして、あるとき、カラオケボックスに呼び出され、行ってみると、先輩職員や同期がいて、彼らはすでに酔っていて、私が座ると、そのうちの一人から「おまえはむかつくんだよ」と腹をけられ、うずくまると背中をかかとで蹴られた。そのときに別の職員が「かかと落としだ」と言って数人が笑っていた。そして、私が床に倒れ込むと、顔面を踏まれ、「こぼれちゃった」と言いながら顔に飲み物をかけられた。今でいう反社やブラック企業での話ではなく、国家公務員である法務省の職員によるものである。悔しくて泣きながら帰宅したことを覚えている。

当時、このような暴力までではないが、揶揄されたり無視されたりなどの職場内でのいじめを受けていた職員は他にも数人いた。

結局、私はこのことが一つの原因になって退職し、その後に司法試験に挑戦して現在は弁護士の業務をしている。入管で虐待事件が起きる度に、自分がいじめを受けたり暴行を受けたときのことを思い出し、胸が苦しくなる。だから、入管による虐待から外国人の人権を守る戦いに身を置くことで、そのときの自分の過去とも戦っている。

第８章

入管の恣意的な判断

木下洋一

半世紀以上前、「外国人は煮て食おうが焼いて食おうが自由」との法務官僚の発言が国会で問題視されたことがあった。（1969年7月2日第61回国会衆議院法務委員会議録第25号）

この発言の真意はさておき、入管（法務省出入国在留管理庁）が外国人を煮て食おうが焼いて食おうが自由にできてしまうほどの巨大な裁量権を握っているのは、紛れもない事実である。そして、その巨大な裁量権は、入管による恣意的判断の源泉となっている。

本稿では、入管による恣意的判断に係る問題点を、まず、広範な裁量権を入管に与えている「出入国管理及び難民認定法」（入管法）および手続法、判例理論に係る諸問題から考察する。続いて、非正規滞在者に対する在留特別許可に係る諸問題、さらに正規滞在者の在留審査における不許可処分に係る諸問題を考察した後、最後にまとめとして入管による恣意的判断をコントロールするため何が必要なのかにつき私見を述べたいと思う。

1　「広範な裁量権」に係る諸問題

1　入管法にちりばめられている「不確定概念」

出入国管理及び難民認定法（入管法）第21条第3項は次のように規定する。

「法務大臣は、当該外国人が提出した文書により在留期間の更新を適当と認めるに足りる相当の理由があるときに限り、これを許可することができる。」

これは、正規在留者に対する在留期間の更新についての規定である。しかし、ここにいう「適当と認めるに足りる相当の理由」がいったい何なのか、入管法には一切書かれていない。

また、非正規滞在者に対する「在留特別許可」についても、入管法50条4項には、

「法務大臣が特別に在留を許可すべき事情があると認めるとき」には「その者の在留を特別に許可することができる」とある。しかし、これも、いったい何をもって「特別の事情」というのか、その基準がどこにあるのかは、法律には一切書かれていない。

入管施設に収容されている外国人（＝被収容者）の身柄を一時的に解く仮放免についても同様である。法は「入国者収容所長又は主任審査官は……収容されている者の情状及び仮放免の請求の理由となる証拠並びにその者の性格、資産等を考慮して……その者を仮放免することができる」（入管法54条2項）と規定するものの、いったい何をどのように考慮し、考慮しないのか、これも一切書かれていない。

このように入管法には「適当」だとか、「相当」だとか、「特別の事情」だとか、その言葉の輪郭があいまいな「不確定概念」がちりばめられている。しかし、それを解釈づける方向性を法律は一切示しておらず、広範な裁量権を行政庁（＝入管）に与えている。

そして、その趣旨について判例理論（マクリーン判決）は、外国人の在留の可否判断にあたって法務大臣は、「外国人に対する出入国の管理及び在留の規制の目的である国内の治安と善良の風俗の維持、保健・衛生の確保、労働市場の安定などの国益の保持の見地に立って、申請者の申請事由の当否のみならず、当該外国人の在留中の一切の行状、国内の政治・経済・社会等の諸事情、国際情勢、外交関係、国際礼譲など諸般の事情を斟酌し、時宜に応じた的確な判断をしなければならないのであるが、このような判断は、事柄の性質上、出入国管理行政の責任を負う法務大臣の裁量に任せるのでなければとうてい適切な結果を期待することができない」からであるとしている。

もっとも、入管の持つ裁量権がいかに広範であろうとも、それは無制限なものではなく、一定の限界を有している。行政事件訴訟法第30条は、「行政庁の裁量処分については、裁量権の範囲をこえ又はその濫用があった場合に限り、裁判所は、その処分を取り消すことができる」と規定し、裁量権の逸脱・濫用は違法となることを明らかにしている。しかし、前述のとおり、入管法は在留の許否判断に係る処分要件や、裁量権行使に係る具体的基準等は何ら定めておらず、少なくとも入管法からは、裁量権の逸脱・濫用にかかる何らかの判断基準を直接的に導き出すことはできない。また、後述するとおり、手続法からの除外規定やマクリーン判決理論により、入管における裁量権の逸脱・濫用は極めて限定的に解釈されており、余程のことがない限り、裁量権の逸脱・濫用が認められることがない。そして、この「広範な裁量権」は入管の恣意的判断の源泉となっている。

2　手続法からの除外

行政裁量一般をコントロールする手段として、手続法の存在がある。

行政手続法（以下、行手法）第1条には「この法律は……行政運営における公正の確保と透明性の向上を図り、もって国民の権利利益の保護に資することを目的とする」とある。通説ではこの「国民」の中には「外国人」も含まれるとする。

ところが、外国人の出入国に関する処分は、行手法第2章から第4章までは適用除外とされており（行手法第3条1項10号）、入管処分に関しては、審査基準・処分基準の設定や理由付記等については適用が及ばない。そもそも、これら審査基準や処分基準は、それが設定され公にされることにより、行政の透明性が保たれ予見可能性が確保されるという機能を持つ。また、理由の提示（理由付記）については、いわゆる「所得税青色審査決定処分等取消請求事件（1963年5月31日最高裁判決）」（民集17巻4号617号）において最高裁は「処分庁の判断の慎重・合理性を担保してその恣意を抑制するとともに、処分の理由を相手方に知らせて不服の申立に便宜を与える」ものと述べている。にもかかわらず、外国人の出入国に関する処分が適用除外とされているのは、通説的見解によれば、外国人に対しては、わが国に入国・在留の自由が権利として保障されているとは解されないため、日本人とは異なる扱いを受けるからであるとされている。なお、第128回参議院内閣委員会（1993年11月2日）においても、外国人の手続的保障については、「国家の裁量に属する考え方で整理されている」旨の政府委員の答弁が行われている。

このように外国人の出入国に関する処分＝入管処分に関しては、審査基準や処分基準が法的に定められることなく、またたとえ不利益処分が下ったとしても、当該外国人はその理由すら知ることができないという状況に置かれている。言い換えれば、入管判断の恣意性を事前的に抑制する手続的保障は存在しないということである。

では、事後的にはどうか。事後的な手続保障として行政不服審査法（以下、行審法）の存在がある。同法は「行政庁の違法又は不当な処分その他公権力の行使に当たる行為に関し、国民が簡易迅速かつ公正な手続の下で広く行政庁に対する不服申立てをすることができるための制度を定めることにより、国民の権利利益の救済を図るとともに、行政の適正な運営を確保することを目的とする」（1条1項）と規定し、行政庁の「違法」な処分のみならず「不当」な処分等に対しても、訴訟に頼ることなく簡易迅速な手続によって権利利益の救済を図り、これにより処分行政庁の判断をより慎重にならしめるということが期待されている。

一方、行審法1条2項は「他の法律に特別の定めがある場合を除くほか、この法律の定めるところによる」と規定し、難民認定以外の「外国人の出入国」については同7条1項10号により適用除外とされている。これについては、一般的には「出入国管理行政については、退去強制手続がいわゆる三段階での不服審査を用意しているので、行政不服審査法上の不服申立の手続きを設ける必要はない」と整理されており、入管の実務書においても、この三審制について「退去強制手続がとられる外国人の権利が手厚く守られる手続き構造となっている」と説明されている[*1]。しかし、この三段階の審査（入国審査官による違反審査、特別審理官による口頭審理、法務大臣による裁決）はあくまでも退去強制事由該当性の有無についての審査であって、在留を特別に許可するか否かの判断について三審制をとっているわけではない。後述するとおり、在留特別許可はあくまでも法務大臣の一方的な裁量判断によって決せられるものである。もっとも、実務的には違反調査、違反審査、口頭審理の各段階で在留を特別に認めるべき理由の有無についての事情聴取は行われる。しかし、法定されているものではないため、結局、各段階で何を聞き、何を聞かないのかは担当官任せとなっており、同じようなケースであっても、担当官によって、消極的要素が強調されたり、積極的要素が強調されたりして、可否判断の結果が大きく左右されることもありうる。

このように、入管が持っている裁量権自体が広範だというだけでなく、その裁量に対しての手続的なコントロールもなく、各担当官の情緒的・個人的感情、価値観によって判断は大きく左右されることなる。

3　法務大臣の権限委任

入管の裁量権の問題は、「誰が」その巨大な権限を行使するのかという問題でもある。入管法上、在留資格の変更や更新、永住許可、あるいは在留特別許可、難民認定等の判断権者は法務大臣である。しかし、2001年の入管法の改正によって、法務大臣の権限の大半は、地方入管の長に権限委任されている（入管法69条の2）。つまり、今日では、入管の処分・決定に係るほとんどすべての事案の最終判断権者は、法務大臣ではなく、地方入管局長になっている。

この権限委任につき、森山法務大臣（当時）は、「近年の入国管理局における業務量の増加にかんがみ、事務処理の合理化を図るため、法務大臣の権限を地方入国管理局長に委任することができる旨の規定」であると趣旨説明している。

しかし、内閣の一員として国会に対して連帯して責任を負い、閣議に出席し、国務大臣として内閣総理大臣により任意に罷免されうる立場である法務大臣と、閣議にも出席せず、立法府に対しても直接には責任を負わない法務省の外局である出入国在留管理庁の地方出先機関の長にすぎない地方出入国在留管理局長とでは、「最終判断権者」としての実質的な地位と責任の質はまったく異なっている。

また、全国に８つある地方出入国在留管理局のそれぞれの長が、それぞれ最終判断権者として「広範な裁量権」をもって委任された権限を行使するとするならば、同種事案に対してそれぞれの地方局長がそれぞれ異なった判断・処分を下すこともあり得るということである。しかし、そもそも国家主権の問題とされる外国人の出入国管理に係る許否判断が、法務大臣と異なり、国権の最高機関である国会に対して直接責任を負うものではない地方局長それぞれによる裁量によって決せられるということを許すのならば、行政の公正性・公平性の観点からのみならず、国家主権の観点からも、極めて問題があるものといわざるをえないであろう。

なお、1979年4月24日大阪地裁判決（訟務月報25巻8号2228頁）は、「日本国憲法上外交等につき責任と権限を有する内閣の一部である法務大臣の在留許否の判断は、裁判所においても尊重されなければならない」としている。本判決は法務大臣の権限が委任される以前に出された判決であるが、法務大臣が「内閣の一部」であることをもって、裁判所はその判断を尊重すべきものとしており、これは明らかに法務大臣という地位の特殊性を念頭においたものである。しかし、法務大臣の権限が地方局長に委任された今日においては、この「法務大臣の判断」⇒「国会に責任を負う内閣による判断」⇒「裁判所における行政判断の尊重」という論理はもはや通せず、入管法69条の２に規定する法務大臣の権限委任は、本来は行政判断の公平性・公正性等にかかる大きな問題をはらんでいるにもかかわらず、「事務処理の合理化」というようなミクロ的な問題に矮小化され導入されたものと言わざるを得ない。しかし、入管行政の裁量判断の恣意性は、この権限委任と密接な関連を有しており、いま一度、検討しなおすべき問題であると言えよう。

４　マクリーン判決とその後の裁判例

入管による恣意的判断を下支えしているのが「マクリーン事件上告審判決（1978年10月4日最高裁判決）」（民集32巻7号1223頁）である。いまから40年以上も前に出され

*1　坂中英徳・齋藤利男（2012）『出入国管理及び難民認定法逐条解説（改訂第四版）』日本加除出版、607頁。

たこの判決は、英語教師として在留していた原告Xが法務大臣に対して在留期間の更新を申請したところ、Xが行った政治活動（日米安保条約やベトナム戦争、出入国管理法案などに反対する合法的・合憲的なデモや集会等の参加）を理由として在留の更新を不許可処分としたことの合法性・合憲性が争われたものである。この事件につき最高裁は、外国人の出入国に関しては行政庁に広範な裁量権が認められるとの前提のもと、裁量権の逸脱・濫用にかかる判断枠組みについては、行政庁の判断が「全く事実の基礎を欠くかどうか、又は事実に対する評価が明白に合理性を欠くこと等により右判断が社会通念に照らし著しく妥当性を欠くことが明らかであるかどうかについて審理し、それが認められる場合に限り、右判断が裁量権の範囲をこえ又はその濫用があつたものとして違法であるとすることができる」とし、Xの請求を棄却した。しかし、まったく事実の基礎を欠くか事実に対する評価が明白に合理性を欠く以外は裁量の濫用・逸脱を認定しないという審査密度の低い社会通念審査は、余程のことがない限り、自らの裁量判断は違法にならないという慢心を入管に植え付け、マクリーン判決は入管による恣意的判断を黙認する格好のスケープゴートとなってしまっている。

実際、本判決は判決から40年以上たったいまでも入管行政、入管訴訟のメルクマール的判決となっている。そして、この判例理論に下支えされた行政側が訴訟で負けることはほとんどない。

ちなみに、2019年に出された入管関連判決数（本案事件）は350件であるが、国側（入管側）が敗訴したものはわずか6件、国の勝訴率は98.3%である。また、2020年の本案事件の判決数は合計234件で、国側が敗訴したのは9件で勝訴率は96.2%。2021年の判決数は203件で国側敗訴が4件、勝訴率98.0%となっている。つまり国と闘って原告が勝訴を勝ち取る可能性はわずか2～4%で、行政訴訟で原告が勝訴する確率は10%程と言われる中、さらに低いこの勝訴率は、まさに「無敵の入管」といってよい。

しかし、泉徳治元最高裁判事は次のように警鐘を鳴らす。

「マクリーン基準のあまりに緩やかな表現に便乗して、裁量権統制の諸法理を踏まえた個別審査を実質的に回避するようなことは許されない。個別審査も、憲法、条約等に従って行わなければならない[*2]」

また、水上洋一郎元東京入管局長も、マクリーン判決について、同判決以降、日本は国際人権条約をはじめとする人権諸条約、難民条約に批准、加入しており、「現在では何ら理由を述べる必要もなく、この判決は改められなければならない[*3]」と述べている。

いうまでもなく、行政の暴走を止めるのは司法＝裁判所の大事な役割である。しかし、いかに法務大臣の裁量権が広範であろうとも、司法がそれにかしずいてしまえば、もはや三権分立は意味をなさない。しかも、いまでは法務大臣の権限の大半は地方入管局長に委任されており、裁量権行使にかかる最終判断権者の「質」が当時といまとで劇的に変わっている。ならば、国務大臣たる法務大臣と一入管職員にすぎない地方入管局長の判断が、同じ価値をもっているという前提自体を改めて問い直す必要があるし、いま裁判所に求められているのは、泉元最高裁判事のいうとおり、憲法や条約を踏まえたうえで、入管がその権限を適正に行使しているのかを個別的に審査することであって、マクリーン判決をただなぞるだけではないはずである。

2　在留特別許可と入管判断の恣意性

1　退去強制システムと在留特別許可システムの矛盾

入管の裁量判断の恣意性がもっとも顕著に表れるのが、「在留特別許可」の付与に係る場面である。

入管法第50条1項は「法務大臣は、前条第三項の裁決に当たって、異議の申出が理由がないと認める場合でも、当該容疑者が次の各号のいずれかに該当するときは、その者の在留を特別に許可することができる」とし、次の4つの場面につき「在留特別許可」を付与すると規定する。すなわち、その者が「永住許可を受けているとき（1号）」「かつて日本国民として本邦に本籍を有したことがあるとき（2号）」、「人身取引等により他人の支配下に置かれて本邦に在留するものであるとき（3号）」、そして、「その他法務大臣が特別に在留を許可すべき事情があると認めるとき（4号）」である。

同項の「前条第三項の裁決に当たって、異議の申出が理由がない」とは、いわゆるオーバーステイ（超過滞在）など入管法24条に列挙される退去強制事由に該当する者が、在留特別許可を求めて法務大臣に異議の申出をし、その申出に理由がないとの「法務大臣の裁決」（49条3項）のことを指す。

在留特別許可は、容疑者たる外国人側に申請権がない。あくまでも50条の規定により、「異議の申出が理由がないと認める場合」に認められる性質のものである。その

＊2　泉徳治（2011）「マクリーン事件最高裁判決の枠組みの再考」『自由と正義』62巻2号、20頁。
＊3　水上洋一郎（2021）「入管改革への課題」『世界』2021年11月号、岩波書店、177頁。

ため、たとえ違反容疑に誤りはないにしても、退去強制対象者は、退去強制手続のなかで、退去強制対象者に該当するという入国審査官の認定（47条3項）に不服を申し立てて特別審理官に口頭審理を請求し、特別審理官による入国審査官の認定が誤りがないとする判定（48条8項）に不服を申し立てて法務大臣に異議の申出を行い、そのうえで法務大臣の裁決（49条3項）を受けなければならない。これは、入管法上、在留特別許可は法務大臣の裁決において、「異議の申出が理由がない」との裁決を受けた上で、はじめて俎上に上るものであるため、退去強制対象者は在留特別許可を受けるために、たとえ自らの違反容疑が明らかであるにしても、入国審査官の認定や特別審理官の判定に敢えて服さず（服すれば退去強制令書が発付されてしまう）、敢えて法務大臣に異議の申出を行わなければならないからである。

しかし、現実的に退去強制対象者が違反容疑を争うことはほとんどない。たとえば、いわゆるオーバーステイ（超過滞在）の状態にある者であるが、超過滞在それ自体を争うことは現実的にはありえず、家族が日本にいるとか、すでに本国での生活基盤を失っており生活基盤は日本にあっていまさら帰国することができないとか、病気等を抱え日本において継続的な治療が必要であるとか等の理由で在留特別許可を希望するのである。しかし、上記のとおり、在留特別許可を得るためには、法50条の定めにより「異議の申出が理由がない」との法務大臣の裁決を経る必要があるため、たとえ違反容疑に争いがないにしても、形式上、敢えてそれを争わなければならないこととなる。

しかも、容疑者が退去強制対象者に該当するという入国審査官の認定にかかる「違反審査」や入国審査官の認定に誤りがないという特別審理官の判定にかかる「口頭審理」の入管法上の位置づけは、あくまでも容疑が「退去強制事由」に該当するか否か、当該人が退去強制対象者か否かを認定、判定する手続であって、退去強制対象者に「特別に在留を許可すべき事情」があるか否かの審査を行うものではない。再三述べているとおり、在留特別許可はあくまでも退去強制手続の終局的手続となる「法務大臣の裁決」の場面において、法務大臣（実質的には法務大臣から権限委任をうけた地方入管局長）がその裁量によって決するというのが法律上の建付けなのである。

もっとも、実務上は、法務大臣の裁決に至るまでの退去強制手続、すなわち、入国警備官による違反調査、入国審査官による違反審査、特別審理官による口頭審理の各段階において、各担当官は、当該外国人から「特別に在留を許可すべき事情」の有無についての聴取は行う。しかし、法定されているものではないため、その聴取内容は各担当官の裁量によらざるを得ない。極めて個人的な主観が混入しやすく、また、正規滞在者に係る在留資格変更申請や在留期間更新許可申請等と異なり申請に基づくものではないため、「特別に在留を許可すべき事情」という文言とも相まって、ひときわ「恩恵の付与」の色合いが濃くなるのである。

2　在特率にみる入管判断の恣意性

前述のとおり、在留特別許可は退去強制手続の終局的場面である「法務大臣の裁決」にかかる「異議の申出に理由がない」とのいわゆる「理由なし裁決」において発露されるものである。そして、この「理由なし裁決」に占める在留特別許可件数の割合、すなわち、在留特別許可を希望し法務大臣に異議の申出をしたものがどれだけ在留特別許可を得ることできたかの割合＝「在特率」は年ごとによって大きく変動している。

入管白書『出入国在留管理』等入管庁が編纂した統計資料によると、2000年の「理由なし裁決」の件数は7275件、うち在留特別許可は6930件、在特率は95.26％となっている。以降、在特率は2001年は89.69％、2002年は90.71％、2003年は92.17％となっている。

2004年から2008年までの5年間、在留期限が切れても日本に滞在を続ける超過滞在者等いわゆる「不法滞在者」を半減させるという「不法滞在者5年半減計画」が実施された。これは、2003年12月に犯罪対策閣僚会議が策定した「犯罪に強い社会の実現のための行動計画」において定められたもので、この半減計画の目標達成は、入管にとっては至上命題であった。

この結果、2004年1月の時点では約22万人いたとされる「不法残留者」（超過滞在者）は5年後の2009年1月には約11万3千人と48.5％減少、また、推定約3万人いたとされる「不法入国者」（偽造パスポートなどで入国した外国人）も1万5千〜2万3千人に減ったとされ、目標はほぼ達成された。

「不法滞在者5年半減計画の実施結果について」（2009年2月17日付け）によれば、不法滞在者を日本に、「来させない」「入らせない」「居させない」という3つの施策を柱として、厳格な上陸審査の実施、摘発の強化、出国命令制度の実施などが功を奏したものとされている。しかし、同計画がほぼ達成された最大の要因は、実は、非正規滞在者に在留特別許可を付与し、正規在留者としての在留を認めたことによるものに他ならない。

実際、半減計画の期間である2004年から2008年までの5年間で許可された在留特別許可の件数は49,343件で、同半減計画で減った非正規滞在者の数は約10万6千人なので、実に半数近くが在留特別許可によるものである。

これに2004年12月から導入された出国命令制度（一定の要件を満たす非正規在留者が自主的に出頭すれば、収容されずに帰国でき、通常5年の再上陸の禁止期間が1年に短縮されるという制度）を利用して帰国した5年間、延べ42,199人を合わせると、実に9万人以上、割合にして86％超が在留特別許可による正規化、もしく出国命令制度による出国で占められていたことになる。

このように「在留特別許可」は、帰国へのインセンティブを持たせた出国命令制度と並んで「不法滞在者5年半減計画」の目標を達成させた最も大きな要因であり、この5年間における在特件数は4万9343人、在特率は84.3％であった。ところが、半減計画が終わった後の2009年から2013年までの5年間の在特件数は26,057人で、在特率は75.6％と在特率10％近く低下、さらにその後の2014年から2018年までの5年間の在特件数は8492人で、在特率は60.7％と前年よりさらに15％以上低下している。

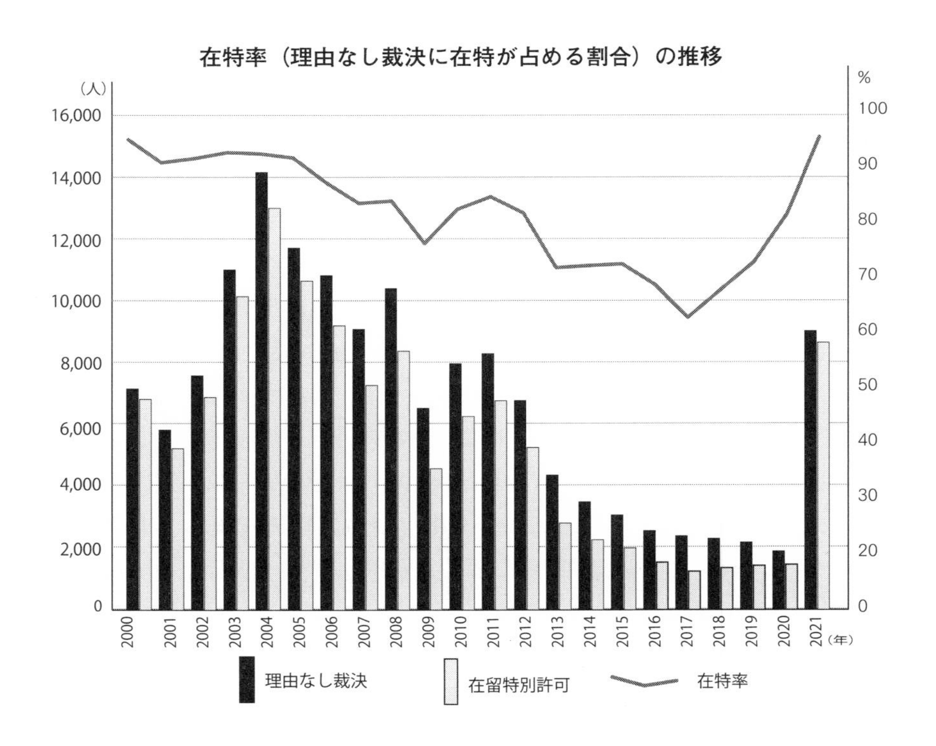

もっとも、半減計画のスタート当初は約22万人いたとされる「不法滞在者」は、5年後には約11.3万人まで減少したとされ、不法滞在者の数そのものが減少しているため、在留特別許可の件数自体が減るのは首肯できる。しかし、在特率のこれほどまでの変動は、半減計画中は数値目標達成のために、積極的に在留特別許可の付与を行い、計画目標達成後は一転して在特を出さなくなったとみてよいだろう。

筆者も、不法滞在者半減計画の渦中であった2006年春から3年間、特別審理官として横浜入管の審判部門に勤務し、2016年春から1年間は統括審査官として同じ横浜入管の審判部門に勤務したが、2006年からの3年間と、2016年からの1年間では、明らかに在留特別許可に対する入管のマインドは変わっていた。たとえば、半減期間中、日本人や永住者と婚姻していれば、婚姻期間の長短、実子の有無、経済力等に関係なく、余程のことがない限りは、在留特別許可が付与されていた。また、刑罰法令違反等により永住者が退去強制手続にのせられても、余程のことがない限りは、在留特別許可が付与されていた。ところが、その後は、以前だったら在留特別許可が付与されていたようなケースであっても、一転して在特が出されなくなっていた。

ちなみに、永住者に対する在留特別許可については入管法第50条1項1号により、その者が「永住許可を受けているとき」には「その者の在留を特別に許可することができる」とある。しかし、在特の付与はあくまでも「できる」規定であるため、同4号の「その他法務大臣が特別に在留を許可すべき事情があると認めるとき」と、同1号の永住者に係る在特付与の裁量判断の分水嶺が極めてあいまいで、結局、たとえ4号とは別にわざわざ1号で「永住許可を受けているとき」と明記されていたとしても、入管の解釈次第でいかようにもなってしまうのである。

このように在特判断の恣意性は、同じようなケースでもある時期によっては在特が出て、別のある時期には出ないという「ムラ」を生み、外国人側の不公平感を助長させているのである。

3 「在留特別許可に係るガイドライン」の自己拘束性

法務省入国管理局（現：出入国在留管理庁）は在留特別許可の運用の透明性及び公平性を更に向上させることを指向して2006年10月、「在留特別許可に係るガイドライン」を策定し、公表している（2009年7月改訂）。

このガイドラインは、在留特別許可の許否の判断に当たって考慮する事項として、「特に考慮する積極要素」と「その他の積極要素」、「特に考慮する消極要素」と「その他の消極要素」の4つをあげ、それぞれに例示的な事例を列記し、積極要素及び消極要素として掲げている事項について、それぞれ個別に評価し、考慮すべき程度を勘案した上、積極要素として考慮すべき事項が明らかに消極要素として考慮すべき事情を上回る場合には、在留特別許可の方向で検討するものとされている。

しかし、入管当局も裁判所も、一貫してガイドラインは単なる目安であり、裁量基準ではないとし、ガイドラインには「法的拘束力（自己拘束力）」がないとしている。

たとえば、2010年12月9日名古屋地裁判決（LEX/DB25443145）において、国（入管）側は「在留特別許可に係るガイドラインは〈中略〉恩恵的に与えられ得る性質のものである在留特別許可の許否を判断するに当たって考慮すべき当該外国人の個別事情を類型的に分類し、検討する例を一般的、抽象的に例示したものであり、在留特別許可に係る一義的、固定的な基準（裁量基準）ではない」と主張、続けて「一見するとガイドラインに示された『在留特別許可方向』で検討する例に該当すると評価できるものであっても、当然に在留特別許可を付与すべきであるということにはなら」ず、「在留特別許可を付与しないという法務大臣等の判断が裁量権の逸脱濫用に当たる場合は、在留特別許可の制度を設けた法の趣旨に明らかに反するような極めて特別な事情が認められる場合に限られるというべきである」と主張している。

一方、裁判所も「在留特別許可の許否の判断は、諸般の事情を総合的に考慮して個別的にされるものであって、一義的な基準を定めることができる性質のものではなく、ガイドラインも、その判断に当たり考慮する事項を一般的抽象的に例示したものにとどまり、法務大臣等の裁量権を拘束する裁量基準としての性質を有するものではないと解される」（2017年11月24日東京地裁判決）と判示している。

2013年6月27日名古屋高裁判決（LEX/DB25445836）、同12月20日大阪高裁判決（判例時報2238号3頁）など、ガイドラインに何らかの裁量基準性、自己拘束性を認めた確定判決もわずかにあるものの、裁判例の圧倒的多数はガイドラインは裁量基準ではなく、自己拘束性もないと判示している。そして、このような裁判所の姿勢は、自ら定めたガイドラインを自らが重視しないという入管の姿勢を助長させているように見える。

しかし、入管当局がガイドラインは裁量基準でない、自己拘束性はないと主張する一方で、ガイドラインの策定・改訂に関しては、巧妙に自己正当化を試みているようにも見える。

「在留特別許可に係るガイドライン」は2009年に一度改訂されているが、改訂前のガイドライン（初期ガイドライン）では、オーバーステイ等といったいわゆる「不法残留者」と、偽造パスポート等を行使して上陸許可を受けたいわゆる「不法入国（上陸）者」との間に、在特付与にかかる評価に差異はなかった。初期ガイドラインでは、消極要素の例として次のように記載されていた。

「資格外活動、不法入国、不法上陸又は不法残留以外の退去強制事由に該当するとき」

つまり、初期ガイドラインにおいては不法入国・上陸は「消極要素」ではなかったし、不法残留と同列であったのである。（ちなみに「不法入国・上陸」と「不法残留」とは、入管法70条に定める法定刑はまったく同一である。）ところが、改訂後のガイドラインでは「船舶による密航、若しくは偽造旅券等又は在留資格を偽装して不正に入国したこと」が「消極要素」としてあらたに掲載され、これまで同列に扱われていた不法残留よりマイナス評価を受けるようになった。背景には不法滞在者半減計画が終了し、一転して在特を引き締めたいという入管当局の思惑が見てとれる。

しかし、そもそもガイドラインは「入管行政における在留特別許可制度の長年にわたる運用の中で形成された基準を成文化したものと考えられ、個々の基準には、当該積極基準に該当する外国人であれば我が国の出入国管理にとって支障は生じ得ない、あるいは、当該消極基準に該当しない外国人であれば同様に支障は生じ得ないという、専門的経験に基づく相場観に裏付けられた一種の法的確信が反映している[*4]」ものと言えよう。そうであるならば、それまで特段消極的評価を受けなかったものを、さしたる理由の説明もなくマイナス評価することは、外国人側から見れば、恣意的な基準の変更と捉えられてもいたしかたないであろう。

4　ガイドラインと恣意的判断

現行の「在留特別許可に係るガイドライン」には「特に考慮する積極要素」として、次のような記載がある。

「当該外国人が、日本人又は特別永住者と婚姻が法的に成立している場合（退去強制を免れるために、婚姻を仮装し、又は形式的な婚姻届を提出した場合を除く。）であって、次のいずれにも該当すること

ア 夫婦として相当期間共同生活をし、相互に協力して扶助していること

---

*4　亘理格（2017）「在留特別許可の裁量性と『在留特別許可に係るガイドライン』の自己拘束性」『自治研究』93巻9号、142-143頁。

イ 夫婦の間に子がいるなど、婚姻が安定かつ成熟していること」

しかし、たとえば2014年8月28日東京地裁判決（LEX/DB25520871）において、国（＝入管）側は、「不法在留という違法状態の上に築かれた婚姻関係については、保護すべき必要性が特に低いというべき」と主張、裁判所も「両者の婚姻関係は、原告の本邦での不法在留という違法状態の下に、そのことを認識しながら形成されたものであることからすると、その保護の必要性は低いものといわざるを得ない」と判示している。また、2012年4月19日東京地裁判決（LEX/DB25493488）も「（原告らの）婚姻関係は、そもそも原告の不法残留という違法状態の上に、そのことを双方が認識しながら始まったものであり、外国人配偶者の適法な在留期間中に婚姻関係が成立した場合と比較すると、婚姻関係の要保護性がそれほど高いものということはできない」と判示している。しかし、そもそも在留特別許可自体が、超過滞在等、入管法違反状態にある者に対して、個別の事情を勘案して特別に付与されるものである。であるならば、「不法滞在」という退去強制事由にかかる事実の評価と、両性の結合に基づく「婚姻」に対する評価は本来的に牽連関係にはなく、それぞれ個別に検討されるべきものであって、「外国人配偶者の適法な在留期間中に婚姻関係が成立した場合」とそうでない場合との比較自体が意味あるものとは思われない。また、ガイドラインが何ら留保することなく「夫婦として相当期間共同生活をし、相互に協力して扶助していること」を「特に考慮する積極要素」として掲げていることに鑑みれば、ガイドラインからも不法滞在中の婚姻は保護に値しないものとは到底読み取れない。

そもそも、同ガイドラインが策定された主目的のひとつは、それを公開することによって、「在留特別許可を受けられる可能性のある者の一層の出頭を促し、在留特別許可の対象となり得るものについてはこれを適正に許可し、その法的地位の早期安定化を図っていく」（「第4次出入国基本計画（2010年4月）」）ためだったはずである。

とするならば、出頭するにあたって当該外国人は、自らが在留特別許可を受けられる可能性のある者なのかどうなのかを、このガイドラインによって判断することになるが、その前提として、外国人側には、ガイドラインは何人にも等しく適用され、特段の事情がない限り、ガイドラインを離れた判断はされないであろうという予測可能性に基づく平等原則への信頼があるはずである。しかし、もしガイドラインの基準性や自己拘束性を完全に否定し、行政庁の裁量判断はガイドラインに何ら拘束されることなく、特段の合理的理由なしに、あるいは合理的理由があったとしてもそれを明示することなしにガイドラインに相反する判断を行うことが許されるとするならば、ガイドラインの記載内容を信頼して在留特別許可を求めて自ら出頭してきた者にとってはまさに不意打ちとなりかねず、ガイドラインの信頼性を著しく損ねるものであろう。

ガイドラインが公表されているにも関わらず、超過滞在における婚姻期間が長ければ長いで違法性が高いと消極評価を受け、短ければ短いで安定性がないとこれもまた消極評価を受ける。これでは誰もガイドラインを信じまい。

多くの裁判例がガイドラインの自己拘束性を否定する中、2013年6月27日名古屋高裁判決（LEX/DB25445836）は次のように判示している。

「ガイドラインが作成された経緯として、かつての在留特別許可の判断が曖昧であり、恣意的な運用がなされているとの批判が強く出されていたこと、ガイドラインは法務省入国管理局内部で慎重に検討され、作成されたものであること、現在の運用は、基本的にガイドラインに拠っていることなどの事情に照らせば、ガイドラインが示した基準から大きく離れた判断は、特段の事情が存しない限り、平等原則ないし比例原則に反するものとして、裁量権の逸脱又は濫用を基礎づけると解するのが相当である」

本判決は確定している。入管当局は、いま一度、本判決の趣旨を胸に刻むべきであろう。

5　在特の恣意的判断と送還忌避者

上記のような在留特別許可に係る入管判断の恣意性は、在留特別許可がなぜ付与されないのかという理由の不透明さ、不服申立て制度の不在とも相俟って、少なからず外国人にとっては「納得感」のないものとなっている。近年、退去強制令書が出ているにも関わらず、送還を拒むいわゆる「送還忌避者」が増加していると言われているが、これはまさに在特判断が恣意的で不透明であり、公正性・公平性に欠けるとの当該外国人が感じる「納得感のなさ」によるものに他ならないであろう。

特に在留特別許可の可否判断は、当該外国人にとってはそれが認められなければ、退去強制令書が発付され、国外退去を命じられるという非常に重い処分に直結する。そのような外国人側にとっては、「一生を左右する」処分が、ブラックボックス化した極めて不透明な判断過程の中で決せられ、納得のいく説明もなく国外追放を甘受することは苦痛以外のなにものでもなく、この不透明さを放置したまま、ただ送還忌避者に対する締め付けを強化したところで、問題の解決にはつながらないことは自明である。

在留特別許可に係る判断過程の透明感を高め、恣意的判断を抑止していくこと、送還忌避者の問題を解決しようとするならば、まずはそこからである。

3　正規在留者に対する不許可処分にみる入管判断の恣意性

1　訴訟封じに利用される「出国準備期間」

先にも述べたとおり、難民認定以外の「外国人の出入国」については、行政不服審査法から適用除外とされており、不服申立制度が用意されていない。そのため、例えば、正規在留者の在留資格の変更、あるいは在留期間の更新に係る許可申請等が不許可処分となり、その不利益処分に不服がある場合、当該外国人は裁判に訴えるしかない。

しかし、正規在留者の在留資格変更許可申請等、在留申請に係る不利益処分については、事実上、訴訟への道は閉ざされているといってよい。

たとえば、在留期限が7月31日までの「技術・人文知識・国際業務」の在留資格をもつ正規滞在者Aが、自らの在留期間の更新のため、在留期限満了日の3か月前である5月1日に在留期間更新許可申請を行ったとする。それに対して入管は、Aの在留期間の更新を適当と認めるに足りる相当の理由がないとして、Aの在留期間の更新を認めないという判断を下したとしよう。

この場合、Aの在留期限は7月31日までであるため、たとえば申請から2週間後の5月14日に入管がAに対して当該申請の不許可にする旨の処分（通知）を行えば、Aは在留期限の満了日である7月31日までに当該不許可処分の違法性を争うために訴訟を提起することも可能である。また、訴訟提起後は、Aは在留期限の満了日前までに訴訟のためとして在留資格を「技術・人文知識・国際業務」から、「短期滞在」等ほかの在留資格への変更申請を行うことも可能である。

しかし、入管が「在留期間の更新を認めない」（あるいは在留資格の変更を認めない）旨の判断を下す場合、敢えて当該外国人の在留期限満了日の直前、あるいは在留期限満了日を超えて相手方に伝えることが多々ある。当該外国人に訴訟を起こさせないためである。

入管法第20条第5項、同21条第4項の規定により、在留資格を持って本邦に在留する外国人（ただし、30日以下の在留期間を決定されている者を除く）が在留期限内に在留資格変更許可申請および在留期間更新許可申請を行えば、当該外国人は、「その在留期間の満了後も、当該処分がされる時又は従前の在留期間の満了の日から二月を経過する日が終了する時のいずれか早い時までの間は、引き続き当該在留資格をもつて本邦に在留することができる」とされている。これはいわゆる「特例期間」に関する規定であり、2009年の法改正により新設されたものである（施行は2010年）。

この規定により、Aはその在留期限である7月31日を超えてもオーバーステイとなることなく、最長で9月30日までは従前の「技術・人文知識・国際業務」での在留が認められることになる。ただし、「当該処分がされる時」、すなわち、Aに対して在留期間の更新を認めないという処分（通知）がなされると、Aは、従前の「技術・人文知識・国際業務」の在留資格を失い、その後、当該外国人は超過残留（オーバーステイ）となる。つまり、入管はAの「在留期間の更新を認めないという」という判断を、たとえ本人の在留期限内に行っていたとしても、その処分（通知）を敢えて在留期限経過後に行えば、入管はAを不法残留者として退去強制手続にのせることもできるのである。

しかし、実務上は、入管はAを直ちに退去強制手続にのせることはせず、Aに対して、「技術・人文知識・国際業務」の在留期間更新は認められないものの、申請内容を出国のための準備期間に変更するならば申請内容変更の申出ができる旨の案内を行う。つまり、Aの「技術・人文知識・国際業務」に係る在留期間の更新は認めない代わりに、新たに出国準備のための在留資格（通常は「特定活動」）への変更の申出をするならば、それを検討すると持ち掛けるのである。

これは、出国準備期間への変更申出をするかしないかはあくまでも当該外国人の「選択」次第という体裁がとられているが、次に述べるとおり、事実上、選択の余地のない強要である。

在留資格を出国準備のための「特定活動」に変更すると、Aは従前の在留資格「技術・人文知識・国際業務」を失うため、もはや「技術・人文知識・国際業務」に係る在留判断を訴訟で争うことはできなくなる。そのため、Aが「技術・人文知識・国際業務」の在留期間の更新を認めないという入管の判断を不服として訴訟で争いたいと考えた場合、Aは出国準備期間への変更申出を受け入れるわけにはいかない。しかしその一方で、出国準備のための申請内容の変更の申出をしなければ、Aは超過滞在（不法残留）となり、退去強制手続にのせられることとなる。つまり、自らの在留期間の更新を認めないという入管の判断を不服として訴訟で争おうとした場合、Aは出国準備のための申請内容変更を拒み、自らを「不法滞在者」（＝退去強制対象者）の身に置くしかないのである。

しかし、自らを法違反状態に置き、退去強制手続にのせられてまで訴訟を起こすのは、外国人側にとっては次の点からもリスクが大きすぎる。

・不法残留となり法70条の規定により、罰則が科されるおそれがある

・退去強制手続にのせられるため、収容されるおそれがある

・退去強制手続の結果、退去強制令書が発付され送還されると一定期間、原則として日本に上陸できない

このため、ほとんどすべての外国人は、入管の処分にいくら不服があろうとも、訴訟をあきらめ、出国準備のための申請内容変更に応じざるを得なくなるのである。

このように入管は敢えて当該外国人の在留期限が経過した後、あるいは在留期間の残余が極めて短くなった頃を見計らった上で、原申請の在留期間の更新（または在留資格の変更）を認めないかわりに、「出国準備」への申請内容変更申出をさせることにより、事実上、原申請にかかる当該外国人の訴訟を封じこめるのである。

そして、このような「訴訟封じ」の如くの実務上の運用は、いかなる処分を行っても相手方が訴訟に及ぶことはないという慢心を入管側に植え付け、在留申請に係る可否判断を極めて恣意的なものにしているだけでなく、憲法32条が保障する「裁判を受ける権利」をも侵害しているといえる。

2　東京高裁違憲判決と正規滞在者にかかる不許可処分

2021年9月22日、東京高裁で、難民申請中だった外国籍男性2名に係る入管の一連の措置に違憲判決が下された。

この事件は、仮放免中だったスリランカ人男性（難民申請者）2名に対して、入管が難民認定の異義申立の棄却が1か月以上も前に決定されていたにも関わらず、仮放免の出頭日に仮放免の延長不許可と申立の棄却を同時に告知、身柄を収容し、実質的に弁護士に連絡させることもさせず、出頭から20時間もたたないうちにチャーター機によって送還したという事案である。これにつき、東京高裁は、送還は「控訴人らが難民認定不処分に対する取消訴訟等の提起につき検討する時間を与えずに行ったものであって、控訴人らの司法審査を受ける機会を実質的に奪ったもの」であり、「憲法32条で保障する裁判を受ける権利を侵害し、同31条の適正手続の保障及びこれと結びついた同13条に反する」ものであるとして違憲と断じたのである。国側は上告

せず、この判決は確定しているが、入管関連訴訟での違憲判決は極めて稀であるといわれている。

翻って、正規在留者の「在留期間の更新を認めない」旨の処分（通知）を敢えて在留期限経過後の特例期間中に行い、出国準備への内容変更の申出を行うかどうかの意思を問うという実務上の運用は、同申請内容変更申出を行わなければ、当該外国人は不法残留状態となり退去強制手続にのせられてしまうわけであるから、事実上、「取消訴訟等の提起につき検討する時間（機会）」は奪われているといってよく、裁判を受ける権利を著しく侵害しているといわざるをえない。

もっとも、国を相手取って裁判を起こすこと自体、労力的にも金銭的にも、外国人側にとってはかなりハードルが高いものである。そのため、司法へのアクセスが多少改善されたとしても、外国人側が国を相手に訴訟を提起することは稀であろう。しかし、不服申立てがまったく用意されていない外国人の在留に係る不利益処分について、訴訟は唯一の救済手段である。それさえも閉ざされている現状は、まさに東京高裁も指摘する憲法31条の適正手続の保障及びこれと結びついた同13条の幸福追求権にも反するといえよう。

3　永住許可におけるリテラシーの欠如

永住許可について入管法は、法第22条1項で、「在留資格を変更しようとする外国人で永住者の在留資格への変更を希望するものは、法務省令で定める手続により、法務大臣に対し永住許可を申請しなければならない」とし、同2項で以下のように定めている。

「前項の申請があつた場合には、法務大臣は、その者が次の各号に適合し、かつ、その者の永住が日本国の利益に合すると認めたときに限り、これを許可することができる。ただし、その者が日本人、永住許可を受けている者又は特別永住者の配偶者又は子である場合においては、次の各号に適合することを要しない。

一　素行が善良であること。

二　独立の生計を営むに足りる資産又は技能を有すること」

すなわち、永住許可申請にかかる入管法上の許可要件は、①素行が善良であること（素行要件）、②独立の生計を営むに足りる資産又は技能を有すること（独立生計要件）、③その者の永住が日本国の利益に合すると認められること（国益要件）、この３要件である。ただし、同項の但書きにより、その者が日本人、永住許可を受けている者又は特別永住者の配偶者又は子である場合においては①の素行要件および②の独立生計要件に適合することを要しないとされている。

しかし、入管実務においては、法22条2項の但書きにより、1号の素行要件および2号の独立生計要件の適用をうけない日本人（永住者）の配偶者等に対しても、実質的に同但書きを無視するような恣意的な解釈運用が平然と行われている。

実例として典型的なものは、日本人（永住者）の配偶者等の収入が低く、非課税等になっているケースである。本来であれば、同但書きにより日本人等の配偶者等については生計要件は問われないはずであるが、入管はこのようなケースでも、収入が低い⇒生活保護等をうけるなど公共の負担となる可能性が否定できない⇒国庫の負担となるおそれがある⇒その者の永住が日本国の利益に合すると認められないとして、同22条2項の本文の国益要件に合致しないとして永住許可申請を不許可とすることが多々ある。ようするに、入管は収入の低さを、将来、公共の負担になるかもしれないという可能性を媒介して、平然と国益要件に結びつけるのであるが、これは22条2項但書きを実質的に否定するものに他ならず、同但書きがあるのにかかわらず、日本人（永住者）の配偶者等の収入の低さを国益要件に適合しないとして同永住申請を不許可することは、但書きの趣旨を逸脱した違法な処分と言わざるを得ないであろう。

また、入管は、永住者とオーバーステイ等の法違反者との間に出生した子の永住許可申請も、一方の親が法違反者であるということのみをもって「国益要件」に合致しないとして、不許可処分とすることも多い。これも一方親の入管法違反という素行要件を強引に国益要件に結びつけるものであって、法の趣旨に反する違法な処分と言わざるを得まい。

ちなみに、「在留特別許可に係るガイドライン」と同様、永住許可についても「永住許可に関するガイドライン」が入管のホームページで公開されている。そして、同ガイドラインにも永住許可の法律上の要件として、

「（1）素行が善良であること

法律を遵守し日常生活においても住民として社会的に非難されることのない生活を営んでいること。

（2）独立の生計を営むに足りる資産又は技能を有すること

日常生活において公共の負担にならず、その有する資産又は技能等から見て将来において安定した生活が見込まれること。

（3）その者の永住が日本国の利益に合すると認められること

〈以下省略〉」

と記載されており、

「ただし、日本人、永住者又は特別永住者の配偶者又は子である場合には、（１）及び（２）に適合することを要しない」

と明記されている。

このガイドラインを申請者が素直に読めば、永住許可を求める者が日本人、永住者又は特別永住者の配偶者又は子である場合には、たとえ「日常生活において公共の負担にならず、その有する資産又は技能等から見て将来において安定した生活が見込まれ」なくとも、それをもって国益に合致しないことにはならないと考えるのが通常であろう。入管独自の解釈運用は、法のみならず永住許可申請者らをも欺いているのである。

このような永住許可に係る可否判断におけるリテラシーの欠如の背景のひとつには、永住許可申請の不許可処分については訴訟提起が極めて少ないということがあげられよう。永住許可の場合、たとえ永住許可申請が不許可となった場合でも、従前の在留資格が否定されるわけではない。そのため、当該外国人は従前の在留資格で在留を継続できるし、訴訟をおこすよりも、たとえそれがいかに理不尽なものであったとしても、入管側の求める条件を整えた上で、再度、永住許可申請をやり直した方がコスト的にも労力的にも負担が少なく、訴訟に持ち込まれるケースはほとんどないのである。

また、出生による永住許可の場合、同永住許可申請が不許可処分となった場合、通常は申請内容を変更して「永住者の配偶者等」などの在留資格を取得することとなる。しかし、あくまでも「永住者の配偶者等」の在留資格取得を拒み、在留期限が到来してもなお永住不許可処分を訴訟で争うのであれば、出生したばかりの子を法違反状態におき、子は退去強制手続にのせられるため、ほとんどの場合はたとえ処分に不満があろうとも訴訟を諦め、「永住者の配偶者等」などへの申請内容変更を受け入れざるを得ないのである。

このように「風が吹いたら桶屋が儲かる」の如くの飛躍したロジックが、入管内部で平然と看過されているのは、チェック機能のなさとともに、永住許可申請は訴訟になりにくいという特異事情があると言えるが、結局は、これが「何をやっても訴訟になることはない」という慢心につながり、入管による恣意的判断をさらに助長させているのは間違いないことであろう。

4　まとめ

これまで見てきたとおり、入管法における概括的規定は白紙委任的に広範な裁量権を入管に与え、1978年に出されたマクリーン判決は、判決から40年以上経過した現在においても、入管訴訟・入管行政のメルクマールとして、入管の「広範な裁量権」を後押ししている。

また、行政手続法、行政審査不服法は、実質的には外国人の出入国に関する処分をその圏外に置き去りにしたまま、手続的保障の観点から、入管における裁量権の行使を監視することもない。

正規、非正規を問わず、入管の手続きは最初から最後まで入管だけで行われ、第三者や司法機関が一切関与しない。退去強制手続を例にたとえれば、入国審査官による違反審査、特別審理官による口頭審理、法務大臣（地方入管局長）の裁決といういわゆる三審制にしても、刑事手続きのように警察、検察、裁判所とそれぞれ別の独立した機関によって慎重な判断が行われるわけではなく、収容から送還までの一連の退去強制手続は、いわば、警察官、検察官、裁判官、刑務官の役割をすべて入管職員が担っており、強大な権限が入管という一つの役所の中に集中している。

正規在留者にかかる在留審査にしても、裁量基準というものが一切ない中で、在留の可否判断はひたすら入管の裁量に委ねられ、処分に対する不服の申立すらできない。

このようなチェック機能のないフリーハンドの裁量権が恣意性を帯びるのは当然の帰結であろう。

2021年11月5日付の毎日新聞のインタビュー記事で、高宅茂元法務省入国管理局長は、在留特別許可についてどういう場合に認められるのかが不明確で、認められなかった時に不服を申し立てる制度がなく、「そういう仕組みの中では、『頼み込めばなんとかなる』と思ってしまうのが人情」であるとして、一般的な行政手続きを定めた行政不服審査法、行政手続法を入管の手続きにも適用するための法改正が必要であると説いている。元入管トップが行審法、行手法を入管手続きに適用すべしと説いているのである。傾聴すべき意見である。ただ、これは在留特別許可に限ったことではなく、正規在留者に係る在留審査全般にも行審法、行手法の適用を考えるべきであろう。

また、主権国家として、出入国や在留にかかる国家の裁量があるにしても、外国人の人権にかかわる問題を、入管という一行政組織の腹次第でなんとでもなるというような体制自体を改め、あらたに「移民庁」のような独立機関を設立して、外部から入管による判断・処分をチェックさせるべきであろう。一義的な外国人の入国や在留の可否判断は入管がするにしても、その処分に不服がある場合は「移民庁」に申立てができたり、あるいは、人権や人道の問題に深くかかわり社会的関心が高いと思料されるようなケースについては、「移民庁」が直接審査にあたることができるような体制を整えるべきである。

いずれにしても、もはや入管一極の出入国在留管理体制が限界をむかえているのは明らかであるし、入管一極化からの脱却＝「脱入管」こそが恣意的判断を排し、外国人側に「納得感」を与え、行政と外国人との間の溝を埋め、「健全な出入国在留管理」への第一歩になるであろう。

第9章

交流共生庁の創設

水上洋一郎

はじめに

すでに20年近く以前のことになるが、私が最初に交流共生という言葉を使って「交流共生基本法」制定、「交流共生庁」設置を提言したのは、2005年東京財団研究報告書「日本の難民・避難民受け入れの在り方に関する研究」においてである。この研究は、学者・研究者、弁護士、実務家、NGO関係者、難民出身者、北朝鮮問題専門家から成るグループが1年ほど議論した結果、各メンバーが報告し、編集したものである。

同研究は、元々、難民・避難民の受け入れに関して4分野の問題について研究対象とした。すなわち、

① 21世紀の日本の難民・外国人の受け入れおよび世界の難民問題に対する戦略と政策

② 日本の難民認定・受け入れ制度の問題点

③ 日本社会全体として「難民」をどのように受け入れているのか――国民の意識の問題

④ 北朝鮮からの脱北者の増大にどのように対応するのか

であるが、同グループはさらに1年間、研究を続け、再度、報告をとりまとめた。グループとしては、「日本はアジアの中の人道大国として行動すべきであり、難民、移民などに開かれた社会を目指すべきだ」という立場を打ち出した。この2年間の提言数は合計51となった。

さて、交流共生庁構想を提言するに至った理由はいくつかある。その一つは、ベトナム難民が海上で救助され日本に到着したボートピープルの受け入れ問題を始めとして北朝鮮からの脱北者が瀋陽総領事館に駆け込んだ事件等において、政府のリーダーシップのない状況が続いたことがある。多くの場合、関係省庁横並びの政策決定、あ

る意味、積極政策不在という結果となる。当時の分析の対象は、難民対策連絡調整会議である。この会議は、各省庁の局長クラスを構成員とする会議で必要に応じて召集される。他の各種の会議と同じ方式である。縦割り行政の代表を一人ずつ対等に横に並ばせた会議である。このような会議では、テーマが出身官庁の権限・権益に関係が薄ければ関心も非常に低くなる。その場合、一、二の関係の深い役所の意見がその会議の決定事項となる。権益や利害関係が多くの省庁に及べばその権益・利益を平均化して決定がなされる。調整も微調整である。新機軸が打ち出されることはない。更に、特に、横並びの会議では、問題が手に負えないか権限がないとされるや、仕事のたらい回し、押しつけ、先のばしが始まる。消極的権限競合という。日本の難民や外国人受け入れ問題については消極的権限競合や擬似消極的権限競合が多い。リーダーシップがないということは、問題を危機寸前まで引き延ばすということでもある。

さらには、1980年代後半から生じていた不法就労、外国人労働者問題や外国人受け入れに関連して入管法の改正があり、いわゆる「90年体制」と呼ばれるものが存在したが、政府全体としては竹下内閣の時、1988年、申し合わせによって設置された「外国人労働者問題関係省庁連絡会議」が限られた問題に対応するだけであった。この会議も決定主体は各省庁の局長クラスであった。(ただし、近年、安倍政権下、特定技能制度導入のため首相指示から1年余で入管法改正、施行に至った例がある。官邸主導でかつてないスピードで政策が実施されたが、問題点が多い。「入管改革への課題」((『世界』2021年11月号)参照)

このように高いレベルでの強いリーダーシップもなく、様々な問題が先送りされている状況下、「交流共生基本法」制定、「交流共生庁」設置を提言した。「交流共生庁」は、内閣又は内閣府に設置し、出入国、外国人の労働・雇用・厚生・教育(留学生等を含む)、実習生・研修生、難民、移民・移住、帰化(国籍取得)、社会への統合等について総合調整し、統一・横断的に政策を策定して、主導する。その理念等は次のとおりである。

1　交流共生庁の理念

1　外国人政策における基本理念

国の目標は、平和と安全、自由と民主、民生・厚生・文化などといわれて久しく、外には国際協調、国際貢献とうたわれている。(昨今、安全保障環境の厳しさ、歴史の分岐点などと言われているが、基本は平和であり、戦争をしないこと、非戦である。)

21世紀の日本が内に生き、発展・成熟し、外に発信して世界から信頼と尊敬を得るためには、これらの目標とともに今こそ人道・人権の旗を高く掲げ、外国の人びとと交流し、共生してゆくことを明らかにしなければならない。我が国はこの新たな目標を世界標準とする。日本は大国として台頭している中国や人口大国インドなどとは、アジアの一員ではあるが、これらの国々とは一味も二味も異なる国となる。今後の外国人戦略・政策は、これまでの国の目標に加え、人道・人権と交流・共生に基づいて策定しなければならない。

2　人口減少社会の挑戦

日本は人口減少社会となり、少子・高齢社会の到来とともに深刻な労働力不足が予見されつつある現在、日本人が外国人と交流・共生する観点から外国人政策を策定することは時宜にかなった要請である。このため少なくとも一世代以上のスパンをもって長期的、統一的、一体的に主導する「交流共生庁」を速やかに設置しなければならない。この実現のためには政治の高い見識、洞察力、特に強い意思とリーダーシップが要求される。

3　難民政策は外国人政策の大きな柱の一つ

外国人が海外から日本に、あるいは在外公館等に庇護・保護を求め避難してくると難民問題として顕在化する。難民や避難民をどのように受け入れるかということは、日本に外国人をどのように受け入れるかという外国人政策全体のあり方と深くかかわっている。

特に、冷戦構造の崩壊後、グローバリゼーションと地域紛争等の不安定性の中で、正規であれ、不正規であれ、人の移動が大量に、時には短期的大量に行われている。難民・避難民はしばしば、大量の不規則移動として流出する。このような状況においてはなおさらのことである。

人の国境を越える移動やコントロールについて長期的な展望をもち、新たな日本の展開を主導するためには難民の質や量についても外国人政策全体の中で分析・評価する必要がある。したがって難民政策についても外国人政策と一体的なものとして「交流共生庁」において策定させる。

2　交流共生会議

「交流共生基本法」の制定、「交流共生庁」の実現のためには、国民的議論を巻き起こす起爆剤となり国民の関心を引きつけ、同時に司令塔としての役割を果たす場が是非とも必要となる。そのため縦割り行政の枠を越え、首相、専任の閣僚、政治家（地方自治体の長を含む）、官僚に加え、民間人、内外の有識者で構成する「交流共生会議」を内閣又は内閣府に設置する。民間人、有識者には外国人を含む。会議では、①交流共生社会の構築②人口減社会の挑戦③外国人政策と内政・外政の在り方を議論し政策大綱を策定する。事務局である政府の企画立案部門には法律職、経済職以外に文明史、歴史学、哲学、倫理学、宗教、文化人類学等人文諸科学、政治学、国際関係論、社会学等の社会科学、理工系の学識、知見をもったものをリクルートする。更に在日コリアン、難民、日系人、NGO 代表者、地方自治体職員なども企画立案に参加させる。基本法成立と同時に事務局の一部は「交流共生庁」へと編入させる。「交流共生庁」は交流共生について企画立案し、執行を行う。また、地方自治体にも同様、「交流共生会議」を設置する。地方にも既に各種の会議、協議会が設けられているが、より制度的に確固なものとするため統廃合して設置する。

我が国はインドシナ難民問題をかかえて 30 年（現在では 50 年近く）になるが、差別と偏見は厳然としてある。まず、日本人は身近にいる難民という存在をほとんど知らない。したがって、その境遇ということを考えたことがない。このことは日本の社会の底辺や基盤産業で働いている外国人にもあてはまる。特に酷いのは在日コリアンなどに対するヘイトである。今や外国人についてあらゆるレベルでの教育が必要となっている。家庭、学校、職場、地域などで近現代史、異文化交流、民族宗教問題、多文化共生、難民問題等について本格的な啓発と教育が求められる。最近の政府の施策には外国人に対して働きかけ、便役を与えるものも多いけれども、この点が非常に弱い。「交流共生庁」がリードすべきことであろう。また、現在、格差社会ということが論議されているが、交流共生社会の形成にあたっては外国人についてもシビルミニマム、セイフティネットの保障、救済も当然ながら視野に入れなければならない。

また、外国人についての政策調整統合部門においては定住外国人等の問題について分析することも非常に重要である。

戦後、経験してきた在日韓国・朝鮮人・台湾人の処遇、インドシナ難民の受け入れ、中国残留孤児、日系外国人問題について社会への定着、統合・包摂の観点から分析・評価する。特に問題発見、問題解決型のアプローチが必要とされる。その分析結果は、外国人政策、交流共生政策の策定に活用する。

在日コリアンについては差別と偏見の中で日本社会において実業、芸術・芸能、スポーツ界等で多くの貢献をしてきたが、未だ外国籍のままという子孫がいる状況である。その理由・原因は何か。通名利用という現状もある。地方参政権や帰化（国籍取得）の是非についての課題もある。インドシナ難民、中国残留孤児、日系人についてそれぞれ固有の問題があるとともに共通した課題も多い。高齢化問題、子弟の非行問題、教育、雇用、社会保障、地域社会との共生等々である。

「交流共生会議」設置にあたっては、経済財政諮問会議、男女共同参画会議、金融庁等の設立の経緯等が参考となる。

おわりに

1　日本は既に移民社会

日本は既に移民社会であるということ。日本で毎年（以下の数字はすべて2005年当時の数字である。現時点での統計数字と比較すると現在、外国人「管理」が厳しくなっていることがわかる）、不法滞在の外国人が人道的な理由等によって数千人から1万2、3千人、在留特別許可として合法化され、4、5万人が永住許可され、1万数千人が帰化し日本人となっている。また、日本人と外国人の国際結婚は毎年、3万数千組で、この人びとの間から子どもが生まれる。父母両系主義で子どもたちは日本国籍となる。日本に長く滞在している外国人の多くは、いずれ永住者となることを願っている。これらの人びとは、既に日本で生活している在日韓国・朝鮮人、台湾人の特別永住者、永住者、定住者等、日本に帰化した人びとなどとともに日本社会の構成員である。移民と呼ぶことができる。日本は既に十分、移民社会となっている。統計的にも、また社会科学的事実として移民国である。

今や移民社会日本はこの現実を自覚し、正面からとらえ、既に述べたように人口減社会における外国人の役割について真摯に、かつ、長期的展望の下に議論をしなければならない。第一次小泉内閣の当時、首相は日本の国柄について国会答弁で「世界から信頼される、日本に投資してみたいな、日本に行ってみたいな、あるいは日本で仕事をしてみたいなという国にする」と答えた。〈日本に永住したい、日本人になりたい〉が欠落している。ここを本格的に考えないと日本は魅力のある国とはならない。

何かをおそれるかのように移民を避けている。核心は政府レベルでの議論がないということである。来る者を温かく迎え、懐が深く、住みつく者には安らぎを与え、寛容であるような社会を構想することだと思う。

2　日本の中のアジア

新型コロナ感染症の流行直前、2019年の国籍・地域別訪日外国人旅行者数は、次のとおりで、過去最多の数となった（日本政府観光局（JNTO）訪日外客数による）。

総数3188万2049人で、1位中国　959万4394人　30.1％、2位韓国　558万4597人　17.5％、3位台湾　489万602人　15.3%、4位香港　229万792人　7.2%、5位米国　172万3861人　5.4%、6位タイ　131万8977人　4.1%、7位オーストラリア　62万1771人　2.0％、8位フィリピン　61万3114人　1.9％、9位マレーシア　50万1592人　1.6％、10位ベトナム　49万5051人　1.6%である。1位から10位までのアジア各国からの訪日外国人旅行者数は、2528万9119人で79.3%である。他に多くのアジアからの来日客がいるので80%以上の人たちがアジアからの訪日客となる。

また、国籍・地域別在留外国人数（2019年末現在、出入国在留管理庁在留外国人統計）は次のとおりである。

総数293万3137人で、1位中国　81万3675人　27.7％、2位韓国・朝鮮　47万4460人　16.2%、3位ベトナム　41万1968人　14.0%、4位フィリピン　28万2798人　9.6%、5位ブラジル　21万1677人　7.2%、その他76万6655万人　26.1%である。そのうち台湾は6万4773人で2.2%となっている。アジア人の総数は246万1731人で全総数の83.9%を占めている。

来日し、滞在し、生活している外国人は、フローもストックも80%以上がアジアの人びとである。

以上は、正規のアジアの人びとについてであるが、不正規の外国人、つまり、オーバーステイ、退去強制者、上陸拒否者のほとんどもアジアから来た人びとである。

このように、我が国に入って来る外国人は、短期滞在の外国人であれ、中長期滞在の外国人であれ、適法であれ、違法であれ、そして定住者、永住者等、そのほとんどがアジアからの人びとである。在日韓国・朝鮮人、台湾人は特別永住者という法的地位が与えられているが、この人びともアジア人である。また、帰化し日本国籍を取得したアジアの人びとも多くいる。

日本における外国人問題、その受け入れについての課題は、その多くが日本の中のアジア、アジア人の問題であり、課題であるということができる。政府は、現状では友好・交流促進、更には労働力や外国人材の獲得という観点にとどまっている。今後は、アジアの国々や人びとの間で、経済的視点に加え、あらゆるレベルにおいて紐帯を強化し、相互に高め合うということが、戦略的にも文化的に重要となってくるであろう。日本がアジアの中でリーダーシップをとり、それに相応しい地位を得るためには「日本の中のアジア」をも内政・外政両面から重視し大切にすることである。これは従来の出入国、在留管理、移民などを越える領域である。

留意すべきことは、戦争や軍事に強く結びついた過去の「アジア主義」に傾斜しないことである。反植民地ともいえる。「内なるアジア」は、この地、日本である。このようにして、多にして一なるアジア、日本は交流、共生のプラットフォームとなる。

以上、私はかつて、ほぼ20年前に報告した内容に若干の修正を加えたが、多くはそのまま繰り返している。

人新世の世、3年間猖獗を極めたコロナ、そして今、ロシア・ウクライナ戦争の中、相変わらず虚仮(こけ)の一念だろうか。

入管設立時、外務省外局の出入国管理庁の初代長官に就任し、法務省移管後も引き続き入国管理局長を務めた鈴木一は、大村入国者収容所の前身に当たる針尾の収容所を視察し、その光景の悲惨さに「これで人間を取扱う施設といえるのであろうか」と嘆じた。彼は次のように語っている。「第一に私の始めたことは、外国人を取扱う役所として部下一同に対して『韓国人は外国人である。そこに白人と東洋人との差別があってはならない。権力を持って虐げるようなことは絶対に許さない。入管の職員は第一線の外交官であるべきである』と訓示することであった」。当時、入管の業務は、朝鮮半島からの密航対策で、密航者を捕まえ、取り調べ、収容し、送還することであった。また、「日本が敗戦国の汚名を返上して国際社会に復帰出来る条件の一つは人道主義に徹することである」とも述べている[*1]。

＊1 鈴木一（1968）『韓国のこころ』洋々社。

第3部
入管の歴史

第10章

冷戦と戦後入管体制の形成

テッサ・モーリス＝スズキ（伊藤茂訳）

1　冷戦世界における出入国管理

1951年1月、丸々と太り、頭のはげかかった米国の高官が、重要な任務を帯びて東京に到着した。彼の名はニコラス・D・コレア。ついに3か月前に、戦後日本の出入国管理の枠組みを作る任務を与えられたばかりだった[＊1]。それは非常に困難な仕事であったに違いない。それというのもコレアは、日本の政治・社会・文化についての特別な専門知識を持ち合わせていなかったからである。しかし彼は、米国の移民帰化局（ＩＮＳ）でのめざましい経歴を終えたばかりで、そうした立場で（これから見るように）日系人を取り扱った経験があることも確かであった。もちろんコレアは、独力で戦後日本の出入国管理制度の作成という重責を担ったわけではない。彼が作成した出入国管理法の草案と、彼が提案した出入国者の拘留や退去強制に関する手続は、日本とＳＣＡＰ（連合国最高司令官）の両当局者との折衝の上、導入されたものである[＊2]。だが、彼の影響力は大きかった。ニック・コレア（同僚の間ではこの名で通っていた）は、強力な政治的見解と同時に、アジア地域における日本の立場について一種独特の考え方を抱い

＊1　Informal Memorandum from Nick D Collaer for Lt Col R. T. Benson,"Progress of Efforts to have Japan Implement SCAPIN No.2065 of February 1950 through Adoption of 'Effective' Controls on Immigration in Agreement with Generally Accepted International Practice", in GHQ/SCAP archives, box no.1447, folder no7,"Alien Control in Japan 1951", held in National Diet Library, Tokyo, microfiche no. LS-26003を参照。コレアのやり方が気に入らなかった、ＦＢＩのチーフ、エドガー・フーヴァーは、コレアのことを、肥満体で、頭がはげかかっていて、服装がだらしないとこきおろしたことがあった。John Joel Currey,"A Troublesome Presence: World War II Internment of German Sailors in New Mexico", Prologue, vil. 28 no.4, Winter 1996, p.284を参照。

＊2　コレアの入管法の草案作りにもっとも密接に関わったＳＣＡＰの高官が、民政局のニコラス・コットレルと法務局のＳ・Ａ・リースであった。N. D. Collaer, untitled report appended to Informal Memorandum from Nick D. Collaer for Lt Col R. T. Benson, 12 June 1951, op. cit., p.8を参照。

て東京に乗り込んできており、それらのすべてが、やがて生み出される出入国管理制度（以下、入管制度）に反映されることになった。

日本の入管制度の見直しは、連合国の占領政策の中でもっとも遅れて実施され、もっとも議論される機会が少なかったもののひとつである。その他の占領政策（もっとも有名なものが戦後憲法、さらに農地改革や教育改革など）はこれまで、激しい議論や綿密な研究の対象となってきた。これらの戦後改革は、それを批判する側から、占領当局から日本に押しつけられたものとされる場合が多く、その結果、本当の意味で「自主的なもの」に変更すべきであるなどと論じられてきた。だが、不思議なことに、そうした批判が、日本の戦後の入管・国境管理制度に向けられることは稀であった。本稿において私は、戦後日本の入管法の起源について検証し、その起源が今日の日本の入管・国境管理政策にどのような影響を及ぼしているかを考察する。また、この法律の形成過程が、米国の当局者ならびにアメリカ・モデルの多大な影響を受けたにもかかわらず、日本の政府当局者からも歓迎された点についても、私は論じる。言い換えると、それは相当程度、ジョン・ダワーが戦後民主主義の「スキャッパニーズ」モデル〔訳注：総司令部（ＧＨＱ）と日本人の合作によるモデル〕と名づけたものの一部であった[*3]。この法律が構想された特殊なイデオロギー風土や、この法律の草案が書かれたプロセスは、日本の入管政策の将来をめぐる 21 世紀の議論という文脈の中で慎重な検討が必要な、重大な結果をもたらすものだった。

新たな入管・国境管理制度の創設は目につきにくい改革であり、教育改革や農地改革、労働組合制度改革、憲法改正に比べて、一般の人々に対する広報活動もなく、ひっそりと実行された。1951 年に公布された出入国管理令は（1952 年に日本が独立を回復した際、「出入国管理法」に変更された）、戦前の政策の特徴を一部残しているため、従来の出入国管理のアプローチをそのまま継承したとみなされる場合が多い。しかし、こうした見方は、戦後新たに加えられた重要な要素を見落としており、ＳＣＡＰと日本の当局者が、急速な国際緊張の高まりという時代背景の中で、どれほど慎重にこの草案を作成したかを不明確にしてしまう。

というのも、ニック・コレアが東京に到着するまでに、東アジアと世界は、冷戦の新たな敵対感情に引き裂かれていたからである。中華人民共和国の成立と朝鮮戦争の勃発を受けて、冷戦の緊張が極度に高まっていた。植民地支配を進める「西洋」と、植民地化された「東洋」の間のかつての帝国的な境界線に代わって、（米国が主導する）「西側」と（ソ連が主導する）「東側」の間の新たな政治的境界線が優位になりつつあった。

植民地帝国の崩壊と冷戦の勃発に伴って、グローバルな国境管理と入管体制に根本的な変化が起こっていた。植民地独立運動は、帝国の人種的前提に疑問を投げかけ、ホロコーストは、人種主義の論理がもたらす最終的な帰結の恐ろしさをまざまざと示した。新たな戦後秩序において、あからさまな人種差別に基づく入管政策は、急速に信用を失墜しつつあった。各国民国家が自らの経済を再建しようとする中で、国籍、教育、技能、言語能力などに基づく、新しい、もっと複雑な選好のためのヒエラルキーが、国境をまたぐ人の流れの管理に用いられようとしていた。それと同時に、冷戦は「西側」諸国の入管政策に相矛盾する影響をもたらすことになった。すなわち、共産主義国から「自由世界」に逃れる人々を歓迎するために難民プログラムが創設される一方で、「破壊的」と思われる入国者に対する保安上の懸念が、政策立案者や官僚の想像力に、以前にも増して重くのしかかるようになったのである。

1950年代初頭の時点で、出入国管理に対する新たなアプローチの必要性について広範な合意がみられたが、この新たなアプローチをどの方向に導くべきかについては、熱烈な議論が沸き起こった。脱植民地化が進む世界において入管政策を確立するためには、従来の帝国的な人種観念を、どの程度温存させたらよいのか？　難民の保護と、「破壊活動分子」から国家の安全を守れという圧力との間で、どうバランスをとったらよいのか？　これらの議論が熱烈に戦わされたひとつの場が、米国議会であった。入管政策をめぐるこうした米国議会での議論をもっと綿密に検証することが重要である。それというのも、それらの議論は、戦後日本の入管・国境管理政策に決定的な影響を及ぼすことになるからである。日米の出来事を併行して比較検討することで、日本国内の政治動向と、もっと広範な冷戦の諸力がからみあいながら、いかにして戦後日本の入管政策が形成されたかを検証することが可能となる。それと同時に、戦前の帝国的な姿勢の遺産と戦後のイデオロギーがどのように融合しながら、日本とそれを取り巻く東アジア地域との関係に、重大な影響を及ぼしたのかが明らかになる。

1950年の初め、米国上院は、国家の移民政策に関する大規模な調査を開始した。この調査の報告書が1952年に制定されるひとつの法律の基礎となり、その法律がその後10年以上にわたって米国の移民政策を規定することになった。この新しい移

＊3　John Dower, *Embracing Defeat: Japan in the Wake of World War II*, New York, W. W. Norton, 1999, pp.558, 560. ジョン・ダワー著『敗北を抱きしめて（下）』三浦陽一、高杉忠明、田代泰子訳、岩波書店、2001年、418頁。

民帰化法をめぐる議論は、朝鮮戦争と、米国における反共産主義感情の波という環境の中で交わされた（こうした反共産主義感情は、1947年の下院非米活動委員会によるハリウッドの名士に対する調査、1950年のアルジャー・ヒス事件をめぐる議論などの形で噴出した）。1950年の9月には、米国の国内安全保障法（その主な提唱者である民主党のパット・マッカラン上院議員にちなんで、マッカラン法の名でも知られる）が通過した。何よりもこの法律は、「国家の安全に害を及ぼす可能性があると信じる理由のある」外国人の入国を禁止していた。＊4

こうしたコンテクストの中で、移民に関する米国のメインストリームの政治的見解は、急速に二つの立場に分極化していった。第一の立場は、ハリー・トルーマン大統領その他の人々のように、米国の移民政策の広範な自由化を求めるものだった。そのためには、多くの「アジア系」移民の入国を阻み、その他の人々の入国も厳しく規制してきた人種主義に基づく法律を撤廃して、移民数を大幅に増やす計画を作成すべきであり、人権に対する配慮と、国家の保安上の懸念に対する配慮のバランスをとることを考慮すべきであった。こうした見解に反対する、もっと保守的な第二の立場は、あからさまな人種的排除を放棄する必要性は認めるものの、その他の分野の改革については、はるかに慎重だった。保守派は、米国の人口のエスニック「バランス」を維持するためには、（特定の国籍を持つ人々の割合を、すでに米国に在住する人々の割合によって決めるレベルに制限する）割り当て制度が必要であると主張した。わけても、共産主義者やその他の「破壊活動分子」の米国への入国を防ぐため、厳しい入国管理を実施すべきと考えた。

後者の見解のもっとも雄弁な提唱者が、下院非米活動委員会の委員長であったフランシス・E・ウォルター議員で、共産主義者の破壊活動と移民は密接に結びついていると考えていた。移民に対するこれらの二つの見方が対立する中では、保守派の側が明らかに勝者であった。上院の1950年の移民に関する質疑はパット・マッカラン上院議員が議長となり、（マッカランの治安に対する懸念を反映して）900頁余りの、三部から成る報告書のうちの一部全体が「破壊活動分子」をめぐる話題に費やされていた。＊5 1952年の移民帰化法（一般にはマッカラン・ウォルター法の名で知られる）は、上院および下院に提出された非常に似通った二つの法案（最初が国内安全保障法の作成者マッカラン上院議員によるもので、二番目が、下院非米活動委員会の委員長ウォルター議員によるもの）の合成物であった。この法律は割り当て制度を維持しており、あからさまな人種的排除こそ放棄したものの、もっと巧妙な差別的要素は残していた。この法律はまた、「破壊的な」外国人を排除し追放するための、1950年のマッカラン法の厳格な措置を再確認し、強化するものであった。

トルーマン大統領は、マッカラン・ウォルター法に拒否権を行使したが、この拒否権は議会によって覆された。大統領は、自ら移民帰化委員会を設置し、フィリップ・パールマン法務長官がその委員長を務めた。この委員会の報告書(1953年に出版された)は、マッカラン・ウォルター法の評価という点で、極めて明快であった。その結論によると、この法律は、

「国民に対する配慮に欠け、有害な政策や原則を具体化したものである。
外国人に対する敵対的な姿勢と不信感に基づいている。
国籍、人種、思想信条、肌の色を根拠に、人間を差別しようとしている。
アメリカ合州国の国内問題や外交政策のニーズを無視している。
個々人に対する不必要で不合理な規制や罰則が盛り込まれている。
草案として不出来で、困惑させるような内容であり、一部については実行不能である。
最初から最後まで再検討の対象とし、修正すべきである[*6]」

こうした辛辣な評価にもかかわらず、マッカラン・ウォルター法は、小規模な修正を加えた上で、1965年まで存続した。(ニック・コレアが日本にいた数か月の間、議会で議論されていた) この法律の各側面もまた、戦後日本の入管政策に重要な要素を提供することになった。

2　日本と退去強制問題

米国議会が将来の移民政策について議論を戦わせている間、日本の国会とメディアは、日本からの朝鮮人の退去強制をめぐる議論に明け暮れていた。占領の最初の年以降、日本の一部の新聞や政治家は在日朝鮮人社会に敵対的な態度を示し、日本人住民が敗北を嘆いているかたわらで、かつての植民地の臣民が公然と解放を祝っている事実に対する一般の人々の怒りを煽りたてた[*7]。

1940年代の末までに、共産主義に対する不安の高まりが、これらの帝国以後の偏見と密接にからまるようになった。在日朝鮮人の民族教育の権利に対する要求は、1948年の「神戸事件」で頂点に達し、その中で占領当局により非常事態宣言が発令

---

*4　Marion T. Bennett, *American Immigration Policies: A History*, Washington DC, Public Affairs Press, 1963, p.81に引用されている。

*5　Ibid., p.100.

*6　Ibid., p.155に引用されている。

*7　例えば、Richard Hanks Mitchel, The Korean Minority in Japan 1910-1963, unpublished PhD thesis, University of Wisconsin, 1963, p.173を参照。

され、大勢の抗議者が逮捕された。済州島での「四・三事件」とほぼ時を同じくして起こった「神戸事件」をＳＣＡＰは、民族教育をめぐる特異な闘争というよりも、東アジア全体に広がる保安上の危機の一部ととらえた[*8]。日本の政治家の中にも、こうしたうがった見方を共有するものがおり[*9]、このような感情が一部の政治家や実業界の重鎮からの「破壊的な朝鮮人」の大量退去強制要求の根拠となった。占領文書の中には、例えば、（大阪の主な製造企業のひとつ）武田薬品工業の社長や阪神電鉄の社長による、大量退去強制を支持する一般向け発言からの引用が収められている。ＳＣＡＰのために用意された、そのぎこちない翻訳文は、発言者の感情をそのまま写し取っている。阪神電鉄の社長は、（扇動的かどうかを問わず）「日本にいるすべての朝鮮人の退去強制」への熱意をあらわにし、左翼的な朝鮮人の韓国への送還が収監や拷問、処刑という結果を招くかもしれないという、非常に現実性の高い見通しを懸念している様子はみられない。「追放された者が祖国でどう扱われるかについて、我々は予想できない。だが、我々がそうした義務に縛られる必要はない。ただちにこれらの不穏分子を一掃し、公共の安寧に対する不安を感じないで済ませられるよう、国家体制を安定させなければならない[*10]」。

1950年12月、日本の各新聞は、日本と韓国両政府が「共産主義者その他の好ましからざる朝鮮人の祖国への」大量送還で合意に達したという記事を掲載した。しかし、メディアは、「この措置の実行に必要な法的専門的要件」が依然として見落とされており、追放措置の対象となる「共産主義者やその他の好ましくない朝鮮人」の正確な数がまだ把握されていないと指摘した[*11]。送還をできるだけすみやかに実施するようにとの吉田茂首相の再三の催促にもかかわらず、「法的専門的要件」は、日本政府が予想したより複雑であることが判明した[*12]。

送還計画に関する記事は、在日朝鮮人による大規模なデモによって迎えられ、差し迫った送還に対する不安を背景に、1951年を通じて抗議の声が繰り返し起こり、日本の新たな入管法の形成をめぐる公式の議論とは好対照をなした。実際、この問題は、（日本の警察も述べているように）ほとんどすべての党派の在日朝鮮人から一致した反発を招く、数少ない事柄のひとつであることが判明した[*13]。ある抗議者は、大量退去強制案を、「ヒトラーにより実施されたユダヤ人の追放」にたとえ[*14]、一方、主として女性や子どもから構成されたあるグループは、入管当局に対して、内戦の苦しみのさなかにある国への強制送還は死刑宣告も同然であると抗議した[*15]。

ＳＣＡＰもまた、退去強制計画に対して懸念を表明した。ＳＣＡＰは、日本政府が限定された数の「破壊的」で「治安を乱す分子」を退去させることができる法律の導入を支持したにもかかわらず、その高官の中には、大量退去強制が持つ人権侵害の可能性を懸念する者がいたのである。日本に生まれ、日本で生涯を過ごしてきた旧植民地の臣民の送還は、国際法に違反する疑いがあるとＳＣＡＰは警告し、「日本から送還される朝鮮人が朝鮮で処刑されるのを知りながら」退去強制に踏み切ることにも懸念を表明した。ＧＨＱ／ＳＣＡＰ（連合国最高司令官総司令部）は、人権という原則への明

---

*8 崔徳孝「戦時動員と在日朝鮮人——志願兵募集運動を取り巻く『経験』に焦点を当てて」、ワークショップ「朝鮮戦争の経験」（2003年９月、東京外国語大学）の際に提出された論文、５頁、在日朝鮮人に対する占領当局の姿勢や政策についてのさらに詳しい情報については、金太基『戦後日本政治と在日朝鮮人問題——ＳＣＡＰの対在日朝鮮人政策一九四五—一九五二』勁草書房、1997年を参照。

*9 N. D. Collaer, untitled report appended to Informal Memorandum from Nick D. Collaer for Lt Col R. T. Benson, 12 June 1951, op. cit., p.6.

*10 Special Investigation, Attorney General's Office,"Reactions of Koreans Residing in Japan and Other Circles to the Compulsory Deportation of Koreans", from Mitsusada Yoshikawa, Special Investigation Bureau, Attorney General's Office to Lt. Col. Jack P. Napier, Government Sections, GHQ, 15 January 1951, p.3, in GHQ/SCAP archives, box no.2189,"Immigration, Feb. 1950-Mar. 1952", held in National Diet Library, Tokyo, microfiche no. GS(B)-01603に引用されている。

*11 時事通信「朝鮮人共産主義者に退去命令が下るかもしれない」1950年12月24日、夕方の短信、English Translation held in GHQ/SCAP archives, box no.2189,"Immigration, Feb. 1950-Mar. 1952", held in National Diet Library, Tokyo, microfiche no. GS(B)-01603.

*12 例えば、日本の法務府のある高官は、吉田が退去強制措置の進展について質問を受けており、「首相は退去強制を急いで実行したいと切望していた」と述べたとされている。Memorandum for Colonel Napier,"Deportation of Korean [sic] Issue", 9 March 1951, held in GHQ/SCAP archives, box no.2189,"Immigration, Feb. 1950-Mar. 1952", held in National Diet Library, Tokyo, microfiche no. GS(B)-01602.

*13 日本の警視庁のある高官は、「左右の区別なく、ほとんどすべての朝鮮人が怒り狂って反対運動を起こし、『強制送還』に対して共闘しようとしている」と述べている。Memo from Chief, Liaison Section, MPD,"Re Movement of the Koreans Centering around Enforcement of the Emigration Control Ordinance", 30 October 1951, held in GHQ/SCAP archives, box no.353, folder no.8,"Immigration, April 1951-Oct. 1951"; reproduced on Korean National Library database.

*14 Memo from Matsumoto Hideyuki, Liaison Chief, MPD,"Protest against the Attorney General around the Compulsory Deportation of the Koreans", 23 October 1951, held in GHQ/SCAP archive, box no.353, folder no.6,"Deportation, October 1951", reproduced on Korean National Library database.

*15 Memo from Chief, Liaison Section, MPD,"A Petition Movement of the Koreans to the Emigration Board [sic]", 22 October 1951, held in GHQ/SCAP archives, box no.353, folder no.8, "Immigration, April 1951-Oct. 1951"; reproduced on Korean Library database.

白な言及は避けながら、「破壊的な」在日朝鮮人を韓国に送還して処刑されるよりも、「法律に従って日本で死刑宣告を与えるべきである」という見解も表明した。[*16] 退去強制問題に関してＳＣＡＰが念頭に置いたと思われるものには、もうひとつの出来事もあった。1951年初頭までに、多数の米軍兵士が朝鮮戦争で捕虜になり、北朝鮮の捕虜収容所に収容されていた。日本とＳＣＡＰ当局者との議論では、「日本の左翼朝鮮人に対して何らかの処置がなされると、将来アメリカの捕虜の処遇に重大な影響が及ぶ可能性がある」ことが指摘された。[*17]

ＳＣＡＰが米国移民帰化局にいたニック・コレアに、退去強制の手続、戦後日本の出入国管理の広範な枠組みについての専門的なアドバイスを求めたのは、こうした複雑な事態のさなかであった。とりわけ、コレアの任務は、日本政府が「一般に認められている国際慣行に合致する」「効果的な」入管体制の創設を支援することであった。[*18]

3　クリスタルシティから東京へ

ニック・コレアがこの任務にのぞんだ手腕と姿勢は、彼が米国移民帰化局（ＩＮＳ）に勤務していた時代に培われたものであった。太平洋戦争の勃発前、彼はテキサス州エルパソ――米墨国境の入国管理の重要拠点――のＩＮＳの一将校であった。彼は精力的かつ熱意あふれる官吏であったようで、またたく間に昇進を果たし、ＩＮＳ初の戦時敵性外国人収容所の設置という任務を託された。その後まもなく、彼は拘留部門全体に携わり、米国中のすべてのＩＮＳ収容所の監督責任を担うことになった（1943年の半ばまで、アイダホ州からテキサス州にわたって、九つの収容所が存在した[*19]）。コレアが日系市民と密接な接触を行なうようになったのは、この任務を通してであった――そして、太平洋戦争のさらに奇妙なエピソードのひとつに中心的な役割を果たすことになった。

ＩＮＳは、米国に住む日系アメリカ人の戦時収容、すなわち特別に設置された戦時転住局（ＷＲＡ）によって実行された任務には直接関わらなかったが、ラテンアメリカ諸国出身の「破壊的な外国人」（とりわけ日本人の）を拘留のために米国に移送する、1942年に開発された計画に携わった。

日本による真珠湾攻撃の後、米国の当局者は次第に、枢軸諸国のための「サボタージュ」労働が、メキシコと米国の国境をまたいで「密輸」される可能性に不安を抱くようになった。米国は、ラテンアメリカ諸国に対して、枢軸国の国民を拘留するよう圧力をかけ、ペルーその他のラテンアメリカ政府との間で、それらの被拘留者の米国への「輸出」について協定を結んだ。その結果、ラテンアメリカから船で米国に移送される敵性被拘留者は「不法入国者」と規定されて米国の仮収容所に拘留され、敵国にとらわれた米国市民と交換されることになった。

こうして、ペルーの日系人（その一部はペルー市民）は、「憎しみのトライアングルの人質」[*20]となったのである。破壊活動に対する不安がただちに、米国とペルー政府の間の力関係や、ペルーのアジア系移民に対する人種的感情とからまるようになった。戦時転住と拘留に関する米国の公式調査によると、「危険性が高い枢軸国の大使館員や領事館員を拘留することを目的とした、管理され、厳密に監視された追放プログラムが、やがて教師、小企業のビジネスマン、洋服の仕立て屋、理容師などの敵性外国人（その大半が日系人）も含むようになった。米国に追放されたラテンアメリカの被拘留者の三分の二以上、2300人が日本国民とその家族であり、80パーセント以上がペルー出身者であった[*21]」。

米国に「輸入された」これらの被拘留者は、ニック・コレアが監督していた収容所、ＩＮＳ収容所の中でも最大のテキサス州クリスタルシティ収容所の収容者のうちで、相当な割合を占めた。コレアは、クリスタルシティのような他国籍収容所の監督者としての立場で、日系人と接触する多くの機会を得ることになり、そこには、収容所の係官による検閲後、精査のためにＩＮＳその他の政府機関に送付される収容者の大量の郵便物の抜粋を読む機会も含まれていた[*22]。ＩＮＳが収容所で検閲する郵便物の翻訳

---

*16 Untitled memo outlining GHQ/SCAP's views on deportation, initialed"MU", held in GHQ/SCAP archives, box no.2189,"Immigration, Feb. 1950-Mar. 1952", held in National Diet Library, Tokyo, microfiche no. GS(B)-01603.

*17 Memorandum for Colonel Napier,"Deportation of Korean [sic] Issue", 9 March 1951, held in GHQ/SCAP archives, box no.2189,"Immigration, Feb. 1950-Mar. 1952", held in National Diet Library, Tokyo, microfiche no. GS(B)-01602.

*18 Informal Memorandum from Nick D. Collaer for Col R. T. Benson, 12 June 1951, op. cit.

*19 Ibid., p.290.

*20 C. Harvey Gardiner, *Pawns in a Triangle of Hate: The Peruvian-Japanese and the United States*, Seattle, University of Washington Press, 1981.

*21 Commission on Wartime Relocation and Internment of Civilians, *Personal Justice Denied: Report of the Commission on Wartime Relocation and Internment of Civilians*, Washington DC and Seattle, Civil Liberties Public Education Fund/University of Washington Press, 1997, p.305.

*22 Louis Fiset,"Return to Sender": US Censorship of Enemy Alien Mail in World War II: Prologue, vol.33, no.1, Spring, 特に脚注26を参照。

者として、在米朝鮮人を広範に起用して以降[*23]、彼は、複雑な歴史を持つ日朝関係にも気づいていたに違いない。もっとも重要なことは、米国国境を越える敵性外国人の潜入を防ぐための他国間の努力に対するコレアの関与が、まぎれもなく、戦後日本の入管問題に対する彼の考え方（それは、全体に「華々しい」1950年代初頭の冷戦下のレトリックを基準にしても、表現の面で突出していた）を形づくった点である。

4　もうひとつの侵略――ニコラス・コレアと日本の入管政策

1951年1月に東京に到着した後、コレアは、日本やＳＣＡＰの当局者と何度も折衝を重ねるかたわら、日本国内を広く旅し、なかでも鹿児島を訪れたり、大村収容所を訪問したりした[*24]。こうした過程で彼は、急速に自分が直面している任務の複雑さを意識するようになり、自分の使命を果たすためには、さらに２か月欲しいと要望し、承認されている[*25]。日本滞在の最後の日々、彼は、1951年5月に第八軍のマシュー・リッジウェイ将軍によって新たに設立された極秘機関「極東における対共産主義対抗措置委員会」（共産主義者の監視と心理戦の戦略開発を含めた、米国の目標の範囲を定めるための機関）と、とりわけ密接に協力し合うようになった[*26]。

出入国管理、なかでも退去強制の問題については、日本の当局者の内部のみならず、ＳＣＡＰ内からも異論が起こっていた。1950年10月には、例えば、ＳＣＡＰ法務局のリチャード・アップルトンが詳細な覚書を書き始めており、新たに創設された日本の出入国管理庁に託される「過剰」で「恣意的」な退去強制権限を懸念する記録を残している。とくに彼は、入管当局者が、司法の監督もなく、不法入国者と思われる人物を拘留できる権限を与えられた点を強調し、裁判所が個人の自由へのそうした制限をチェックできるとする憲法の要求事項に違反しているとした。アップルトンはまた、入管政策が（司法〔編者注：「議論」とあるので、「司法」ではなく、「国会」と理解される〕による議論ではなく、行政による）「政令」の活用によって生み出されようとしている点を懸念しており、議会によって適正に審査される入管法の導入を主張していた[*27]。

しかし、ニック・コレアのこの問題に対するアプローチは、それとはまったく異なるものだった。彼は、望ましくない外国人の退去強制の際に「法の適正手続」の体裁を維持する必要性は認めたものの、憲法との整合性に対する行き過ぎた配慮が、排除や強制退去命令の執行を困難なものにする可能性の方に、大きな不安を感じていた。入国者をふるい分けしたり、「望ましくない人物」を退去強制する迅速で実効性のある方法への彼の情熱は、入管の性格に関する彼の考え方と、冷戦世界のアジア地域における日本の立場についての認識を反映したものであった。

コレアが1951年6月までの5か月間に携わったこの任務に関する報告書は、出入国管理が「民主国家を、その政府を転覆しようとする人々から守る」という決定的な重要性を持っており、それというのも「潜入による侵略と軍隊の力による侵略の間に実際的な区分線を引くことは、もはやできない」から、という指摘で始まっている[*28]。少なくとも(特定されていない)最近のあるケースでは、「ある国へ外国人の潜入が、その侵略に大きく貢献した」ことを、コレアはそれとなく指摘した。さらに日本は、「東洋における民主主義の強固な前哨基地」としての「高度な戦略的な位置づけ」のため、そうした外国人の侵略の主な標的となっていると、コレアは結論づけていた。

こうした「巨大な国際的陰謀」の地下活動の中心としてコレアがまず念頭に置いたのが、在日朝鮮人であった。彼は(裏づけとなる証拠を示すことなく)、「1951年の3月時点で登録されている46万7580人の北朝鮮人と8万2913人の韓国人のうちのかなりの割合と、日本の当局者により非登録とされる20万を上回る外国人が、共産主義の扇動者もしくは破壊活動組織の一般構成員である[*29]」と主張した。しかし、彼が即座に強調したように、この問題は、朝鮮人だけにとどまらなかった。コレアと入管法の草案作りで協力し合っていた、ＳＣＡＰの民政局のニコラス・コットレルとのやりとりの中で、コレアは、次のように述べている。

「あなたが朝鮮人破壊活動分子の危険性を強調されていることには、私も注目しています。しかし、ひとたび占領が終了すれば、多くの国々から高度な訓練を積んだ共

---

*23 Ibid, Hyung-Ju Ahn, Korean Interpreters at Japanese Alien Detention during World War II: An Oral Historical Analysis, unpublished Master's thesis, California State University at Fullerton, 1995も参照。

*24 Memorandum for the record from Nicholas Cottrell," Immigration", 4 April 1951, in GHQ/SCAP records, box. 2189,"Immigration, February 1950-March 1952", held in National Diet Library, Tokyo, microfiche no. GS(B)-01602.

*25 Informal Memorandum from Nick D. Collaer for Lt Col R. T. Benson, 12 June 1951, op. cit.

*26 Takemae Eiji, *Inside GHQ: The Allied Occupation of Japan and its Legacy* (trans. Robert Ricketts and Sebastian Swann), London, Continuum, 2002, pp.197, 493 and 498-99.

*27 Memo for the record from Richard B. Appleton,"Cabinet Order Establishing the Immigration Agency", 17 October 1950, in GHQ/SCAP records, box. 1447, folder 7,"Alien Control in Japan 1951", held in National Diet Library, Tokyo, microfiche no, LS-26003.

*28 N. D. Collaer, untitled report appended to Informal Memorandum from Nick D. Collaer for Lt Col R. T. Benson, 12 June 1951, op. cit, p.1.

*29 Ibid., p.5.

産主義扇動者が日本に入国してくることは、ほぼ確実です。機が熟して『大規模な行動』を開始する機会を待ち望んでいる者もいることは間違いありません。たしかに朝鮮人はもっとも多くの人員を提供していますが、他の国出身の、高度な訓練を積んだ有能な共産主義者こそ、もっとも危険です。『適正な法的手続』に基づくこうした外国人の退去強制は困難であり、取り調べ官や聴取検査官の高度に特化された権限が必要です。昨年末の神戸、大津、名古屋、大阪の共産主義者に感化された暴徒に対する調査の後、下院の司法委員会が、朝鮮人破壊活動分子追放のための適切な法律を勧告したことを、私は承知しています。私が指摘するポイントは、『革命運動』にその身を捧げるすべての人間に、そのような法律を適用すべきだということです[*30]」

潜入計画の参加者は、コレアが克明に描写した外国人だけにとどまらなかった。戦争終結時に拘束され、その後、中国、ソ連などの収容所に拘留されたままの日本人も、そこに含まれていた。コレアは「およそ35万人の日本市民が敵の手中にあり、それらの多くがまぎれもなく共産主義思想を吹き込まれ、その一部は日本に潜入している」と警告した。次に、「多くの不平不満を抱く戦争障害者、追放された者、戦争犯罪で有罪を宣告された者」がおり、それらの人々が「占領終了後に政治・経済・治安上の諸問題の深刻な脅威となり——とりわけ、外国の感化を受けた革命集団に吸収されるか、極右の集団に加わるかもしれなかった[*31]」。

日本の入管法に関するコレアの提案は、かくして在日朝鮮人、入国してくる破壊活動兵士、日本人帰還者、「不平不満を抱く、戦争による肢体不自由者」、その他の人々の国際的な陰謀という悪夢から国民を救うために考案されたのであった。こうした環境の中で、彼がそのすべての関心を、占領終結後の日本国家に外国人破壊活動分子の締め出し・捜査・退去強制に必要なすべての権限を与えることに注いだことは、驚くに当たらない。一方、朝鮮人や台湾人の日本への居住権や再入国権など、その他の未解決の問題は、ほとんどかすんでしまった。

5　戦後入管法の形成

コレアにとっての当初の計画は、「望ましくない外国人」の退去強制を目的とした政令の草案作りを支援することであった。事実、この政令のひとつの案は、1951年の2月に完成した。しかし、退去強制をめぐる論争がＳＣＡＰ部内、日本の官僚組織、一般社会の中で続いたため、この政令の施行を延期し、退去強制に関する問題を、もっと幅広い入管法全体の枠組みの中で取り扱うべきであるとの最終的な判断が下された[*32]。民政局のニコラス・コットレルや、法務局のＳ・Ａ・リースと密接に協力し合っていたコレアは、新たな入管法が導入されるまで使用される当座の退去強制処分の輪郭を描き出すと同時に、適切な法律の草案作成の指針として検討に付され、活用される、包括的な入管法も書き上げた[*33]。コレアによると、この「指針」は、米国上院の入国に関する委員会によって実施された作業を一部基にしたものであり、その退去強制条項の主な部分は、当時議会で議論されていたマッカラン法案からヒントを得たものであった[*34]。

コレアの入管法に関する提案は、ＳＣＡＰのファイルの中で、それが対象とする文書とは切り離されるようになってきているが、内部的な裏づけからは、くだんの「指針」が「入国規制のために提案された法律」と題された日付のない匿名の草案であることは明らかなようである[*35]。ここには現地の環境に対処するための複数の案が含まれているが、構造の点では、マッカラン・ウォルター法も含めた米国の法律と非常によく似ており、それよりはるかに短くて具体性に乏しかった戦前の日本の入管法令とは、組み立ての点でまったく異なっている。

この「提案された法律」は、法務府〔訳注：1952年８月に法務省に改組〕の管理下に入る入国管理局の設置のための各条項の輪郭を示した後、（マッカラン・ウォルター法の最終案と同じように）用語の詳細な定義、「承認から除外される外国人の分類」についての長大なリスト、さらに非移民の入国に関する規則を掲げていた。「除外される外国人」の範疇が、米国の法律と非常に似通った形で続き、文書の全体のセクションは、米国の法律から一語一句そっくり採用されていた。

もちろん、コレアの「指針」でこの物語は終わったわけではなかった。この指針は、

*30 Untitled memo from NDC [Nicholas D. Collaer] to Nicholas Cottrell, 15 March 1951, in GHQ/SCAP records, box 2189,"Immigration February 1950-March 1952", held in National Diet Library, Tokyo, microfiche no. GS(B)-01601 (emphasis in the original).

*31 N. D. Collaer, untitled report appended to Informal Memorandum from Nick D. Collaer for Lt Col R. T. Benson, 12 June 1951, op. cit., p.5.

*32 法務省入国管理局『出入国管理とその実態　三九年版』大蔵省印刷局、1964年、20頁。

*33 N. D. Collaer, untitled report appended to Informal Memorandum from Nick D. Collaer for Lt Col R. T. Benson, 12 june 1951, op. cit., p7.

*34 Ibid, p.8; Untitled memo from NDC to Nicholas Cottrell, 15 March 1951, op. cit.も参照。

*35 In GHQ/SCAP records, box 1510, folder no.32,"Proposed Law for the Regulation of Immigration", held in National Diet Library, Tokyo, microfiche no. LS-11808-11809.

日本の当局者とＳＣＡＰ双方が出入国管理令の最終版に微調整を加えようとした際に、双方の交渉の基礎となった。例えば、コレアの東京滞在の終盤に、日本の法務府の特別審査局では、外国人「破壊活動分子」をその追放前に尋問することに加えて、治安を脅かすと考えられる外国人を、たとえ追放の基準に合致しなくても、「長期間」拘留できるような項目を、出入国管理令の中に含めることをめぐっても、議論が交わされた。しかし、これはＳＣＡＰのニコラス・コットレルからみて行き過ぎであったため、（彼もまた「朝鮮人破壊活動分子の危険性」を懸念していたにもかかわらず）この提案は「明らかに違法であり、まったくひどい」と批判した。[*36]

コレアの「指針」の基本骨格は、その一部が彼の離日後に手直しされ、最終案は全体としてＳＣＡＰの草案より短くなったが、戦後日本の出入国管理法（修正されたものの、今日もなお効力がある法律）に多大の影響を与えることになった。1951年11月1日に発効し、占領終結後に出入国管理法に改められた出入国管理令は、国境をまたぐ動きに対する日本の管理面の根本的変化を具体化したものであった。第一に、それは出入国管理の徹底した集権化を反映していた。戦前の制度は、都道府県知事や現地の警察に入国者の管理の任務を託していたが、戦後のシステムはそれとは対照的に、その権限を、1951年11月に拡大・再編成／改称された入国管理庁（1950年に「出入国管理庁」の名で設立された後、1952年には「入国管理局」と改称され、外務省から法務省の管理下に移された）という一元化された機関に集約させた。[*37]こうした一元化は、コレアが主張した措置の一環であった。彼がアメリカ合州国における「長年の高価な実験」の成果を引用しながら強調したように、「最大限の成果を収めるためには、すべての入国管理活動を、完全にひとつの実行機関に統合しなければならない」。[*38]

第二に、退去強制をめぐる議論の発端とマッカラン法案の影響を反映して、日本の出入国管理令の相当な部分が、退去強制の問題に触れていた。戦時日本の入国管理と米国のマッカラン・ウォルター法の双方を正確に映し出す形で、国外追放すべき外国人の中には、軽犯罪以外の有罪判決を受けた人々、ハンセン病患者、「貧困、放浪、身体的障害の理由で国又は地方公共団体の負担となるおそれのある」人々を含めるよう規定されていた。[*39]

しかし、この戦後の日本の法律は、政治的な理由で追放される集団を列挙していた点で、米国のそれよりも長大なものになった。（「日本国憲法又はその下に成立した政府を暴力で破壊すること」を計画する集団の構成員や、公務員を殺害したり、傷害を負わせたりすることを勧める集団に属していたり、そうした集団と「密接な結びつきを持つ」人々を含めている）「破壊活動分子」の定義は、米国の反破壊活動法案に近いものであった。「潜入による侵略」に対するコレアの冷戦的な不安を反映して、彼は、「サボタージュ」あるいは公共の資産の破壊をとくに強調した、日本向けの退去強制規定を提案した。[*40] 日本の法律の最終案では、外国人の「サボタージュ」に対するこうした不安が、「工場事業場における安全保持の施設の正常な維持又は運行を停廃し、または妨げるような争議行為を勧奨する政党その他の団体」に属していたり、それと密接なつながりがある、もしくはそれを支持する印刷物を出版した外国人の追放を認める詳細な条項（今日も日本の法令集に掲載されている）の中に列記されていた。可能な抜け道を塞ぐために、「法務総裁〔編者注：法務省と1952年に改称される前は、法務府であった。法務総裁とは法務府の長をさす〕において日本国の利益又は公安を害する行為を行うおそれがあると認めるに足りる相当の理由がある」人物なら誰でも追放することができた。

この政令はさらに、入管当局によって拘留された人々が、それを通じて退去強制に対して異議申し出ができる一連の複雑な行政手続の輪郭を定めていた。コレアは、退去強制制度への司法の介入に強く反対し、裁判所が退去強制命令の発動に責任を持つべきだとする日本の当局者の提案を拒否した。この政令は、裁判所への退去強制に対する異議申し出は認めずに、入管当局に拘束された人々が、行政委員会、最終的には法務総裁に、日本に在留する権利を訴えられるようにしていた。裁判所は、他のすべての方法が使い果たされた最終段階でようやく介入することができ、その申し出に関わりのある当局者が適切な法手続に従っているかどうかだけを判断することになった。

手続をめぐる詳細な議論にもかかわらず、日本の出入国管理令のもっとも際立った特徴は、国家に残されたかなりの裁量権であった。これもまたコレアの考え方を反映していた。すなわち、彼の報告書は、「世界史のこの時代に、憲法の制約の下で効率的に施行することができて、なおかつ意図した目的を果たすこと、言い換えると、望ましい外国人を歓迎する一方で、望ましくない人々の入国や居住の続行を妨げる法律を作ることは、デモクラシーの下では、容易な作業ではない」と指摘していた。望

---

*36 Memorandum for Lt. Col. Jack P. Napier,"Draft Immigration Control Ordinance", 11 June 1951, in GHQ/SCAP Records, Box. 2189,"Immigration, February 1951-March 1952", held in National Diet Library, Tokyo, microfiche no. GS(B)-01613.

*37 法務省入国管理局、前掲書、24頁。

*38 N. D. Collaer, untitled report appended to Informal Memorandum from Nick D. Collaer for Lt Col R. T. Benson, 12 June 1951, op. cit., pp.2 and 3 (emphasis in the original).

*39「出入国管理令」前掲書、294–295頁。

*40 "Proposed Law for the Regulation of Immigration"op. cit., p.14.

ましくない者と望ましい者を確実に切り離す唯一の方法は、「行政官に、相当の裁量権を与える」ことであると、彼は指摘した。[*41] こうした目標をかなえるため、出入国管理令は、「退去強制が可能な」範疇に入る人々であっても、総裁が「在留特別許可を与える適切な環境」が整っていると判断した場合には、退去強制命令をくつがえせる権限も総裁に与えた。こうした自由裁量の「在留特別許可」が、戦後の一部の「不法入国者」を公認する暗黙の入り口となり、その後も維持された一方で、日本の当局者に個々人の運命を決定する強力な権限を与えることになったのである。

しかし、1951 年の出入国管理令は、ひとつの決定的な点で、戦後の米国の法律とは異なっていた。マッカラン・ウォルター法の正式名称は移民国籍法であり、（このことが示すように）この法律は国境を越える動きばかりでなく、国籍と帰化の問題も対象にしていた。しかし、日本の場合、入管政策は国籍政策とは切り離されており、そしてこのことが日本にいる外国人居住者の多数派に大きな影響を及ぼすことになった。

重要な問題は言うまでもなく、朝鮮および台湾の旧臣民の地位であった。日本在住の朝鮮人は、かつては帝国臣民として、国際法のもとで日本国籍を保有しており、戦後の在日朝鮮人・台湾人も、サンフランシスコ講和条約の発効まで、少なくとも理論上は日本国籍を保持していた――実際には、次第に外国人として扱われるようになっていたが。よく知られているように、1952 年の 4 月 19 日、すなわちサンフランシスコ講和条約の発効の直前に、日本政府は一方的な通達を出して、朝鮮人・台湾人旧臣民の日本国籍を無効にした。[*42] 占領当局と国務省は、占領終結の数ヵ月前の時点で、この措置の実施が差し迫っていることをよく知りながら、これを阻止する方策を講じなかった。

入国管理と国籍の複雑かつ同時並行的なポリティクスの帰結は、非常に皮肉なものであった。日本は、外国人が日本の永住権を取得する確固たる法的基盤を（初めて）提供した入管法を保有することになった。永住者になるためのプロセスは、見事なまでの明快さで詳しく説明されていた――外国人は適切な書類を整えて、自分が居住している国の日本大使館もしくは領事館に申請することになっていた。しかし、この法律は、日本に入国したときには「日本人」で、その後の行政命令によって外国人に変わった人々の居住権については、まったく触れていなかった。これらの人々はすでに日本に居住しているため、「自らが居住している国の日本大使館」で永住申請を行なうことができないのは明らかであった。そしてもしもこれらの人々が外国で申請するために日本を離れたら、二度とふたたび帰還できないことは確実であった。

戦後の入管法と国籍法が生み出されたプロセスをみると、この入管法が公式には日本にいる朝鮮人と台湾人をまったく対象にしていなかったことは明らかである。その代わり、日本政府は、講和条約が発効すると即座に、連合国による占領開始前に日本に入国していた朝鮮人と台湾人について「その者の在留資格及び在留期間が決定されるまでの間、引き続き在留資格を有することなく本邦に在留することができる」と規定した「法律126号」を公布した。[*43] 法手続上、この取り決めは、少なくとも日韓関係の正常化まで（そして、大韓民国の国籍を選ばなかった人々の場合においてはもっと長く）、日本国家に、在日朝鮮人社会に入管法の特別条項を適用するか否かをめぐる、大きな裁量権を付与することになった。

結論

戦後の日本の入管法は、その他の戦後改革と同様、相当程度、占領期と冷戦の政治的産物であった。この法律は、導入された後で何度か改訂されたが（そして今日では「出入国管理及び難民認定法」と名づけられているが）、その当初の性格をかなり残している。こう指摘することと、その改訂について議論したり、それに異論を唱えたりすることは別である。しかし、その起源についての概観が示すように、この法律は、1950年代という時代背景を考慮しても、イデオロギー性が強くて非現実的な、冷戦下の破壊活動に対する不安によって生み出されたものであった。それ以来、入国者に対する厳格な管理と、この法律に体現されている大幅な官僚の自由裁量権との組み合わせが、日本の出入国政策の特徴として残ることになった。今日この制度の遺産は、日本のサービス産業分野が「不法」入国者の労働力の活用に大きく依存しているという事実に明らかである一方、自由裁量的な「在留特別許可」が、国家がその存在を許容できる、もしくは望ましいと考える特定の人々の地位を正当と認めるために、繰り返し活用されている。この制度は、グローバルな移動の時代における日本の社会的・経済的ニーズに合致していないし、入国者の権利の適切な保護を約束するものでもない。戦後日

*41 N. D. Collaer, untitled report appended to Informal Memorandum from Nick D. Collaer for Lt Col R. T. Benson, 12 June 1951, op. cit., p1.

*42 金日化「在日朝鮮人の法的地位」、朴鐘鳴編『在日朝鮮人――歴史・現状・展望』明石書店、1995年、205頁。

*43 同右、206頁に引用されている。

本の出入国政策の根本的な見直しの機は、間違いなく熟している。

（初出、『季刊　前夜』第Ⅰ期３号、2005年４月、特定非営利活動法人前夜発行）

第11章

戦前から戦後へ―特高警察的体質の保持

駒井　洋

はじめに

本章では、戦争直後に成立した日本の出入国管理体制（以下「入管体制」と略）の特高警察的体質が、70年以上経過した現在でもそのまま保持されつづけていることに鑑みて、戦前から戦後にかけての入管体制の歴史的形成過程を検証することを目的とする。

本章は、第1節でそののちの入管体制の出発点となった1952年入管体制の確立を概観し、第2節で特高警察の歴史的出現の様態を明らかにし、第3節では外務省警察について、その特高警察的体質の獲得の経緯と、入管現場への潜入のしかたを解明する。

1　1952年入管体制の確立

大沼は戦後の外登法、入管法、国籍法が一体のものであるとし、日本が独立した年に形成されたのでそれを1952年体制と呼んでいる[*1]。

警察国家の象徴たる内務省はGHQの指令により1947年末に解体されたが、1947年の外国人登録令（以下、外登令）の発布こそ戦後の入管体制を創出しようとする内務省権力の最後の仕事であった。

1947年の外登令は、内務省警保局が主要担当機関であった。内務省は韓国・朝鮮人、台湾人をふくむ外国人一般の登録法としてこれを立案すれば、GHQの承認が得られるという期待をいだいた。しかしながら、内務省の目論見のとおり、実際にはまぎれもなく在日朝鮮人取り締まり法であった。

*1　大沼保昭（1986）『単一民族社会の神話を超えて――在日韓国・朝鮮人と出入国管理体制』東信堂、94頁。

内務省案は当初警察署長を登録の担当機関としていたが、GHQの反対により市町村長を担当機関とした。退去強制権については内務大臣に専属させ地方長官は退去命令権を有し、実際の取り締まりは現地の軍政部の指示のもとに地方長官が警察を使って実施し、不服のある者には裁判所への訴訟提起を認めるとした。外登令は国会での不成立をおそれて、法律ではなく旧憲法下最後のポツダム勅令として公布施行された。

つぎに出入国管理についてみると、戦後しばらくはGHQ自身がおこなってきたが、1949年11月1日以降は日本側での実施が指令された。内務省の解体後、入管業務は法務庁（後の法務府）を中心とする多元的な機構が担うこととなった。退去強制権の発動については、法務府は検察官が主導し警察が担当する刑事手続きを定めた。こうして戦前の警察国家的体質が入管の分野に残存することとなった。法務府はさらに外登令の改正を試み、罰則の強化、訴えによる執行停止の廃止、刑訴法の排除が決定された。

政府は1949年外務省管理局に入国管理部を設置した。この入国管理部第1課は、「不法入国の取り締まりおよび不法入国者の送還に関する関係行政機関ならびに連合国官憲との連絡調整」を扱うとされた。1950年に入国管理部は外務省の外局の出入国管理庁に拡充された。さらに1952年に出入国管理庁は法務省に移管され内局の入国管理局となった。[*2]

入管法については、1950年の朝鮮戦争の勃発とともに、統一的な入管機構の設置が日本政府とGHQの共通の課題となった。本書に所収のモーリス＝スズキ（第10章）による貴重な論考は、戦後入管体制の骨格がどのように創られたかを明らかにしている。アメリカの移民帰化局の収容所で南米からの敵性日本人の拘留に成果をあげた、ニコラス・D・コレアという人物が1951年に来日した。かれが作成した出入国管理法の草案と、かれが提案した出入国者の拘留や退去強制に関する手続きは、日本と連合国最高司令官との折衝のうえに日本に導入された。それは東側世界と西側世界のあいだの熱戦や冷戦という時代背景を色濃く反映するものだった。

コレアは、共産主義者やその他の破壊活動分子のアメリカへの入国を防ぐためのアメリカの移民帰化法をモデルとしていた。日本では、1940年代末までに、破壊的な朝鮮人の日本からの退去を求める声が高まっていた。コレアの提案は、在日朝鮮人をはじめとする外国人破壊活動分子にたいして、人権を無視しながら、締め出し、捜査、退去強制に必要なすべての権限を占領終結後の日本国家に与えようとするものであった。かれの提案は、1951年に発効し同年のサンフランシスコ講和条約後に出入国管理法に改められた出入国管理令に反映された。

締めだしの成果をあげるためには、活動の徹底した一元化をはからなければならない。こうして、法務省の入国管理局が出入国管理のすべてを統括することとなった[*3]。

なお、講和条約発効後政府は在日朝鮮人・台湾人の日本国籍離脱の措置をとり、入管法は在日朝鮮人・台湾人に全面的に適用されることとなったが、その途を開いたのが1950年に制定された国籍法である[*4]。

2　特高警察の歴史

外国人の取り締まりは、入管ばかりでなく、警察も担当している。ここでは、1952年体制が確立するまでの警察権力の歴史的実態を検討する。

1874年、司法省から警察業務をひきついだ内務省は、自由民権運動の高揚に対処するため国事警察を創設した。1886年、一般警察・普通警察とならんで高等警察が設けられた。

1910年の大逆事件ののち、1911年に警視庁は特別高等警察（特高警察）を誕生させた。ロシア革命と民族自決への動きのなかで、要注意外国人、危険思想保持者、排日朝鮮人の取り締まりが特高警察の課題となった。1925年に公布された治安維持法は、特高警察の活動のきわめて有効な武器となった。

特高警察の拷問のすさまじさは別格であった。戦前を通じて日本国内では拷問による虐殺80人、拷問による獄中死114人、病気による獄中死1503人と数えられている[*5]。さらに拘留を意識的に長期間に及ぶものとし、「いつまでかかるか判らぬ」という宙ぶらりんな状態を意図的につづけることによって検挙者を迫害するという手段も使われた[*6]。

特高警察は警察全体のなかでも主流に位置し、花形の部門であった。敗戦後ほどなく、日本政府に改革の意志のないことを確認したGHQは、治安維持法を筆頭とする

---

*2　前掲、大沼保昭（1986）、259-267頁。

*3　テッサ・モーリス＝スズキ、伊藤茂訳（2005）「冷戦と戦後入管体制の形成」『季刊　前夜』第1期3号、61-76頁、本書所収。

*4　前掲、大沼保昭（1986）、264頁。

*5　荻野富士夫（2012）『特高警察』岩波書店（岩波新書）、3頁。

*6　荻野富士夫（2012）、85-86頁。

一切の弾圧諸法令の廃止、特高警察の廃止と全特高警察官の罷免などを指令した。しかしながら、罷免はきわめて不徹底であり、三分の一以上は他の公職に再就職することができたばかりでなく、数年後には警察への復帰者も多かった。

1946年になると、労働運動・大衆運動の高揚にたいして、GHQを後ろ盾とする公安警察の整備と強化が進んだ。1950年前後には、罷免・公職追放されていた旧特高警察官の多くが公安警察部門に復帰した。このように、旧特高警察の体質は1952年体制のなかで生き残り、現在の警察権力のなかにも残存している[*7]。

3 戦後入管における外務省警察の蘇生

韓国・朝鮮および中国、シャムにおける領事館警察としての外務省警察の配置と警察権の行使は、それぞれ不平等条約に規定された領事裁判権にもとづいていた。1899年の条約改正まで日本国内にも不平等条約にもとづく外国の警察機関が置かれており、その撤廃が大きな課題であったにもかかわらず、日本はこれら諸国にたいして躊躇なく主権侵害の警察権行使を強いた[*8]。

外務省警察の主要な任務は、日本人居留地の保護ばかりでなく、排日運動や抗日運動および共産主義者の摘発へと次第に向かっていった。こうして外務省警察も特高警察的な色彩を濃厚にしていく。

韓国・朝鮮では1880年の2領事館への警察の設置から始まり、日露戦争時の1904年に全領事館に領事館警察が設置された。その主な任務は、日本人居留地の保護と朝鮮人民衆との衝突の回避であった。しかし、1905年の韓国支配のための統監府の設置による領事館の廃止とともに、外務省警察も廃止された[*9]。

中国における外務省警察の創設は、日清戦争後の不平等条約の締結による中国にたいする領事裁判権の強制による。上海や天津などの領事館には1896年に外務省警察が創設された。ただし、その数はごく少数であり、その活動も不良日本人の取り締まりに主眼が置かれていた。1911年の辛亥革命後排日運動が高まり、外務省警察はそれを探知する役割を担うこととなった。1920年代を通じて、排日運動や共産主義運動の高まりに対応するため、外務省警察も特高警察的方向に向かって着実に拡充されていった。日中全面戦争のもとでさらなる拡充がつづいた[*10]。

シャムにおいても1898年の領事館開設とともに外務省警察が置かれたが、その規模は極小であり役割も微少であった[*11]。

満州では、日露戦争終戦の翌年1906年に軍政が撤廃され、外務省は南満州地域に警察署をともなう領事館を設置していった。その主たる任務は、「不良日本人」の取り締まりとロシア軍の監視であった。1907年から1908年にかけて外務省警察は東満州や北満州の重要拠点にも設置された。1908年以降とりわけ1910年代になると、南満州の外務省警察は、大連および旅順をふくむ関東州を管轄する、陸軍を後ろ盾とする関東都督府警察に実質的に支配され、その任務も排日運動の自衛的取り締まりへと変化した。1919年に関東都督府の民政部門は関東庁となり、関東庁警察の規模は外務省警察を圧倒していた。[*12]

満州のなかでとくに注目すべきであるのは間島地域である。満州の間島地域には朝鮮人が集住していたが、1910年の韓国併合後朝鮮人の流入はさらに強まった。間島における外務省警察は間島総領事館の開設とともに、1909年に創設された。その任務は在住朝鮮人の動静の監視であった。1920年代に入ると、間島地域を主舞台とする全満州で「不逞鮮人」が排日運動を起こしたが、その取り締まりが外務省警察の大きな課題となった。それとともに、共産主義運動の取り締まりも新しい課題として登場し、特高警察的色彩が強まった。[*13]

1931年に満州事変が勃発し、外務省警察にとって日本人在留民の避難者救護は緊急の最重要事となるとともに、「不逞鮮人」の一斉取り締まりもおこなわれた。このような状況のもとで、外務省警察の人員の拡大と武装化が進展した。満州国が建国された1932年時点で、外務省警察の総人員は約1390人であった。その任務は在留邦人および朝鮮人農民の保護という本務と、憲兵隊の指揮監督を受ける治安警察業務であり、とりわけ特高警察機能が拡充された。1937年に在満外務省警察の人員設備は、満州国に移譲された。[*14]

アジア太平洋戦争期の1942年に外務省警察は大東亜省警察となった。敗戦直後大東亜省は廃止され、その残務は外務省に引き継がれ、大東亜省警察は外務省警察に

---

*7 前掲、荻野富士夫(2012)、VII章。
*8 荻野富士夫(2005)『外務省警察史』校倉書房、序。
*9 前掲、荻野富士夫(2005)、第一部。
*10 前掲、荻野富士夫(2005)、第二部III。
*11 前掲、荻野富士夫(2005)、第三部。
*12 前掲、荻野富士夫(2005)、第二部I－－三。
*13 前掲、荻野富士夫(2005)、第二部II－－四。
*14 前掲、荻野富士夫(2005)、第二部I四－六。

もどった。[*15]

敗戦直後の外務省警察の現員は3470人であった。そのうち3200名余りが中国各地に残留していた。[*16] 1946年上半期までに全員が帰国することになり、そのうち約2500名が再就職希望者と見こまれていた。再就職は、当初各出身省庁・地方警察官、司法省関係であったが、そののち公安調査庁とともに出入国管理関係という新たな職場が加わり、1946年3月には再就職は順調となった。

長崎県の針尾入国者収容所は主に朝鮮人の送還を目的として設置されたが、荻野は「おそらくここに外務省警察は入っていったものと思われる」と推測している。削除された外務省の再就職依頼の草案には、「概ネ支那語其ノ他外国語ノ素養アル外外国人トノ折衝ニモ長ズル等ノ長所ヲ有スル」とあり、この条件も出入国管理関係への再就職を容易にしたとおもわれる。

針尾入国者収容所は移転して大村入国者収容所となった。大村収容所は警備員が主流で、その中心は外務省警察であった。[*17] 現在の出入国在留管理庁は、特高警察的な人権侵害をおこなう傾向が強いが、それは外務省警察の本質の特徴である特高警察的色彩が、出入国管理関係の部門に生き残ったからであると考えられる。[*18]

要約と結論

本章では、出入国在留管理庁における目を疑わせる人権侵害や司法の目の届かない独断専行などの特高警察的体質がどのようにして保持されたのかを分析するために、戦中・戦後期における入管体制の確立、特高警察の成立と戦後の動静、外務省警察の成立と入管への潜入を検討した。

したがって、本章ではこれに後続する時期についての検討はおこなっていない。それについては、次章を参照されたい。

現在の入管体制が、東西の熱戦・冷戦という状況のもとで、アメリカの移民帰化局に勤務していたアメリカ人がアメリカの移民帰化法をそのまま日本に押しつけるなかで形成されたことは、驚くべき事実であるといえないだろうか。アメリカの法律がそのまま日本の法律とされてしまったということが問題だからだ。結論としては、出入国管理及び難民法の即時の撤廃と、出入国在留管理庁の即時の解体しか解決の途はあるまい。

*15 前掲、荻野富士夫（2005）、第二部Ⅲ五1－5。

*16 前掲、荻野富士夫（2005）、853頁。

*17 前掲、荻野富士夫（2005）、863頁。

*18 前掲、荻野富士夫（2005）、第二部Ⅲ五６。

第12章

冷戦と経済成長下の日本の「外国人問題」

外村　大

はじめに　研究状況と本稿の課題

本稿では、1950年代半ばから1980年代までの日本の外国人管理について焦点を当てる。この時期は、国際的には冷戦が続いていた時期であった。そして、これ以降の時期に比べて国境を越えて日本にやってくる人びとは少数であり、インターネットを用いた瞬時の情報の流通も一般的ではなかった。つまりはグローバリゼーション以前の時期である。また、日本国内では、産業構造での重化学工業の比重の増加と都市化が急速に進み、経済規模が拡大していた時期にあたる。こうした変化に伴って必要となった労働力は、主に国内で調達されていた。つまりは、国外からの移民受け入れ政策をとらずに経済成長を続けたのである。そして、この時期の日本社会は、外国人の存在を前提として成り立っていなかった。外国から労働者を多数受け入れるための政策や在留資格の設定も不在であった。

これは、その後の時期とは明確に区別される。それが変化していくことになる1990年代には、労働鎖国を改めるべきであるとか、もはや単一民族国家ではないといった言説がマスコミ等で語られるようになった。

しかし、1980年代以前の日本について見ても、外国人労働者が皆無であったわけではないし、外国人として暮らしていた旧植民地出身の人びとの数は無視できるようなものではない。さらに言えば、外国人労働者の導入が議論されたこともあった。

本稿では、本格的な外国人労働者導入、増大を前にした時期の戦後日本について、外国人管理をめぐっていかなる施策や議論があったのかを明らかにしていく。同時にそこに見られる特徴や、歴史的条件などについて考えていく。

1　朝鮮人渡日問題という経験

ある国家やそれに類する領域内で、外国人やあるいは国籍は同じとされてもマジョリティから見て異質な文化を持つ人びとが境界を越えて大量に入って来た場合、様々な反応が表れる。肯定し歓迎する意見もあれば、否定、あるいは排斥の主張が噴出することもあろう。経済的な観点からは、安い労働力を活用できるメリットがしばしば期待される。人口希薄な土地、人口減少が大きな問題となっている地域では、外からの人の流入自体を拒絶する意見はあまりでないだろう。しかし、もちろん、文化や習慣が異なる人びとが入ってくることで、社会的混乱が起こるのではないかとか、言語習得等の統合政策や社会保障等でのコストがかかるといった理由から外国人流入に反対する人もいる。その社会を構成する人びとの文化的言語的に均質性が高ければ、そこに自分たちとは異質な人びとが入ってくることへの警戒の声もあがるであろう。ただし、多様性こそが社会の活力を生むのであるという主張も（近年に限った現象かもしれないが）それなりに提示されて、耳が傾けられることもありうる。

これは、現代のみならず、近代以降、世界のあちこちで起こっていた議論である。日本の場合は、しばしば、20 世紀末まで労働鎖国が長く続いた、つまり、それ以前は外国人労働者問題がなかったように語られることもある[*1]が、そうではない。少なくとも 1910 年代から、日本内地と一般的に言われていた日本帝国の本国、つまり現在の日本の 47 都道府県に職を求めてやってくる朝鮮人については、社会問題として認識され、様々な議論が展開されていた[*2][*3]。また、日本社会の世論も、具体的な政策も、時期によって変化していた。「失業の輸出である」（日本にやって来て職に就けずに下層社会で呻吟する朝鮮人を増やし、日本人の労働者も圧迫している、という批判）といった声が目立っていた 1920 年代から 1930 年代前半には、朝鮮人労働者の日本内地渡航は厳しく制限されていたが、軍需インフレで労働者不足が語られるようになると制限撤廃が一部の業種の経営者から主張されるようになった。そして、総力戦が始まると（これは渡航制限それ自体を撤廃したわけではなく、朝鮮人が誰でも勝手に日本内地にやってきて職場を選択できたわけではないことに注意なければならないが）、大量の朝鮮人労働力の導入が政策

*1　内藤正典（2019）『外国人労働者・移民・難民ってだれのこと？』集英社。
*2　山脇啓造（1994）『近代日本と外国人労働者』明石書店。
*3　外村大（2007）「日本帝国における移住朝鮮人労働者問題―議論と政策」『日本労働研究雑誌』第562号、90-98頁。

的に展開された。[*4]

したがって1920年代以降という時間の範囲を設定すると、ニューカマーの流入が増える1990年以降の今日までの時間に加えて朝鮮人の渡日について議論された1945年までの日本帝国の時期があり、これを合わせると50数年であるので、そこに挟まれた40数年を上回っている。言い換えれば、過去百年の日本社会では「外国人労働者問題」を経験し、議論していた時期のほうが長いのである。また、1945年時点の日本内地に在留する朝鮮人人口は約200万人と推定されている。当時の日本内地の人口は約7000万人なので、総人口に対する朝鮮人比率は2.9％程度である。[*5]これは2022年時点の日本の人口に占める外国人登録者数の比率（2.4％）を上回る。

しかし、日本帝国においては、朝鮮人渡日に対して、異なる文化を持つ人びとに対してマジョリティが何か特別な対応をとらなければならないという議論は起こらなかった。たとえば日本内地にやってきた朝鮮人労働者やその家族のための日本語の習得等の社会統合をどうするかといった問い自体が発せられなかったのである。そこにあったのは、自民族の文化を捨てて日本社会に同化せよという社会的な強要だけだった。しかもそれは戦時体制に突入すると行政当局の施策も加わり無慈悲なレベルに徹底されたことが知られている。

このような移民政策の不在の背景には、おそらく日本人の朝鮮人認識が影響している。そもそも日本人は朝鮮人を自分たちと異なる、独自の尊重されるべき文化を持つ人びととは見なしていなかった。この時代に信じられていた古代の歴史は、日本と朝鮮は一体であり、その時期に天皇が治める日本を慕って朝鮮半島からやって来た人びとは差別なしに受入れられ自然と同化したというものであった。しかも、植民地支配の対象である朝鮮人のことを、日本人は自分たちより劣った存在とみなしていた。ただ、このような差別意識は朝鮮人排除を生み出すものではなかった。日本人は、自分たちが設定した秩序のなかで自分たちが彼らを指導していくべきだと考えていたし、しかもそのような包容力のある民族であるという自己認識を持っていたのである。たとえば、1944年2月1日の帝国議会では、ある代議士が、近年朝鮮人の「社会的地位ガ段々進ンデ来テ、甚ダシキニ至ッテハ我々日本ノ内地人ヲ馬鹿ニシテ居ル」と朝鮮人は日本人より地位が低いはずだという前提での発言をしている。そのうえでこの代議士は次のように述べている。すなわち「併シ私ハ斯ウ云フ朝鮮人ヲ排斥シヨウトハ思ハナイ、何トカ之ヲ日本ガ包容シテ同化シナクチャナラヌ、ソコガ日本人ノ偉イ所デアル、日本ノ国家ト云フモノハ各民族ガ集マッテ、天孫民族ガ中心ニナルノデアリマスケレドモ、色々ナ民族ヲ包容シ融合シテ、今日ノ日本国家ヲ完成シテ居ル、是ガ日本人ノ人種トシテモ強イ所デアリ、又文化ニ於テモ優ツテ居ル点デアルト思フ」というのである[*6]。こうした認識のもとでは、新たにやってきた異民族の統合施策、自分たちの意識変革の必要性は意識されない。かくして、移民政策の不在については疑問が持たれるようなこともなかったのである。

同時にそれは、自分たちが当然とする秩序が脅かされることへの忌避を意味していた。つまり、マジョリティが当たり前とする秩序が揺るがされている、ないしその危険が察知された時には、日本人による朝鮮人排除の動きや批判が起こったのである。関東大震災直後の日本人民衆による朝鮮人殺害はそうした現象としてもっとも多くの人びとが関係し、多数の人命被害を生み出した事例である。しかしその後も、自分たちを寛容で包容力があると認識していたことは、前述の代議士の発言が示している。

しかも、日本帝国崩壊後も日本人のそうした意識は克服されたとは言い難い。もはや日本帝国臣民ではなくなった旧植民地の人びとを、日本人、日本政府は自分たちと対等な存在として認めて、その意向を尊重しようとは考えなかった。それゆえ、同化政策への謝罪や文化についての回復や権利保障の施策は日本人の間で議論の俎上にも上らなかった。そして、日本に引き続き在留する旧植民地出身者については、国籍選択の意向を聞くこともないまま、講和条約発効とともに日本国籍喪失の措置が取られたのである[*7]。

2　国内政治介入への警戒

1952年に主権を回復した以後、日本の外国人管理の主要な業務となったのは、こうした植民地出身者で戦後も引き続き日本に住み続けた人びととその子孫にかかわるものであった。さらに言えば、そのなかでも朝鮮人・韓国人が主要な対象となった。外国人登録者数とそこに占める韓国・朝鮮籍者の比率を見れば、1959年は60万7533人、90.1％であり[*8]、グローバリゼーションの前段階と言える状況にあった

*4　外村大（2012）『朝鮮人強制連行』岩波書店。
*5　外村大（2004）『在日朝鮮人社会の歴史学的研究―形成・構造・変容』緑蔭書房。
*6　衆議院事務局（1944）『第八十四回帝国議会衆議院戦時特殊損害保険法案委員会議録（速記）第9回』。
*7　田中宏（2013）『在日外国人　第三版――法の壁、心の溝』岩波書店。
*8　法務省入国管理局（1959）『在留外国人統計』法務省入国管理局。

1989年時点でも67万7140人、72.9%[*9]と、やはり在日外国人の多くは朝鮮人・韓国人であった。なお、法務省『出入国管理統計年報』各年版などから、退去強制令書の対象者も1970年代半ばまでは韓国籍者がもっとも多い傾向が続いたことが確認できる。

こうした、在日朝鮮人（以下本稿では、植民地期に日本に渡航し引き続き日本に住んでいた朝鮮人・韓国人および、様々な事情により戦後入国したが彼らと密接な関係をもって同様の扱いを受けてきた人びとの総称としてこの語を用いる。ただし在日朝鮮人のうち、韓国籍である者のみをさす場合については在日韓国人という語を用いる）に対する日本の行政当局の施策において、重要視されていたのが治安との関係である。日本以外の国家でも外国人管理が治安問題と密接な関係を持つことは一般的である。また、マスコミ等が、外国人について、違法な商取引や売春、麻薬、賭博などとの関係、犯罪を繰り返すギャング集団等の活動との関連を、しばしば実態以上に印象付けて報道することも多い。在日朝鮮人についても、特に戦後直後から1950年代にかけてはそうした傾向が見られた。

ただ、そうした非政治的な反社会的行為の問題とともに、在日朝鮮人については常に政治的な問題との関係で治安対策が取られてきた事実がある。同時にその場合の政治的な問題とは、日本国内の政治への介入であったことにも注意しておく必要がある。

行政当局者の間で既存の秩序、社会体制への批判的勢力への警戒があるのは当然であり、その際、各種統合施策の対象となっていない外国人の動向に特に目を向けるのも不思議ではない。そうした一般的な条件とともに、戦後の国際情勢、それと連動する左派系勢力の動きが在日朝鮮人に対する厳しい警戒を生み出していた。

戦後直後には、在日朝鮮人社会では左派系勢力＝共産主義者の影響力が強まった。彼らが指導する在日朝鮮人民族団体は日本共産党系の諸組織とともに、日本の徹底した民主化＝日本革命を展望して、活発な活動を繰り広げた。冷戦激化のなかで、左派の活動は占領当局の主体である米国、反共陣営の一員たることを受け入れた日本の保守政権と対立するものとなった。しかも1950年に朝鮮戦争がはじまると、反米を掲げて非合法闘争方針を打ち出した日本共産党やそれと共闘する左派系朝鮮人は、共産圏の軍隊と戦うための基地機能を脅かす存在とみなされることとなる。

こうしたなかで、戦後直後から1950年代前半にかけては、治安対策と在日朝鮮人との関係は、日本の国内政治の中でかなり重要な問題として意識されていた。この時期、主に政権を担当した吉田茂は、治安を乱す朝鮮人を帰国させる願望を国会の場も含めて何度か語っており（たとえば1949年11月19日の衆議院予算委員会）、また第一次世界大戦後のフランスで復興のために入ってきたポーランド人が共産党に加入し同国の政治的不安定が生まれたとし同様のことが日本でも起こりうるという懸念を示してもいた（1950年7月29日参議院外務委員会）。そして、国会で共産党議員から共産党の非合法化の考えを持っているかを問われた際には「朝鮮人を手先に使って治安を乱す」ようなことがあれば「非合法化せざるを得ない」が「諸君も日本人であろうから、変なことはしないだろうと思っている」と日本人共産主義者とは区別して、朝鮮人こそが問題であるとする見解を披歴した（1951年2月26日衆議院予算委員会）。さらに、1952年11月24日の第15回特別国会での施政方針演説では、わざわざ在日朝鮮人について触れて「日本の治安を紊る一部不法分子に対しては厳重なる取締を励行する」と言明していた。

しかも、この時期、吉田にかぎらずほかの保守系政治家や、あるいは保守以外の政治勢力も、共産党を除いて―したがって社会党も含めて―在日朝鮮人の政治行動について批判的な見解を述べていた。この時期には、日本国内の政治に共産圏の外国が影響を及ぼしていくとする、間接侵略の可能性が真剣に論じられていた。そして、在日朝鮮人の政治活動をこれと関連付けて批判し、治安を乱す者については特別な事情を考慮せずに一般外国人と同様の扱いをとって出入国管理令に基づき、強制追放すべきという主張も、保守系政治家の間では見られた[*10]。さらに、世論調査からも、在日朝鮮人が日本の治安を乱しているという認識が、この時期の日本人の間で少なからずあったことが確認できる。毎日新聞が1952年7月に行った世論調査では（同紙1952年8月1日にその結果について掲載）、「騒乱事件はなぜ起こると思いますか」という設問について「不穏な朝鮮人がいるから」と答えた者は39.8%にも上っていた。しかも、「騒乱事件をなくすためにはどうすればよいと思いますか」という問いについては、15.9%にあたる者が「不穏な朝鮮人を送還する」という内容を答えていた。

日本国籍がないとされた旧植民地出身者に対して、日本政府は当然のことながら、引き続き在留を認めており、人道を考慮した取り扱いを行う、追放はしないとの考えを示していた（法務省入国管理局長の鈴木一の、1952年4月3日参議院外務・法務連合委員会、1952年12月12日の参議院法務委員会での発言など）。また、在日朝鮮人の扱いは日韓の国交樹立のための会談で決める方針もあり、そもそもこの時点では密入国者で退去強制になった者の受け取りを韓国政府が拒否しているということもあって、治安を乱す在日朝鮮人を強制送還するということは、日本政府としては検討していなかったと思われる。しかし、当時の出入国管理法令の退去強制事由には、日本国憲法

---

*9　法務省入国管理局（1988）『在留外国人統計』法務省入国管理局。

*10　杉原荒太（1952）「国際革命勢力の前哨か」『日本週報』1952年7月25日号。

下に成立した政府の暴力的破壊、公務員であることを理由に公務員に暴行を加える、公共の施設を不法に破壊する活動を行う政党その他の団体への加入、これと密接な関係を持つことや、さらには外務大臣が日本国の利益又は公安を害する行為を行う虞があると認めるに足りる相当の理由がある者などが含まれていた。そのことを考えれば、当時の在日朝鮮人団体が、強制追放反対というスローガンをかかげているのは、想定できないようなことを大げさに騒ぎ立てているというよりは、現実に迫っている脅威を感じてのことであったと見ることができる。

もっとも、声高な朝鮮人追放の主張は、1950年代後半には次第に見られなくなっていった。これは国際情勢での緊張緩和と左派系在日朝鮮人運動の路線転換が影響していた。国際情勢では、朝鮮戦争が1953年に休戦となり、米ソの間では平和共存が語られるようになっていく。左派系の在日朝鮮人運動勢力も、1955年になって、それまでの活動方針に誤りがあったとし、自分たちは朝鮮民主主義人民共和国の公民であり、内政不干渉の原則を打ち出した。また、これを受けて新たに結成された朝鮮総聯（在日本朝鮮人総連合会）は、朝日両国の親善・友好の運動を進めるとともに、在日朝鮮人の集団帰国運動を展開していくことになる。こうしたなかで、日本人市民の間でも、在日朝鮮人が自分たちの秩序を脅かす存在という認識は薄らいでいったのである。

とはいえ、国際社会では米ソ両国の冷戦が終わったわけではなく、東アジアでは共産国陣営と反共主義陣営との対立が続いていた。日本国内では間接侵略という語が用いられることは減少したものの、国会論戦などを見れば1950年代末の段階でも、「朝鮮半島やその他の方面からする日本の共産化に対する間接侵略に対しましては常時十分の意を用いてこれを防衛しなければならぬ」といった言葉を確認することができる（1958年10月16日衆議院本会議、岸信介首相の発言）。そして、在日朝鮮人、特に左派系の朝鮮総聯とかかわりを持つ団体や個人については、そうした観点からの監視が続けられた。

もっとも、このように日本政治への介入を警戒し治安攪乱者についての追放すら語られていた1950年代の日本でも、長く居住している実態を踏まえて在日朝鮮人処遇については一定の配慮があるべきだとの考えは、政府の内部にもあった。これは、取締り強化や追放をいうだけでは、逆に治安秩序の安定につながらず、むしろ在日朝鮮人の生活安定を図ることが重要であるという認識によっていた[*11]。出入国管理局長の職にあった鈴木一もそうした考えのもと、帰化条件の緩和、中小企業に対する金融組織の強化育成、職業指導と就労、生活保護の徹底といった生活安定や退去強制を命じられた者（密航者）の取り扱いの緩和などの対策をとるべきことを新聞紙上で提起している（『朝日新聞』1954年4月9日付）。同じころ、内閣総理大臣官房調査室で在日朝鮮人問題についての関係省局課の協議会が作られたという[*12]。しかし、具体的な政策構想はまとめられなかった。その理由は不明であるが、あるいは左派系在日朝鮮人の路線転換と帰国運動で治安問題の懸念が減少したことや日韓間の政府交渉での在日朝鮮人問題への対応が図られるという見通しなどが影響していたとも考えられる。加えて、帰化によって在日朝鮮人に対する施策の必要自体がなくなると見ていたことも関係していた。1965年に日韓条約が締結された後に内閣官房内閣調査室の雑誌に掲載された在日朝鮮人問題を解説した論考には、「総合対策の策定」「朝鮮人庁」の必要といった語も見えるが、「大いに帰化してもらう」、「二世、三世と先に行くに従って全く問題ではなくなる」との言葉も記されていたのである。またそこでは、奈良時代の帰化人が「形跡をとどめていない」という話が持ち出されていた。つまり、日本人として同化しうるし、それは問題にないという認識が背景にあったと考えられる[*13]（内閣総理大臣官房調査室 1965）。

3　アジア諸国の政治対立の流入への対処

高度経済成長が続いた1950年代後半から1970年代初頭、さらにその後の1980年代までの安定成長期において、日本の国内政治は相対的に安定していた。政権の座にあった保守勢力と対抗する野党＝革新勢力は社会主義をめざすことを標榜していたものの、その支持者も含めて日本人の主な関心は物質的な豊かさの実現にあり、政治的混乱や根本的な体制変革を望んでいるわけではなかった。社会主義革命も現実に起こりうるとは考えられていなかった。これは、海外から潜入した外国人が、あるいはすでに日本に住んでいる外国人が、日本の体制変革を目的とする活動が受入れられる条件がないことを意味していた。そして、前述のように、朝鮮民主主義人民共和国の公民で構成される朝鮮総聯も前述のように内政不干渉を活動の原則としていた。その意味で、この時期には、外国人管理の行政施策において日本の国内政治への介入につ

*11 森田芳夫（1955）『在日朝鮮人処遇の推移と現状』法務省法務研修所。

*12 前掲、森田芳夫（1955）。

*13 内閣総理大臣官房調査室（1985）「在日朝鮮人に関する諸問題」『調査月報』1965年７月号。

いて考慮する必要は薄れていた（警戒は続けたとしても）と言えよう。

しかし、間接侵略＝日本の政治への介入や影響力の拡大とは別の、外国人にかかわる政治問題が1960年代から70年代にかけて引き起こされるようになっていた。その当事者は、主には非共産圏のアジアからやってきた留学生であった。この時期のアジアは、冷戦の影響のもとで政治的緊張が激化し、様々な国で内戦や強権な支配者による人権弾圧が続いていた。そうした状況の国からやってきた留学生たちの間では、一定の民主主義と平和を実現した社会を持つ日本において、自国の強権政治への抗議や政策を改めるための活動も生まれた。さらには、祖国で禁じられた政治思想に接近し、祖国の政治的正当性を認めずに対立する同じ民族の国家を選択することを表明する者も現れたのである。このことは当然にして、留学生と本国政府との関係を悪化させ、人権侵害が加えられる可能性を生じさせるとともに日本での在留資格の喪失といった事態を生み出した。

たとえばシンガポールから千葉大学に留学していたチュア・スイリンは、1963年にシンガポールとマラヤ連邦などが合併してマレーシア連邦を結成したことを問題とし、駐日大使館等に抗議行動を展開した。これに対し、翌年、マレーシア連邦政府は日本政府に働きかけてチャア・スイリンの国費留学生資格を失わせ、この結果、在留資格がなくなった彼は日本での学業継続が困難となった。また、南ベトナム留学生の間では、北ベトナムへの爆撃を開始した米国や批判的な勢力に対する過酷な弾圧を続ける自国の政権に対する批判と平和を願う活動が繰り広げられた。自国を批判する活動を問題視した南ベトナム政府は、活動に参与した留学生の旅券を失効させるなどの措置を取ったため、彼らの日本在留が問題となった。[*14][*15]

中華民国（台湾）からの留学生たちの間では、母国政府との軋轢が生じる事例がしばしば発生した。中華民国では、日本帝国の敗北後に台湾にやってきた国民党政権による強圧的な政治が行われていた。これに対して、1945年以前から台湾で暮らして来た人びとの間で台湾独立が構想され、日本を拠点にその活動が続けられていた。留学生のうちには、そうした台湾独立の動きに接触を持ちこれに賛同するようになった者もいた。あるいは台湾独立派への支持ではなく、別の中国を正統と見なす、つまり、中華人民共和国やその指導者の毛沢東の思想にシンパシーを抱くようになった者も現れた。こうした人びとについては、その言動が本国政府に知られた場合、帰国後に弾圧の対象となることは必定であった。このため、本国政府に批判的な中華民国からの留学生の間で、ビザの期限が切れても日本に在留する事例が生まれた。このことはもちろん、日本政府としてはオーバーステイで退去強制の事由となった。[*16]

このような事案について、日本政府は、人命を失いかねないほどの窮地に陥っていた外国人の人権を守るために十分な努力したとは言い難い。むしろ、外国人の人権を危うくするような対応をとった。そうしたなかで一部の人びとについては、日本人市民らが支援を繰り広げた。その結果、在留資格を得て復学が認められる、あるいは弾圧が迫る本国に戻らずに別の国に出国するということで問題解決が図られた事例もある。たとえば、チュア・スイリンは、支援者を得て活動するなかで千葉大学に再入学、その後、大阪大で学んだあと帰国している。中華民国からやってきて東京大で学んでいた劉彩品は、中華民国政府の旅券更新を自ら拒否したため、在留資格を失ったが、中華人民共和国在住を選択して出国した。[*17]

しかし、中華民国の留学生らが強制送還される事例はいくつか起こっていた。ハワイ大学大学院で修士課程を終えたのち来日して日本での研究を希望していた陳玉璽は、東京の入管事務所に出頭した後、中華民国に帰国させられていた。彼は中国共産党にシンパシーを抱くようになっており、軍事法廷にかけるために出国させたのである。また、台湾独立派とつながりを持ちオーバーステイになっていた柳文卿も1968年に強制送還されている。なお、この問題に関連した国会議員らの追及活動によって、日本政府と中華民国政府との間で、麻薬売買にかかわった中華民国人の日本からの送還を認めさせるために台湾独立派の者も送還するという「密約」があったことも明らかになった。[*18]

以上のような、台湾や東南アジア諸国の留学生等の政治活動のほかに、同じ時期には韓国にかかわる問題があった。これは日本政府にとってかなり重要で、外国人管理といったレベルを超えて、二国間関係全体に影響を及ぼす要素を持っていた。

この時期の韓国は、朴正煕を大統領とする軍事独裁政権が政敵に厳しい抑圧を加えていた。これに対して、在日韓国人の組織でも、独裁政権支持とこれを批判する民主化勢力支持とに分裂する事態も生まれていた。そのようななかで、1973年には、野党の政治指導者であった金大中が日本に滞在し、軍事独裁政権に批判的な在日韓国人

---

*14 宮崎繁樹(1970)『出入国管理─現代の「鎖国」』三省堂。

*15 前掲、田中宏(2013)。

*16 前掲、宮崎繁樹(1970)。

*17 前掲、田中宏(2013)。

*18 前掲、宮崎繁樹(1970)。

の支援とともに韓国民主化のための組織づくりを準備することになる。ところが、金大中が白昼、東京のホテルから拉致され、韓国の自宅付近で解放されるという事件が起こる（のちに韓国政府中央情報局が関係した犯行であることが判明）。これに対して、独裁政権に批判的な在日韓国人らは、金大中の原状回復やその後、金大中らが展開した民主化闘争支持の運動を続けることとなる[*19]。こうした活動は、日本保守政権が朴政権との友好的な関係を維持するうえでの障害となりかねなかった。そうした観点から日本政府は、民主化運動支持の在日韓国人の活動を注視していたと考えられる。

加えて、朝鮮総聯もまた、朴政権を批判していた。そして、1974年には、在日韓国人の文世光が、ソウルで朴大統領暗殺未遂事件（朴大統領夫人がこの時犠牲になった）を引き起こし、その背景に朝鮮総聯があったことが取りざたされることになる。朝鮮総聯はこれを否定したが、韓国政府の捜査ではそのような断定を下した（ただし、日本の捜査当局は朝鮮総聯が関与したとの見方は示しておらず、不明点は多い[*20]）。そして、事件を受けて韓国では日本批判の世論が高まり、韓国政府は、日本政府の態度を問題視し朝鮮総聯の活動を規制することなどを強く求めた。さすがに日本政府が朝鮮総聯を解散させたり、その活動を非合法化したりすることはなかったが、警察当局による監視は一層強化されたと考えられる。

4　隠れた外国人労働者導入

前項までで述べたような、旧植民地出身者やアジア諸国からの留学生をめぐる行政施策以外に、同じ時期には、これとは異なる外国人についての問題も、一部で注目を集めていた。具体的には、日本での外国人の就労の問題である。

すでに述べたように、日本の外国人労働者問題を語る際には、1980年代末から1990年初頭が起点となることが多い。しかし、1960年代末から、新たに日本にやって来て働く外国人が増え始めていた。こうした旧植民地出身者以外の外国人は、後の時期に比べて人数も少なく、当時においても目立たない存在であったと言ってもいいかもしれない。しかし、その存在が一部で注目されるようになっていたことも確かである。同時に、この頃には、外国人労働力導入拡大を求める声があったことも注目される。

この時期の外国人労働者とは、非共産圏の東南アジア諸国や台湾、韓国からやって来た人びとである。特に多かったのは韓国であり、労働力導入の議論で意識されたのもやはり韓国であった。以下、この時期に日本に働きにやって来た外国人の存在のあり方、外国人労働者導入についての議論を、落合 1974[*21]、外村・羅 2009[*22]、外村 2013a[*23]、外村 2013b[*24] に基づき述べれば、次のようである。

まず、日本での就労を希望する人びとがアジア諸国にいたことについては、いうまでもなく経済的理由が大きかった。この時期のアジアの中で、先進工業国と言えるのは日本だけであった。台湾や韓国なども、1960 年代末からは工業化と経済成長が進展していくことになるが、日本とほかのアジア諸国との賃金水準の差は相当に大きかった。また、失業率が高い水準のままである韓国では、政府が他国に労働者を送って外貨を獲得する政策をとっていた。これに加えて、台湾と韓国については、かつて日本帝国であった歴史の影響という条件もあった。不自由なく日本語を話すことができる者は、この時期の中高年層では多数いたし、在日韓国人や台湾系華僑のなかから、それぞれ韓国や中華民国側の送出業務担当者と日本の雇用主、行政当局者との折衝、調整役を果たそうとする人を見つけだすこともできたのである。

一方、日本では、1960 年代後半から労働力不足が語られるようになっていた。完全雇用の状態にあっただけでなく、新規に労働市場に参入する人口は減少していくことは明白であった。ベビーブーム期の出生者が労働力化した後はこれより少ない規模の人口しか新たに労働市場に参入しないからである。しかし、日本経済の規模拡大は持続すると見られていた。このことが、一部で外国からの労働力導入の期待を生み出していた。なお、日韓国交樹立後、韓国側からは、様々な形で労働力の売り込みのような話も日本に届けられていた[*25]。

ただし、日本の教育を受けておらず、十分な日本語能力を持たない（韓国人の中高年齢層の場合も、日本語が話せるといっても、そのレベルは様々であるし、若年層は日本語を強要された世代ではない。）外国人が就労しうる職種は限られていた。その多くは、いわゆる特殊な技術や専門的知識を必要としない非熟練労働になるが、しかし、そう

---

*19 鄭在俊（2006）『金大中救出運動小史　ある「在日」の半生』現代人文社。

*20 国際高麗学会日本支部「在日コリアン辞典」編纂委員会（2010）『在日コリアン辞典』明石書店。

*21 落合英秋（1974）『アジア人労働力輸入』現代評論社。

*22 外村大・羅京洙（2009）「1970年代中期沖縄の韓国人季節労働者―移動の背景と実態」『移民研究年報』第15号、77-95頁。

*23 外村大（2013a）「安定成長期日本の外国人労働者―グローバリゼーション下の移動の胎動」『アジア太平洋討究』第20号、277-291頁。

*24 外村大（2013b）「高度経済成長期後半の日本における外国人労働者問題」（蘭信三編著『帝国以後の人の移動　ポストコロニアリズムとグローバリズムの交錯点』勉誠出版）、603-636頁。

*25 吉永長生（1966）「南朝鮮からの「労働力導入」問題について」『朝鮮研究』第48号、19-28頁。

した仕事をする人びとについての在留資格は設定されていなかった。しかも、現在と異なり、法律的に整備された技能実習制度があったわけでもない。

このため、非熟練労働に就かせるための外国人を日本に滞在させるためには、法的にあいまいであったり、本来想定されていなかったりするような措置による他なかった。まず、技術研修という名目を立てて、法務大臣の裁量で特例在留許可を得て実際には技術取得というよりは単純な作業をさせるという方法がとられた。また、留学生として受け入れて実際は看護婦の仕事をさせる、興行ビザで入国させて、ホステスなどとして用いるといった事例もある。このほか、在日韓国人との親戚関係を持つ者では、親族訪問のビザで来日して、在留が許可された期間中に働いて賃金を得るということもあった。

こうした方法は、場合によっては、法的に問題とされることもあり得ただろう。しかし、同じ時期には、そうしたいわばグレーな外国人労働者の導入とは異なり、日本政府が認めた入国と就労もあった。これは沖縄県に限定されて認められたものであった。

沖縄では、1960年代後半から、さとうきびの収穫労働やパイナップル缶詰製造での「芽取り」(食べられない部分の手作業での除去)のための労働力確保が困難となっていた。季節労働であったこの作業に従事する労働者を、琉球政府が認可して中華民国から受け入れていた。この施策は、沖縄の本土復帰後も特別措置の一つとして続けられることになったのである。ただし、日華断交や中華民国での労働力自体も不足気味となっていったことがあって、労働者は韓国からの受け入れとなった。この施策は、1973年から1976年まで続けられて終了した。

では、1960年代から1970年代にかけて、上記のような経緯で日本にやって来て働いていた外国人はどれくらいの数になるのだろうか。政策として実施されていた、沖縄県での韓国人労働者の就労については、行政当局の数字があり、1973年911人、1974年1471人、1975年788人、1976年308人となっている。しかし、それ以外については正確な数字が確認できない。ただし、新聞報道で「技術研修生」が1972年に約3000人入国したと伝えているものがある。なお、この記事の見出しは「根をおろす外人労働者」となっていた(『朝日新聞』1973年2月8日)。

他方、送出側からの統計としては、韓国側のものが確認できる。それによれば、1960年代末から1972年までは200人台から400人台で推移していたが、1973年には821人、1974年に2096人、1975年に1521人となっていた。1973～1975年については沖縄県でのさとうきび収穫・パイン缶詰工場での就労が含まれていたわけであり、それを除けば数百人程度の送出であったということになる。

5 実現しなかった法整備と政策転換

以上見てきたように、1960年代後半から1970年代においても外国人管理の様々な問題があり、同時に新たな外国人労働力の動きも始まっていた。しかし、それに対応した法令の整備や政策の確立はなされなかった。

もっとも、日本政府は外国人の政治活動については敏感であり、その規制強化を試みた。これについても問題とされたのは在日朝鮮人、特に朝鮮民主主義人民共和国を支持する朝鮮総聯であり、その組織が事実上運営している民族教育についても警戒や監視が続けられていた。

それ以前から、朝鮮総聯系の民族学校について、教育内容が反日的であると見なしていた日本政府・保守政権は、1960年代後半には、外国人学校の認可や教育内容の是正勧告、閉鎖命令を文部大臣ができるとする外国人学校法案を上程した。しかもそうした外国人学校は、日本の利益を害すると認められる教育を行ってはならないとしていた[*26]。当時の日本での外国人学校のほとんどは在日朝鮮人が通う朝鮮総聯系の学校であり、その統制を狙った法案だったことは間違いない。また、1969年以降、1973年まで、日本政府は四度にわたって出入国管理法案の成立を試みた。その狙いは、外国人の政治活動を抑圧し、問題となる行動をとった者の退去強制を容易にしようとするところにあった。日本政府のこうした動きには、冷戦と強権的な政治のなかで、政治対立が顕在化している東南アジアや東アジアの状況と、それにかかわる外国人の政治活動の活発化への懸念が関係していたことは間違いない。しかし、外国人学校法案や入管法案は、人権擁護の見地からの批判があり、アジア諸地域の反帝国主義・民族解放勢力との連帯を掲げる新左翼勢力の反対運動が展開されるなかで成立しなかった[*27][*28]。

もっとも、外国人の政治活動についてはこの時点の法令でも取締りは可能であった。また、それを理由に在留期間更新の短縮、不許可といった措置も行われていた。たとえば在留更新を認められなかった米国籍のロナルド・アラン・マクリーンが日本

*26 前掲、国際高麗学会日本支部「在日コリアン辞典」編纂委員会(2010)。
*27 東大法共闘(1971)『告発　入管体制』亜紀書房。
*28 前掲、田中宏(2013)。

政府を相手に訴訟を起こしたものの、1978年に最高裁で敗訴が確定した。つまり、法務大臣の裁量による政治活動を行う外国人の在留更新不許可は違法なものではないという判例が確定したのである[*29]。

一方、外国人労働力の導入については、日本政府はこの間、積極的な姿勢を示していない。1967年に労働省が策定した、今後5年間の雇用対策基本計画では、労働力不足が見込まれることを述べていたものの、施策の柱は中高年労働力や女性労働者の活用であり[*30]、これを閣議決定した際には、労働大臣が外国人労働者を受け入れる必要はないと発言している[*31]。その後の推移を見ても、バブル経済の過熱に至るまでは、外国人労働者の目立った増加という事態は生まれていない。

外国人労働力の本格的導入という政策転換がはかられなかったもっとも重要な要因は、おそらく経済の状況であっただろう。オイルショック後の日本社会では、これまでのような経済成長は実現できないという予測が支配的となり、労働市場の見通しも人手不足よりも失業者の増大が懸念されるようになっていた。また、1960年代末、新しい技術に対応する若年労働力の不足が製造業に与える影響が懸念されたものの、現実にはオートメーション化による人間の関わる作業工程の減少、あるいは専業主婦だった女性のパートでの活用が広がり深刻な問題は生じなかった。加えて、製造業では、安価な労働力を確保できるアジア諸外国に工場を建設しそこを生産拠点にするようにもなっていた。国内に外国から人を呼び込み、用いる必然性は薄れたのである。

これに加えて、政治上の困難も幾分、影響を与えた可能性がある。迎え入れる外国人労働者として考えられるのは、非共産圏の東南アジア諸国や台湾、韓国の人びとであった。こうした人びとが、相対的に言論や表現の自由が保障されている日本で、社会主義者の主張や強権的独裁政治への批判に接して、母国の政権に対して批判を繰り広げる可能性は十分にあった。すでに留学生についてそのような動きがあったわけであり、労働者を含めて在留する外国人の人数が増大していった場合、それは大きな動きを作り出すことも考えられた。非共産圏の東南アジア諸国、台湾、韓国の独裁政権と密接な関係を持ち、これらの国々での政情不安が生まれることを望まない日本政府としては、そうした事態を避ける必要があった。

6　深められなかった議論

そして、そもそも、この時期、外国人労働力の導入については、そう積極的な意見が目立っていたわけではなかった。労働組合やそれを支持基盤とする革新勢力からは、外国人労働者の導入が、日本人労働者の失業を生み出したり、賃上げにマイナスの影響を与えたりするのではないかとして反対意見が表明された。同時に、戦中の朝鮮人強制連行のようなことを繰り返すのかという批判も加えられた。[*32]

官僚や経済団体幹部も慎重な態度をとっていた。これには、戦前・戦中の歴史の記憶が関係していたこともうかがわれる。法務省入国管理局長は「日本に低賃金労働者が外国から大量に入るということは、現に戦前、戦中を通じての朝鮮人問題のもとをなしたのを顧みましても、当然警戒しなければならない」と国会で答弁していたし、東京商工会議所の関係者も「戦前に朝鮮人を安く使った経験から、ソロバン勘定だけで安易にとびつくのは大きな間違い」と語っていたとされる。なお、この時点で日経連専務理事を務め、戦時期には炭鉱会社の労務担当職員として、朝鮮人の動員や管理のマニュアル本を執筆した経験を持つ前田一も、見解を問われて「むずかしい問題を含んでおり、あえて移入を図る必要はない」と発言していた。[*33]彼らは戦前・戦中の経験がどのような問題であったかは詳しく語っていないが、朝鮮人への酷使の実態、差別が原因となったトラブルを知っていたはずである。それについての責任を感じ真摯に反省したかどうかはともかく、外国人労働者を導入することにはある種の困難が伴うこと自体を実体験からよく認識していたと推測される。

ただし、この問題は、多くの市民の関心事となって議論が沸騰したというレベルで議論されたわけではない。1970年1月1日の『朝日新聞』に掲載された1970年代の日本がどのように変化するかの予想に関するアンケートの設問の一つには確かに「労働移民」の項目は入っているので、ある程度の注目や関心があったことは確かである（『朝日新聞』1970年1月1日付「日本の1970年代　100人が予想する変動の姿」）。だが、一般紙の社説や投書で繰り返し取り上げられる、あるいは総合雑誌にこれに関連する政策提言の論文が掲載されるといったことにはならなかった。なお、1970年1月1日付の『朝日新聞』では、野上弥生子とその子である耀三、孫の三千子による日本の1970年代を予想する鼎談も掲げられており、「労働移民」については、3人のうち野

---

*29 近藤敦（2021）『移民の人権　外国人から市民へ』明石書店。

*30 労働省（1967）「雇用対策基本計画―完全雇用への地固め」。

*31 前掲、外村大（2013b）。

*32 前掲、外村大（2013b）。

*33 前掲、外村大（2013b）。

上弥生子のみが受入れることになると予想している。それに関連して、野上弥生子が述べているのは「日本の歴史からみても、異民族はどんどんはいっているのよ。５、６世紀ごろの天皇あたりだって純粋な日本人かどうかわからないし、純粋な日本人なんてほとんどいないんじゃないかしら。映画なんかに出てくるきれいな女の子も混血が多いじゃない」というものであった。短いコメントに過ぎないが、外国人が増加することを受けて、日本人の意識や日本社会をどう変化させていくかの必要性はあまり意識されず、日本に同化していくだろうから問題ないという発想があったことがうかがわれる。

なお、1970年代には、この時期の日本における最大の外国人集団である在日朝鮮人の間で、社会のあり方や日本人の意識変革を迫る動きが生まれていた。祖国への帰国ではなく、日本への帰化や同化の選択をするのでもなしに、朝鮮・韓国の文化やアイデンティティを大切にしながら日本に住み続けようとする活動が始まったのである。そのために就職差別反対や社会福祉施策の外国籍住民への適用を求める市民運動、あるいは子どもたちの民族的アイデンティティを保障する取り組みなどが展開されるようになっていた。こうしたなかで、日本の現状が単一民族国家として外国人や民族的マイノリティの存在を無視してきたのではないかという批判が一部に生まれた。また、入管職員のなかからも、在日朝鮮人がこれからも日本に住み続けることを前提として教育や就職機会を保障していくべきだとする論考がまとめられ注目を集めた。[*34]

それらはその後の多文化共生を目指す取り組みの先駆的な活動と言えるもので、大きな意義を持っていた。ただし、この段階の変化は主に、日本人とほぼ変わりない生活形態や意識を持つようになった人びとについて、日本人が享受していた社会福祉の権利等の門戸を開放するというものにとどまっていたと言える。前述の入管職員の論文も、在日朝鮮人の同化を前提としていたのであって、日本人の意識変化を求めていくというわけではなかった。この点は同時代においても指摘があったもの[*35]の、それを受けて、日本社会や日本人の意識をどのように根本的に変えていくのかといった議論は深められていない。そもそも、こうした在日朝鮮人の処遇をめぐる議論は、多くの人びとに注目されるようになるのは、指紋押捺拒否闘争が高揚する1980年代半ば以降のことであった。外国人労働力の受入れやそのための施策、すでに定住性を持つに至った在日外国人の権利、旧植民地出身者への歴史的経緯を踏まえた処遇などをめぐる議論は、この段階では十分ではなかったし、関心を集めていたとは言い難い。

7　90年代以降の変化と持続

戦後長く続いていた、新たに入国する外国人労働者が日本社会のなかでそう大きな比重を占めていなかった時代は、1980年代末に終焉を迎える。それ以降は、外国人労働者が激増していったのである。その変化をもたらした要因は主には、航空運賃が相対的に下がり海外旅行も自由化されて移動が容易になった国の人びとが増えたことと日本社会が当時、お金を稼ごうとする外国人にとって魅力的であったことがあるだろう。バブル経済で労働力需要は高まっていたし、バブル崩壊後も製造業などでは日本国内で労働者を確保できない職場は珍しくなかった。しかも、日本の賃金は国際社会の中で高水準を維持しており（21世紀に入るとそうではなくなっていったが）、為替レートの関係からも、日本で得た収入を母国に送金したり、持ち帰ったりすることに大きなメリットを感じる人びとは、世界各地に存在した。

これとともに、政治的な安定がもたらされつつあったことも、受入れ側の日本にとって好ましい条件となったはずである。東南アジア諸国、台湾、韓国では強権的な政治を終わらせ民主主義体制への移行が進みつつあったし、冷戦終結によってイデオロギーが関係した激しい政治対立も見られなくなっていく。これらの国から日本にやってきた人びとの政治活動が本国政府や日本政府も巻き込んで問題を生み出す可能性は減少した。

また、外国人労働者が入ってくることへの労働組合や革新勢力の反対もなかった。その政治的影響力が弱化していたということもあるが、労働組合の主力は公務員や民間企業の正社員であり、非正規・低賃金の外国人労働者たちが自分たちの雇用を奪い賃金を引き下げているという意識が生じていたわけではなかったという事情も関係している。そして、戦前・戦中の朝鮮人労働者の歴史を意識した批判もこの時期には見られない。直接それを見聞きして記憶している人びとはこの時期、企業経営や労働団体の意思決定の中心的な地位から引退していた。同じ時期には戦後補償問題が注目され、そのなかで朝鮮人強制連行・強制労働の被害の問題も知られるようになってはいたものの、これは特殊な戦時犯罪というイメージでとらえられていた。つまり、外国人労働者問題との同質性は意識されなかったのである。

---

*34 坂中英徳（1999）『在日韓国・朝鮮人政策論の展開』日本加除出版。

*35 内海愛子ほか（1977）「自立した関係をめざして」『朝鮮研究』第172号、2-40頁。

このようななかで、外国人労働者は増加していった。そしてそれは今後の日本のあり方を考えるうえで重要な課題と考えられ、それをめぐって様々な議論が交わされた。ただし、そこでは、戦前・戦中の朝鮮人労働者、戦後の旧植民地出身者の処遇、1960～70年代の相対的に少数ではあったが導入されていた外国人労働力をめぐる歴史が参照されることはない。

もちろん、1990年代以降とそれ以前では日本の政治経済、社会のあり方はかなり異なるし、そこにやってくる外国人の国籍、労働、意識といったことも違うであろう。そもそも、1990年代以前の戦後日本には新規入国の外国人が相対的に少数であったことは否定できない。そのように考えれば、1990年以降の外国人労働者問題を論じる際に1990年以前の状況について詳しく知る必要はないかもしれない。

ただし、1990年代以降の外国人労働者問題を見る時、1990年代以前の状況や施策との類似性に気が付くことが多い。日本人が集まらなくなった職場の環境や労働条件を改善するのではなく、安い労働力への依存で乗り切ろうとする、先進的な技術を教えるという建前で人を連れて来て過酷な労働に就かせる、定着を避けるために就労期間の期限を設定するといった、今日の外国人技能実習生等を連想させる話は、実は戦中の朝鮮人動員や、1960年代後半から1970年代前半のアジア諸外国からの外国人労働力受入れのなかでも起こっていたことである。

さらに、外国人が自分たちの暮らす社会の一員になるということについて、日本人がどのように考えたかという点もそう変わりがないかもしれない。1960～70年代には、在日朝鮮人や新たに入ってくる外国人もいずれ帰化していくから問題はないだろうという言説が見られた。これは異質な人びとも自然と、言い換えれば社会統合のプログラムなどを準備しコストをかけずとも、問題は解決できるという見通しを語ったものである。そこではマジョリティの排他性への懸念は語られない。戦中に述べられた、日本人は他民族を排斥するのではなく包容力を持っている、日本の国家は日本人が中心であるものの多様な民族が集まって完成されるという自己認識は消えていなかったのではないだろうか。

実はそれに類似した語りは、現在の移民政策をめぐる議論のなかでも見られる。たとえば、積極的な移民の受入れの主張をする際に「異なる民族と宗教に対する精神的許容量が大きい日本人は、人類社会がかかえる民族対立と宗教対立を円満に解決する思想哲学を持っている」「移民の二世以降の世代が日本の小中学校で勉強し、人種や宗教による差別のない日本社会で成長していけば、生まれ育った日本に愛着を覚え、日本人と心がとけあうだろう」といった日本人・日本社会の評価が提示されることがある。[*36]

だが、今日必要なことは、1990年代以前の外国人に対する日本人の意識や態度、政策がどのようなものであり、それがどんな結果を生み出したかを改めて点検したうえで、様々なバックグランドを持つ人びと、新たに日本にやってきたり、外国とのつながりを維持したりし続けている人とも共に生きる社会を構想することなのではないだろうか。その際には、マジョリティの日本人は包容力があり、自然と外国人はそこに同化していくといった言説を安易に持ち出すことはむしろマイナスだろう。必要なのは、日本人自身の意識や移民への接し方についての点検であり、そのうえで日本社会のあり方をどうすべきかを考え、実行に移すことであろう。

参考文献

鈴木一 (1968)『韓国のこころ』洋々社

東大法共闘編 (1971)『告発・入管体制』亜紀書房

水野直樹・文京洙（2015）『在日朝鮮人　歴史と現在』岩波書店

森田芳夫 (1955)『在日朝鮮人処遇の推移と現状』法務研修所

朴來榮 (1988)『韓國의 海外就業 : 어제 , 오늘 , 그리고 내일』峨山社會福祉事業財團

*36 坂中英徳（2018）「なぜ永住外国人は日本文化のとりこになるのか」http://jipi.or.jp/なぜ永住外国人は日本文化のとりこになるのか/（2023年3月20日、最終閲覧）。

第13章

1990年から21世紀における出入国在留管理

ファーラー・グラシア（加藤丈太郎訳）

はじめに

戦後の日本の労働移動は、1989年の出入国管理及び難民認定法（以下、入管法）の改正を受けてより活発になった。これ以降、労働力の受け入れ経路を拡大し、望ましいと思われる外国人就労者については定住を促進するために、何度か法改正が行われている。このように政策が展開した結果、1990年に100万人未満だった在留外国人数は、2022年6月末には296万1969人に増加した[*1]。2022年6月末には、日本の在留外国人の28.6%（84万5693人）が永住者（特別永住者を除く）となっている[*2]。また、50万人以上の外国人移住者が帰化している[*3]。この政策と人口動向は、日本が現実的には移民国家になったことを意味する。とはいえ、移民が現実に存在しているにもかかわらず、日本の政治エリートは、移民という言説を避け続けた。移民にかかわる政策は、グローバル人材の導入、日本の国際化、途上国への技術移転、地域活性化といった言説に覆われ、パッチワーク的に展開されてきた。

本章では、1990年以降30年以上にわたる日本の外国人移住者人口の移り変わりを紹介する。また、このような変化をもたらした政策展開と、公式な移民・統合政策を持たない移民国家である日本が直面している課題を説明する。加えて、深刻な労働力不足と、外国人労働者に選ばれる国になるという最近の熱望にもかかわらず、日本が移民という言説を受け入れることに消極的であるため、新たな移民という現実に日本の制度を適応させるための行動が阻まれていると論じる。本章は、日本が意識的に移民を受け入れる国であるという見通しは、自民族中心主義に基づいた自己同一性（identity）によって制約されている[*4]と結論づける。今こそ、自民族中心主義のアイデンティティにとらわれない、包摂的で多様性のある日本社会を構想する時である。

1　日本における移民の顔ぶれの変遷

日本では、1990年以降、在留外国人数が急増し(図1)、その出身国も大きく変化している(図2)。1990年代は総数98万4455人の在留外国人がこの国に暮らす状態から始まった[*5]。その多くは、朝鮮半島から日本に被植民者として入ってきた、いわゆるオールドカマーの在日コリアンであった。彼らは日本国民としてやってきたが、1952年のサンフランシスコ講和条約で日本国籍を剥奪され、外国人となった。帰化

図1　在留外国人数推移(1990-2022年)

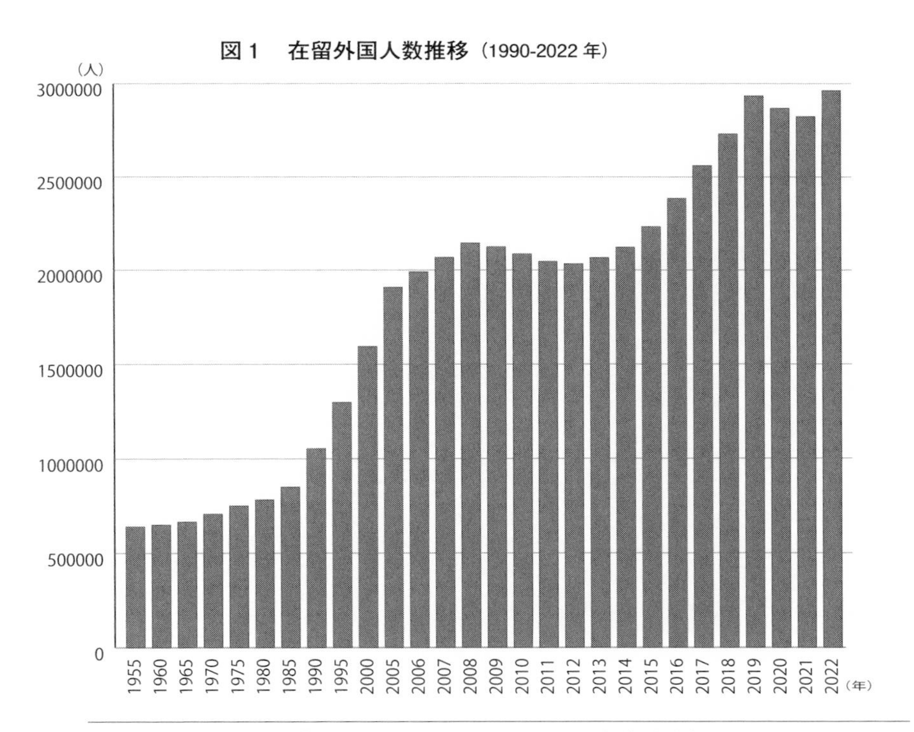

＊1　法務省(2012-2022)「在留外国人統計(旧登録外国人統計)統計表」http://www.moj.go.jp/housei/toukei/toukei_ichiran_touroku.html(2023年2月25日、最終閲覧)。

＊2　前掲、法務省(2012-2022)。

＊3　Liu-Farrer, G. (2020) *Immigrant Japan: Mobility and Belonging in an Ethno-nationalist Society*, Ithaca, NY: Cornell University Press.

＊4　前掲、Liu-Farrer, G. (2020)。

＊5　厚生省人口問題研究所(1991)「国際人口移動に関する統計資料—世界と日本の動向」*Research Series* No. 268 http://www.ipss.go.jp/syoushika/bunken/data/pdf/j08469.pdf(2023年2月25日、最終閲覧)。

や自然死により、1990 年代から韓国人の人口は絶対数でも外国人人口に占める割合でも減少し始めた。2022 年 6 月末には、韓国人の人口は 41 万 2340 人となり、在留外国人全体の 14%未満を構成し、うち 64%は特別永住者である[*6]。

一方、1990 年代から 2000 年代にかけては、中国人人口が急増した。1988 年に 12 万 9269 人[*7]だった中国人の人口は、20 年で 5 倍に増え、2007 年には韓国人を抜いて最大の外国人移住者集団となった[*8]。中国人の数は増加の一途をたどっている。1990 年以降 30 年以上の間、中国は日本に最も多くの外国人移住者を送り出している国であることに変わりはない。また、在日中国人は、年齢、性別、在留資格の面で、最も多様な外国人移住者集団である。韓国人の 3 分の 2 近くが特別永住者、あるいはオールドカマーとその子孫であるのに対して、中国人は主に 1980 年代以降に来日したニューカマーが中心である。2022 年 6 月末までに、在日中国人 74 万 4551 人のうち 41% が永住者となった[*9]。また、2022 年 6 月末時点で、彼らは高度な技術を要するとされる雇用区分において最も多く、留学生においても最多を占める（全体の 43%[*10]）。そのほか、中国人は技能実習生、調理師として、また、家族や結婚を理由に来日してきた。

図 2　国籍別在留外国人上位 5 カ国（1989-2022 年）

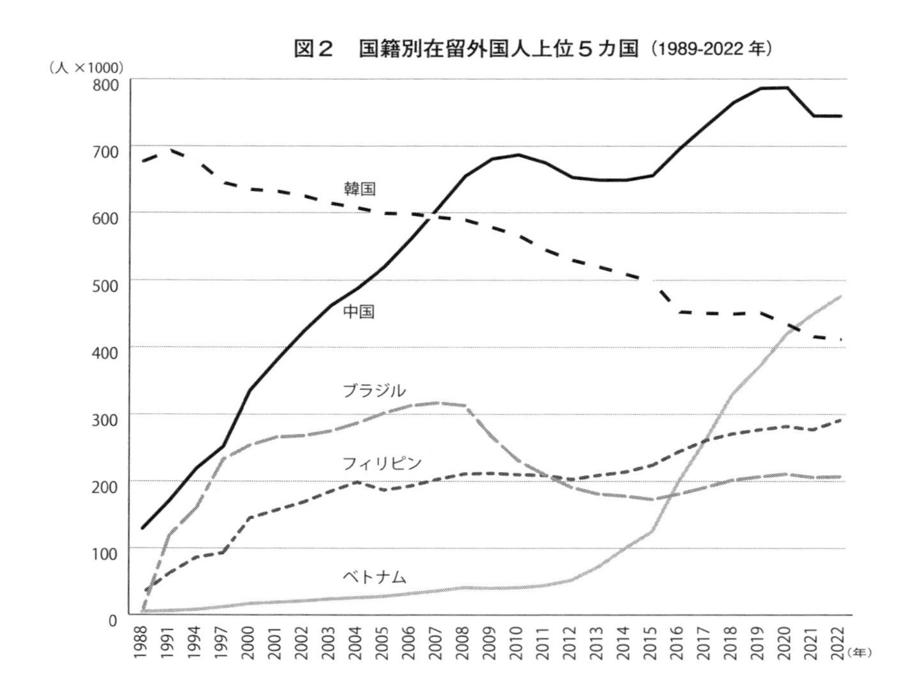

1990年代には、ブラジル人やフィリピン人も日本で目立つようになった。ブラジル人の多くは日系人とその家族であるが、日系人以外のルーツが混ざっている人も多い。[*11][*12] 80年代末からの30数年間、在日ブラジル人人口は急激に増加し、その後に急速に減少する現象が現れた。1988年の在日南米人の総数は6872人だったが、定住者の在留資格が認められるようになった1990年には、ブラジル人だけで5万6429人に増えた。[*13] リーマンショック前年の2007年末には、ブラジル人人口は30万人を超えていた。[*14] しかし、2008年の金融危機以降、多くのブラジル人が日本を離れ始め、2015年には人口の半分近くまでに減少した。[*15] 図1に示した2008年以降の外国人人口の減少は、主にブラジル人の流出に原因がある。しかし、2015年以降、ブラジル人人口は回復し始めた。2022年6月末時点で、在日ブラジル人人口は20万人を超えており、在留外国人数で5番目に多い。ブラジル人は、ほとんどが定住者ビザで入国しているか、日本人や永住者の配偶者・扶養家族であり、他の国籍と比較すると、在留資格の多様性は最も低い。

フィリピン人の人口は29万1066人で、2022年には日本で4番目に多い在留外国人の集団であった。これらのフィリピン人の4分の3は女性である。結婚が彼女らの主要な移住経路であった。最初はダンサー、ミュージシャン、アーティスト、アスリートなど、エンターテインメント産業に携わる人たちのためのビザ「興行」で来日した人たちが多い。1979年から2005年の間に、日本は興行ビザで191万7063人の入国を数え、その大半はフィリピン人であった。[*16] これらのエンターテイナーの中

---

*6 前掲、法務省(2012-2022)。

*7 前掲、厚生省人口問題研究所(1991)。

*8 法務省(2008)「国籍(出身地)別在留資格(在留目的)別外国人登録者(2007年)http://www.moj.go.jp/isa/policies/sttistics/tokei-ichirn-toroku.html (2023年4月13日、最終閲覧)。

*9 前掲、法務省(2012-2022)。

*10 前掲、法務省(2012-2022)。

*11 Linger, D.T. (2001) *No One Home: Brazilian Selves Remade in Japan.* Stanford, CA: Stanford University Press.

*12 Green, P. (2012) 'Explorations of difference in a homogeneous field: intermarriage and mixedness amongst Brazilian migrants in Japan,' *Anthropological Notebooks*, 18(2):17–25. Online. Available HTTP: http://www.drustvo-antropologov.si/AN/PDF/20122/Anthropological_NotebooksXVIII2Green.pdf (accessed on 5 December 2020).

*13 前掲、厚生省人口問題研究所(1991)。

*14 前掲、法務省(2008)。

*15 前掲、法務省(2012-2022)。

には、日本人と結婚して結局は日本に残っている人も少なくない。また、日本人男性と離婚した、あるいは日本人男性と未婚のまま子どもを産んだフィリピン人女性が、日本国籍の子どもを育てるために「定住者」の在留資格で居住している[*17]。就労区分の中では、技能実習生が最も大きな割合を占めている。また、技術・人文知識・国際業務、企業内転勤の在留資格を持つ高技能のフィリピン人移住者も大幅に増えている。

外国人移住者の出身国に最も重要な変化が起きたのは、過去10年間のことである。ベトナム人は、2011年の4万4444人から2022年6月末には47万6346人に増加し、第2位の外国人移住者集団となった。日本で最も労働に従事している外国人もベトナム人である。厚生労働省の外国人労働者統計によると、ベトナム人のほぼ100％が有償労働に携わっている。2022年6月末時点で、日本における特定技能1号（60％、8万7471人中5万2748人）、技能実習生（55％、32万7689人中18万1557人）の半分以上はベトナム人であった[*18]。同時に、「技術・人文知識・国際業務」で働く就労者のほぼ4分の1（30万45人中7万2997人）を占める[*19]。

日本における外国人移住者の出身国の変化と、外国人移住者間で在留資格のパターンが異なるのは、出入国在留管理政策が変化してきた帰結である。次節では、平成時代の30年間を支配するようになった1990年の入国管理体制[*20]について説明する。

2　1990年体制と移民国家に向けた実利的な政策展開

日本は明治時代以降、国境を越える移動の流れを管理・統制するためのいくつかの制度を整えてきた。現在の外国人移住者人口の構成を形作った制度は、1990年に施行された、1989年改正の出入国管理及び難民認定法（入管法）である[*21]。平成に入ってからの好景気は、産業界全体に深刻な人手不足をもたらした。1980年代後半になると、外国人労働者の受け入れに関する議論が、産業界や政府のさまざまな省庁で盛んになった。労働省（現在は厚生労働省）は高学歴の熟練労働者と肉体労働者の両方を受け入れたいと考えていたが、法務省や政治エリートは、ゲストワーカーの移住が社会問題を引き起こすと見なされたヨーロッパ諸国、特にドイツの例を挙げて、後者の受け入れを拒否した[*22][*23]。しかしながら、熟練労働者の受け入れについては、彼らは望ましい人材と見なされたため、異論はなかった[*24]。その結果、1989年改正の出入国管理及び難民認定法では、熟練労働者や日本への帰還を希望する日系人など、外国人移住者の在留資格における区分が新たに広がった。その後30年以上にわたって、入管法は在留資格の併合、ポイント制の創設、外国人登録制度の変更など、何度か大きな改定を行い、最終的に2018年に指定された区分の肉体労働者やサービス労働者の入国を許可する在留資格・特定技能を創設したのである。1990年の入国管理体制により、多くの外国人移住者を受け入れる経路が開かれた。しかし、この体制では日本が移民国家になるという印象を与えないような工夫がなされていた。1989年の改正入管法に基づく入国管理体制の最大の特徴は、外国人移住者を技能や家系によって選別する選択制、いわゆる未熟練外国人労働力と彼らの日本への定住の制限にある。その結果、同体制は人口動態の危機がもたらす労働力不足に対処するために真の効果を発揮するには至っていない。

1　技能・家系に基づく選択的移民政策

日本は、技能や家系に基づいて外国人移住者を選んでいる。1990年の制度では、14の就労に関わる在留資格区分が設けられた。これらの在留資格のうち13種類は、技術者、投資家／経営者、企業内転勤、人文科学／国際サービスの専門家、教授など、技術的・専門的あるいは事業を営む外国人移住者の受け入れを促進するために指定されたものである。これらの在留資格を取得できるかどうかは、外国人移住者の最終学歴や雇用主の身元保証に大きく左右される。2012年、法務省は、高度な知識と技術を持つ外国人専門家を呼び込むため、高度熟練労働者のためのポイント制（高度人材ポイント）を提案した。政府は、こうした外国人材が経済成長に貢献し、日本における新たなサービス需要と雇用機会を創出する可能性があると見ている[*25]。このポイント制では、個人の学歴、雇用状況、研究成果、給与などに応じてポイントが付与され

*16 前掲、Liu-Farrer, G. (2020)。

*17 小ヶ谷千穂（2016）『移動を生きる―フィリピン移住女性と複数のモビリティ』有信堂高文社。

*18 加藤丈太郎（2019）「ベトナム人非正規滞在者・留学生・技能実習生へのケーススタディ―ベトナム人を『合法』と『不法』に分かつのは何か」『アジア太平洋研究科論集』38、35-53頁。

*19 前掲、法務省（2012-2022）。

*20 明石純一（2010）『入国管理政策―「1990年体制」の成立と展開』ナカニシヤ出版。

*21 前掲、明石純一（2010）。

*22 前掲、明石純一（2010）。

*23 Strausz, M. (2019) *Help (not) Wanted: Immigration Politics in Japan*, Albany, New York: SUNY Press.

*24 Oishi, N. (2012) 'The limits of immigration policies', *American Behavioral Scientist*, 56(8): 1080–1100. DOI:10.1177/0002764212441787.

る。2015年には、ポイント要件を満たした人とそうでない人を区別するために、高度専門職という新しい在留資格区分が設けられた。高度専門職に該当する人は、在留資格・永住者を取得するまでの必要在留年数が短縮されるなどの特権を享受することができる。この在留資格を得た人の多くは、日本の大学院で学位を取得し、エリート企業に就職した人たちである。日本で働く高度専門職の多くは当初は留学生として来日しており、1990年代以降、中国人が留学生数において最多を占めていることから、2022年時点で、1万7199人中、1万101人が中国人で過半数(64%)となっている。

子孫による選別は、在留資格・定住者の創設に反映されている。この在留資格は、日本人の子孫(3世まで)とその家族、日本国籍を有する子どもの法定後見人、その他法務省が適格と認めた者に与えられる[*26]。この在留資格は、中南米諸国、特にブラジルやペルーから何十万人もの外国人移住者を受け入れるための主要な経路となった。日系人が日本に再定住することを意図した在留資格ではあるが、日本企業と南米の日系人の両方にとって魅力的であることが証明された。外国人労働者の受け入れに消極的だった政府は、日系ブラジル人や日系ペルー人の外国人移住者を急増させ、この定住者の在留資格を事実上の肉体労働者を受け入れるための経路に仕立て上げたのである。

Yamanaka[*27](2000)によれば、祖国への憧れや民族的ルーツを求めて来日した日系人もいたが、2世、3世の多くは経済的な動機で来日している。1970年代から1980年代にかけてのブラジルでの経済危機を経験した彼らは、日本で手っ取り早くお金を稼ぎ、家を買ったり、故郷で家業を始めたり維持したりすることを目指したのである。ブラジルの旅行会社の多くは、日本の派遣会社と協力し、日系人を積極的に集めた。日本の派遣会社は労働者を職場に斡旋し、住居を手配し、日本語のサポートや交通手段を提供する役割を担っていた[*28 *29 *30]。このように非常に体系化された移住経路によって、日系南米人は学歴や職業経験に関係なく、日本の製造業の作業現場に直接配置されることになった。在留資格・定住者の法的地位の柔軟性と手っ取り早くお金を稼ぎたいという願望が、日系ブラジル人の間に循環型移住のパターンを生み出した[*31]。

2　労働力輸入の制限とサイドドア

1990年体制では、いわゆる低技能労働者の移住を制限し、代わりに就労を主たる目的としない在留資格の一部を流用・拡大して、労働力を受け入れている。前項で述べたような「サイドドア」の１つが、多くのブラジル人を日本の製造業で雇用できるようにした在留資格・定住者である。他の「サイドドア」として、在留資格・留学や外国人研修・技能実習制度がある。

「留学」は、教育を受けるために日本に入国する者に与えられる在留資格であるが、サービス業や製造業のスタッフを確保するための経路としても使われてきた。[*32][*33] 1983年に日本が「留学生10万人計画」を策定して以来、さまざまな国籍の留学生が続々と来日し、在留資格・留学は最もアクセスしやすい入国区分の一つとなっている。2008年に、日本政府は2020年までに30万人の留学生を受け入れるという、より野心的な計画に乗り出した。この計画は、2019年に達成された。在留資格・留学は在学中の学外での就労（資格外就労）を認め、もし日本で就職をすれば就労のための在留資格（技術・人文知識・国際業務など）に変更できるため、日本語学校をはじめとする教育機関は、在学中の低賃金労働力と卒業後の潜在的な技術専門職の両方を受け入れるための重要な経路であると言える。しかしながら、日本語教育を終了後、すべての学生が高等教育機関へ進学できるわけではない。留学生が日本での滞在を続けるために専門学校へ入学するケースが多い。その結果、留学生の低賃金でのアルバイト生活は長期化する。この現象は、1990年代の中国人留学生[*34]や、2010年代のベトナム人、ネパール人留学生に見られる。非漢字圏出身のベトナム人やネパール人は、日本の大

---

*25 Oishi, N. (2021) ‘Skilled or unskilled?: The reconfiguration of migration policies in Japan,’ *Journal of Ethnic and Migration Studies*, 47(10):2252-2269.

*26 前掲、法務省（2012-2022）。

*27 Yamanaka K. (2000) ‘Nepalese labor migration to Japan: from global warriors to global Workers,’ *Ethnic and Racial Studies*, 23(1): 62–93. DOI:10.1080/014198700329132.

*28 渡辺雅子（1995）『共同研究 出稼ぎ日系ブラジル人　上』明石書店。

*29 丹野清人（2006）「総合デカセギの誕生　日系旅行社の変容とブラジル日系コミュニティの資本蓄積」『大原社会問題研究所雑誌』573、39-60頁。

*30 Sasaki, K. (2013) ‘From breakdown to reorganization: the impact of the economic crisis on the Japanese-Brazilian dekassegui migration system’, *Conference Paper for Comparing Regional Perspectives of Transnational Sociology: North America, Europe and East Asia*, Tokyo: Hitotsubashi University.

*31 前掲、Sasaki, K. (2013)。

*32 Liu-Farrer, G.(2011) *Labor Migration from China to Japan: International Students, Transnational Migrants*, London: Routledge.

*33 Liu-Farrer, G. and Tran, A.H. (2019) ‘Bridging the institutional gaps: international education as a migration industry’, *International Migration*. DOI:10.1111/imig.12543.

*34 前掲、Liu-Farrer, G.(2011)。

学受験への合格やその後の正社員に登用されるのに困難を抱えている。その結果、多くは在留資格を維持するために複数回専門学校に入学し、日本で低賃金のアルバイトを続けている。[*35]

事実上の外国人労働者を大量に受け入れているもう一つの経路が、研修生・技能実習生という区分である。1993年に創設された技能実習制度は、本来は技能を養成するためのプログラムであるが、実際は日本に安価な労働力を輸入する経路として利用されてきた。2010年まで、この制度で呼び寄せられた人たちは労働者とはみなされず、労働法の保護も受けられなかった。過酷な労働実態・人権侵害の例が頻繁に報告されていた。米国国務省が研修・技能実習制度を人身売買と認定した後、日本政府は技能実習生を短期間の研修後からは労働者と認めるようになった。技能実習生は、実習中は在留資格を原則変えることができず、3年ないし5年しか日本に滞在できない。また、原則として雇用主の変更も認められていないため、地理的な移動も制限されている。2022年時点で技能実習生は32万7689人であり、日本における最大の外国人労働力である。

2021年10月、日本各地の雇用主は、合わせて172万7221人の外国人を雇用していると厚生労働省に報告した。そのうち20.4%が技能実習生で、さらに15.5%が留学生であった。[*36]つまり、日本にいる外国人労働者の36%は、外国人労働者としての入国は制限されているが、それでも労働市場に参加しているのである。なお、これは、COVIDが依然として入国を厳しく制限し、技能実習生と留学生がそれぞれ12.6%と12.7%減少したときの数である。[*37]

3　パッチワーク的な政策の限界

このような労働移住への選択的・制限的な政策アプローチは、深刻化する日本の労働力不足を解消する上で有効とは言えない。1990年以降、法務省は入管法を何度か改定してきた。法務省は、告知や通知・通達をもって、出入国に関する条件や手続、移住の個別の判断などを規定してきた。しかし、こうした政策的な努力は、依然として、パッチワーク的なものにとどまっている。パッチワーク的な政策には、次のようなものがある。

・既存の入国経路の調整と柔軟な活用：たとえば、1993年に創設された技能実習制度では、在留期間が伸長し、建設業など一部の産業で働く労働者はより長く働き続けることができるようになった。もう一つの例は、特定活動という在留資格区分である。この在留資格は、法務大臣が決定する多種多様な期限付きの居住を可能とする器のようになっている。現在、16の下位区分がある。高度な技術を持つ専門職の外国人移住者の親、就職を希望する学生、難民認定申請者などに付与される。なお、この在留資格で最も大きな下位区分は「その他」であり、法務省が自らの裁量で個々の移住を決定することができるようになっている。

- ビザカテゴリーの拡大・統合：たとえば、「技術」と「人文知識・国際業務」は2015年に統合された。これは、人々が就職の過程で職種を変え、文系と理系に線引きをすることが不可能であることを政府が認識したためである。また、2010年からは、大学生と就学生（日本語学校生）の在留資格を統合し、就学生に学生資格を与えることで、彼らも各種学割の適用を受けることができるようになった。
- スキル定義の引き伸ばし：Oishi[*38]（2021）によれば、日本は当初、「技能ベースの労働者」の中で技能の定義として、OECDの職業・資格に基づく技能（スキル）を使用していた。これは、1989年の入管法改定で作られた当初の14の就労者用の在留資格に代表されるものである。しかし、2010年代半ば以降の多くの産業における労働力不足の深刻化と人口減少により、日本政府は外国人肉体労働者やサービス労働者の受け入れが必要であることを認めざるを得なかった[*39]。地域活性化のため、また女性の労働市場への参加を促すため、2015年に大阪府、神奈川県、東京都などのいわゆる国家戦略特区において、家事手伝いなどこれまでとは異なるタイプの外国人労働者の入国を認める特例が認められた。この国家戦略特区は、これらの労働者を、関連技能を有する人々と定義することで、政府の公式な技能ベースの出入国管理政策から本質的に逸脱した。国家戦略特区での外国人の雇用を正当化するために、政府はILOの技能の定義を採用した。技能とは、ここでは「与えられた仕事のタスクと義務を遂行する能力」と定義されている[*40]。特に重要な

---

*35 Mazumi, Y. (2021) 'How are Part-Time Laboring International Students Incorporated into Host Labor Markets after Graduation?,' : The Case of South and Southeast Asians in Japan, *Japanese Studies*, 41:2, 201-219.

*36 厚生労働省（2022）「『外国人雇用状況』の届出状況まとめ【本文】（令和3年10月末現在）」https://www.mhlw.go.jp/content/11655000/000887554.pdf（2023年4月13日、最終閲覧）。

*37 前掲、厚生労働省（2022）。

*38 前掲、Oishi, N.（2021）。

*39 前掲、Oishi, N.（2021）。

*40 前掲、Oishi, N.（2021）。

のは、ILOの定義では、学歴や経験に関係なく、どのような職種であっても「未熟（unskilled）」というカテゴリーが存在しないことである。

このようなパッチワーク的な政策は、日本政府の入国管理に対する実利的なアプローチを反映している。これらの政策は、労働需要の激化に対する一時的な緩衝材やその場しのぎの解決策、あるいは既存のプログラムを実行する過程で発生した問題への対応策を提供することを目的としているに過ぎないのである。これらは、深刻化する日本の人口危機を解決するにはほど遠いものである。2019年末までに日本の失業率は2.4%に改善し、有効求人倍率は2019年半ばに1.63に達した[*41]。特に、農業や建設業などの分野では労働力不足が厳しい状況にある。2021年の日本の農業従事者は130万人で、そのうち90万人以上、7割が65歳以上である。その平均年齢は67.9歳である[*42]。建設業では、2015年までに労働者の34%が55歳以上となった[*43]。2年以上にわたるCOVID-19パンデミックは日本経済に負の影響を与えたが、日本の労働力不足は続いている。2022年6月までに、完全失業率は2.6%という非常に低い水準にとどまっている。一方、20歳から69歳までの人口の80.1%が就業しており、労働力予備軍はほとんどいない[*44]。しかも、需要のある労働者の種類は、派遣労働者ではなく、長期の正規労働者であった。市場調査会社の帝国データバンクが毎年行っている人手不足調査によると、COVID流行真っ只中の2022年6月に回答した業種や規模の異なる1万社以上の企業のうち、正規労働者が不足していると答えた企業は45.9%、非正規労働者が不足していると答えた企業は27.3%であった。

4　特定技能人材と総合的な対策

このように労働力不足が深刻化する中、日本は外国人移住者の受け入れルートを拡大する方向に動いている。また、外国人移住者の増加により、より体系的な制度や社会的な取り組みが求められている。労働力不足の圧力は、日本に肉体労働とサービス労働のための在留資格の区分を作るよう促している。2018年12月、国会は入管法の改正案を可決し、関連技能を示す肉体労働者とサービス労働者を受け入れる「特定技能」という新しい在留資格区分を創設した。特定技能には、特定技能1号と特定技能2号の2つの階層がある。特定技能1号では、農業から介護サービスまで14の業種の労働者の入国と滞在が許可される。これらの業者区分は、後に12に統合された。改正法によると、特定技能1号の労働者が5年以内に適切な技能資格を取得した場合、特定技能２号（熟練労働者に相当）に在留資格の区分を変更する機会がある。特定技能２号では、家族を呼び寄せたり、在留資格を無期限に更新したりすることができ、最終的には永住者を取得することも可能である。戦後初めて、肉体労働者の入国が正式に認められたのである。

特定技能制度は、移民制限の緩和に向けた有意義なステップではあるが、限定的また一時的なゲストワーカー・プログラムであることに変わりはない。特定技能１号の定員は５年間合計で34万5150人で、12の指定産業ごとに定数が設定されている。この枠は総合的に産業界の需要を満たすには不十分であり、また在留資格・特定技能１号の期間も５年と決まっている。12業種のうち、建設業と船舶・舶用工業の２業種の特定技能１号の労働者だけが、引き続き居住が可能な在留資格・特定技能２号への申請ができ、また試験を受けることができる[*45]。特定技能１号は労働者が家族を呼び寄せることを禁じている。特定技能１号の労働者の大半は元技能実習生で、在留資格の変更をした人たちであることから、実質的には少なくとも８年間は家族と別居することを要求していることになる[*46]。語学や技能のテスト、家族との再会の制限などは、多くの潜在的な応募者を落胆させる可能性がある。この制度が始まって３年後の2022年３月までに、日本で特定技能１号を保有する労働者は64,730人に過ぎず、目標数の20%にも満たない。しかも、正規労働者の需要が多い建設、農業・漁業、医療サービス、ホテルの４分野では、定員枠のごく一部しか埋まっていない。建設業は４万人中6360人（15.9%）、農業・漁業は合わせて４万5500人中8873人（19.5%）、介護は６万人中7019人（11.7%）、ホテル業は２万2000人中124人（0.6%）（出入国在留管理庁 2022）[*47]である。さらに、2022年までに特定技能２号を取得し

*41 総務省統計局（2020）「労働力調査（基本集計）2019年（令和元年）平均（速報）結果の要約」https://www.stat.go.jp/data/roudou/rireki/nen/ft/pdf/2019.pdf（2023年4月14日、最終閲覧）。

*42 農林水産省(2020)「農業労働力に関する統計」https://www.maff.go.jp/j/tokei/sihyo/data/08.html（2023年4月14日、最終閲覧）。

*43 国土交通局（2016）「建設業就業者の現状」https://www.mlit.go.jp/common/001174197.pdf（2023年4月14日、最終閲覧）。

*44 総務省統計局（2023）「労働力調査（基本集計）2022年（令和４年）平均結果の要約」https://www.stat.go.jp/data/roudou/sokuhou/nen/ft/pdf/index1.pdf（2023年4月14日、最終閲覧）。

*45 介護は、2017年から別の活動に基づく在留資格として存在する。

*46 特定技能１号では３年以上の職務経験が必要で、日本で３年以上働いている技能実習生はこの在留資格を申請することができる。

*47 出入国在留管理庁「特定技能１号在留外国人数（令和４年３月現在）概要版」https://www.moj.go.jp/isa/content/001348990.pdf（2023年３月14日、最終閲覧）。

たのは1名のみであった。

日本政府は、外国人労働者を受け入れるための実利的な政策措置と同時に、外国人労働者がただ働きに来て去っていくわけではないことにも気づいていた。また、日本は日本経済に貢献する可能性がある種類の外国人移住者は確保したい。2006年以降、政府は多文化共生を推進しはじめ、外国人を「生活者としての外国人[*48]」と位置づけ、外国人を単なる労働者に対して生活者と見なすことを強調し始めた。2006年には、総務省から「多文化共生の推進に関する研究会報告書」が発表された。その後、外国人登録証の廃止、住民基本台帳[*49]への外国人登録など、外国人の登録・管理に関する法制度が大きく変化している。

2018年、在留資格・特定技能とともに「外国人材の受入れ・共生のための総合的対応策」(2018/2021)が発表され、法務省に外国人在留支援センターが設置されることになった。この「総合的対応策」には、ライフコースへの配慮がより包括的に盛り込まれ、出産から退職まで、外国人住民のさまざまなライフステージにおける状況に対応するための制度的な枠組みを作ることが目指されている。

このような政策修正は、しばしば、新たな問題に対処するための暫定的なものとして提起されたが、日本は着実に移民を正常化する方向へと突き進んできた。その理由は明白である。移民以外に、日本を人口危機から救う方法がないからである。そして、日本は外国人労働者の獲得に死に物狂いとなり始め、2022年には「選ばれる国」になるというスローガンが生まれた。日本の政策は現実的には移民国家へと向かっている。しかしながら政治的な言説としては、まだ移民を受け入れないというスタンスを貫いている。日本の移民禁止の政治的言説は空疎なイデオロギー的発言に過ぎないが、実際の政策レベルでは、それは日本がより思い切った社会変革をするのを阻む持続的な力を持っているのである。

3　外国人材か移民か：エスノナショナリズムのジレンマ

平成の30年間、日本の政治エリートは、制度の改定や拡充が、日本が移民国家になることを示唆するものであるという考え方を繰り返し否定してきた。たとえば、内閣府の2018年の基本方針では、在留資格拡大による「人材」の受け入れ拡大の必要性が述べられているが、その直後に「移民政策とは異なるものとして[*50]」という修飾語がつけられている。また、中長期の在留資格で入国する移民のほとんどが定住への法的な道筋を持ち、高い技能を持ち、それゆえ望ましいとされる者には永住者への優先的な経路が提供されているにもかかわらず、移民政策への否定は支持されている。移民を拒否する言説は、移民が日本社会にとって脅威となるという認識と関係があり、日本社会に深く根付いたエスノナショナリズムを反映している。

日本の出入国在留管理政策の論理は、主として功利主義的である。入管法のさまざまな改定は、移民政策というよりもむしろ人材管理政策として提示されている。外国人は生産的な労働力として期待され、自らを「人材」として適格であると示すことが必要である。元来、「人材」という言葉は、特定の専門的・技術的スキルを持つ者にのみ適用されるものであった。高度専門職は、「代替することが出来ない良質な人材」「我が国の産業にイノベーションをもたらすと……期待される人材」として称賛されている。[*51] より一般的な労働力不足に伴い、「技能」の概念も変化した。[*52] 技能の定義を「一定の専門性・技能」に拡大し、労働者が「即戦力」として活躍できるよう、新たに「特定技能」制度が創設された。[*53]

日本政府は、移住プログラムを人材政策として提示することで、移民がもたらすと考えられている負の結果を回避しようとしている。そのような認識のひとつに、移民が公序良俗や社会保障を乱すというものがある。移民、特に低技能の肉体労働者は、日本社会にとって潜在的な福祉の負担となり、日本の平和な生活に対する脅威であると見なされているのである。政治エリートや政策立案者は、ドイツにおける困難は移民労働者とその家族の定住を認めることから生じたと結論づけた。Strausz[*54]（2019）がインタビューした日本の官僚たちは、労働者が生産的な労働力、つまり「人材」でなくなったら、母国に帰るべきだと考えていた。この考え方は、2009 年に日本政

---

*48 外国人労働者問題関係省庁連絡会議「『生活者としての外国人』に関する総合的対応策の実施状況について」https://www.cas.go.jp/jp/seisaku/gaikokujin/honbun2.pdf（2023年 3 月14日、最終閲覧）。

*49 山脇啓造「平成時代多文化共生10大ニュース」http://www.clair.or.jp/tabunka/portal/column/contents/114403.php（2023年 3 月14日、最終閲覧）。

*50 内閣府（2018）「経済財政運営と改革の基本方針2018―少子高齢化の克服による持続的な成長経路の実現」https://www5.cao.go.jp/keizai-shimon/kaigi/cabinet/2018/2018_basicpolicies_ja.pdf（2023年 2 月25日、最終閲覧）。

*51 法務省（2023）「高度人材ポイント制とは？」https://www.moj.go.jp/isa/publications/materials/newimmiact_3_system_index.html（2023年 2 月25日、最終閲覧）。

*52 前掲、Oishi, N. (2021)。

*53 前掲、内閣府（2018）。

*54 前掲、Strausz, M. (2019)。

府が実施した日系ブラジル人に対するブラジルへの帰還プログラムにも現れている。2008年の金融危機で日本の製造業が打撃を受け、多くのブラジル人が職を失ったとき、日本政府は5年間日本に戻らないことを条件に、日本を離れる意思がある家族に対して1回限りの帰国費用を負担したのである。この論理は、特定技能人材として入国した者とその家族に課せられた居住制限にも表れている。[*55]

日本は、潜在的な福祉負担や社会的混乱への懸念のほかに、移民が日本の文化を崩壊させることも恐れている。研究によれば、多くの日本人は、日本の文化は独特なもので外国人が理解し、適応するのが難しいと考えている。[*56] またせいぜい一部の高学歴の外国人は同化するかもしれないが、大多数の移民は日本という国家に帰属意識は持たないと思われている。[*57][*58] Rosenbluth, Kage, and Tanaka[*59]（2016）は、より自民族中心主義的な傾向を持つ人々や与党・自民党を支持する人々の間では、経済的不安よりも文化の希薄化への恐怖が移民に対する否定的態度に相関しているのを明らかにした。一方、その調査の中で、外国人労働者の受け入れに肯定的な態度を示している回答者は、54％である。この結果は、21世紀最初の10年間に複数回実施された日本版総合的社会調査（JGSS）の回答者の割合よりも高い。日本版総合的社会調査では、外国人受け入れに賛成する日本人は一貫して40％未満であった。[*60] Rosenbluthらは、この矛盾を、自らの調査における質問項目では「外国人」ではなく、「外国人労働者」や「短期外国人労働者」という言葉を使ったことに起因すると見ている。[*61]

実際に移民を受け入れると望ましくない結果をもたらすという懸念の表明は、日本の根強いエスノナショナリズムを反映している。日本は自国民に共通の血統が受け継がれているという考えを広めてきた。[*62] 歴史的に政府によっても支えられてきたこの人種的純度と文化的同質性の理想は、政府機関、企業、一般知識人による宣伝を通じて、戦後日本の社会意識に深く定着した。[*63][*64] このエスノナショナリズムのイデオロギーは、移民政策を困難にするだけでなく、移民に関する言説を避けることで、日本政府が移民社会の現実に対応するために制度を適応させるのを遠ざけている。先に説明したように、1990年体制では入国・定住の経路が拡大し、すでに数百万人の外国人移住者が日本で生活している。しかし、国は「外国人材」の管理業務を雇用主や地方自治体にほぼ委ねている。また、統合を促進するプログラムもない。日本政府の構想は、外国人が日本人と「快適に共生」できる社会を整備するところまでしか到達していない。[*65] この考え方は、日本人のアイデンティティと文化をより本質化するものでもある。[*66]

外国人移住者の経験に関する実証研究によると、エスノナショナルなアイデンティティとそれを維持するための制度は、日本が外国人材を惹きつけ、維持し、より包括的な社会へと前進するための大きな障壁になっている[*67]。日本では、教育、雇用、銀行、住宅などにおける多くの機関や行政手続が、外国人移住者人口の需要や期待に対応しきれていない。日本企業の雇用システムは、表向きではグローバル人材の確保に熱心だが、同化できる者を採用する論理と日本文化に適応するという期待をもって、留学生の日本企業への参入を制限している[*68]。外国人労働者が何とか入社できたとしても、彼らは「我が国の産業にイノベーションをもたらす」(法務省)主体ではなく、日本のサラリーマン[*69]になるよう教育されている。

最も外国人移住者の受け入れに関して準備不足なのは、国の学校制度である。単一文化的な環境と、異なる背景を持つ子どもたちに同化を求める圧力は、外国人移住者

---

*55 前掲、内閣府(2018)。

*56 前掲、Liu-Farrer, G. (2020)。

*57 Kobayashi, T., Collet, C., Iyengar, S. and Hahn, K.S. (2015) Who deserves citizenship? An experimental study of Japanese attitudes toward immigrant workers, *Social Science Japan Journal*, 18(1): 3–22.

*58 前掲、Strausz, M. (2019) 。

*59 Rosenbluth, F., Kage, R. and Tanaka, S. (2016) 'Four types of attitudes towards foreign workers: evidence from a survey in Japan,' *Center on Japanese Economy and Business, Working Paper Series*, 351. Online. Available HTTP: www.gsb.columbia.edu/cjeb/research (accessed 9 February 2019)。

*60 Green, D. and Kadoya, Y. (2013) English as a Gateway? Immigration and Public Opinion in Japan (September 3, 2013). ISER Discussion Paper No. 883, Available at URL: https://ssrn.com/abstract=2320269, last accessed on December 24, 2020.

*61 前掲、Rosenbluth, F., Kage, R. and Tanaka, S. (2016) :14.

*62 Befu, H. (2001) *Hegemony of Homogeneity: An Anthropological Analysis of Nihonjinron*, Melbourne: Trans Pacific Press.

*63 Yoshino, K. (1992) *Cultural Nationalism in Contemporary Japan: A Sociological Enquiry*, London: Routledge.

*64 Burgess, C. (2010) 'The "illusion" of homogeneous Japan and national character: discourse as a tool to transcend the "myth" vs. "reality" binary", *Asia-Pacific Journal—Japan Focus*, 8(9): 1–24.

*65 前掲、内閣府(2018)。

*66 Tai, E. (2007) 'Multicultural education in Japan', *Asia-Pacific Journal-Japan Focus*, 5(12): 1–20. Online. Available HTTP: https://apjjf.org/-Eika-TAI/2618/article.pdf (accessed on 11 July 2019).

*67 前掲、Liu-Farrer, G. (2020)。

*68 Liu-Farrer, G. and Tran, A.H. (2019) 'Bridging the institutional gaps: international education as a migration industry', *International Migration*. DOI:10.1111/imig.12543.

*69 Tseng, Y.F. (2020) 'Becoming global talent? Taiwanese white-collar migrants in Japan', Journal of Ethnic and Migration Studies, 1–17.

の子どもたちやその親にとって抑圧的なものになりかねない。外国人移住者の子どもたちは、他と違うということで、しばしばいじめの対象になったり、いじめられるかもしれないという心配をしなければならない。学校では日本人として通うために、日本名を名乗り、文化的な違いを最小限にすることが多く、その過程で疎外感を感じることもある。また、外国人移住者の子どもは、特別支援教育や外国人子女のためのプログラムに組み込まれる可能性が高い[*70]。Oishiの研究が示すように、子どもの教育への懸念から、多くの熟練した専門家が日本で生活を送るのを躊躇している[*71]。また、教育制度も外国人移住者の教育に失敗している。統計によれば、日系ブラジル人移住者は、事実、世代間で学歴の下降を示している[*72]。

最後に、日本では現に移住が起きているが、この過程は外国人移住者たちの中でも実利的な（Pragmatic）選択として認識されている。教育や仕事の機会、家族統合、文化的魅力、そしてライフスタイルを理由に、日本に入国し、定住に至るのである。日本で生活しているが、日本人という定義が狭く、排他的であるため、日本という国の一員であることを主張することができなくなる。アイデンティティレベルでの包摂と排除をめぐる絶え間ない葛藤は、外国人移住者一世だけでなく、その子どもたちの間にも見られる。日本に生まれ育った子どもたちでさえ、日本人としてのアイデンティティを持つことが難しいという研究結果がある[*73]。生まれ育った国との同一性の欠如は、統合の危機を示している。

おわりに　移民国家日本のビジョンを形成する

日本は出入国在留管理政策を大きく転換し、外国人移住者を大幅に増加させたが、移民に対する言説や移民を統合するための制度的実践を根本的に変えるには至っていない。外国人移住者自身、そして外国人移住者を受け入れた組織や自治体が、統合の重荷を背負っている。この過程は実際的に、そして概して何事もなく行われてきたが、政府の移民・統合政策の欠点の代償を外国人移住者自身や自治体が負担してきたのである。

平成の終わりには、労働力受け入れに対する制限的なアプローチが、戦後日本が記録した最大の労働力不足を際立たせた。移民を公式に認めなければ、制度は遅々として適応せず、移民の定着と統合を困難にする。最後に、この事実上の移民国家では、移民という実態を否定し、エスノナショナリズムのイデオロギーを支持しているため、外国人移住者はアイデンティティと帰属意識を見出すのに苦労している。

日本が移民を受け入れることは、それほど難しいことなのだろうか。平成の間に、政府を含む日本の政治エリートが、これまでとは異なる日本における移民像を提示したことがあった。2008年、自民党の80人の政治家グループは、「経済発展と社会機能の維持、文化の継承のために、日本の人口の1割に当たる1000万人の移民を受け入れるべきという提言をまとめた。さらに、日本文化の特徴は日本人の血統とは異なるため、日本国籍を血縁ではなく出生に基づいて付与すべきとまで提案した[*74]。同年、法務省が発表した「第4次出入国管理基本計画」では、移民関連の課題について国民的な議論を行うよう求めている。同計画では、「我が国の将来の形や我が国社会の在り方そのものに関わるこの問題について、国民的な議論を活性化」し、「出入国管理行政においても、その方策の検討に積極的に参画していく」ことを述べている[*75]。

しかし、この進歩は長くは続かなかった。自民党議員団による2008年の大胆な提案は、提案された施策の一部こそ数年後に外国人材政策に取り入れられたが、提案の起草に関わった多くの議員が2009年の選挙で再選できなかったため、すぐに撤回された[*76]。同様に2015年に出された「第5次出入国管理基本計画」でも、移民の将来像に関する議論の呼びかけは消えた。

移民受け入れ拒否の原則は残っている。令和の冒頭で内閣府は、外国人の活躍が期待される「Society 5.0」を構築する青写真を発表した[*77]。にもかかわらず、この青写真では、移民は依然として「海外からの人材」とされ、日本人と調和的に「共生」することが求められている。つまり「Society 5.0」のビジョンでは、日本の自国民中心主義的なアイデンティティは批判されていないのである。

世界的な感染症の大流行とそれに伴う景気後退は、一時的に日本の移民受け入れの

---

*70 前掲、Liu-Farrer, G. (2020)。

*71 前掲、Oishi, N. (2021)。

*72 前掲、Liu-Farrer, G. (2020)。

*73 前掲、Liu-Farrer, G. (2020)。

*74 前掲、Strausz, M. (2019) : 124-132.

*75 法務省（2010）「第４次出入国管理基本計画」https://www.moj.go.jp/isa/content/930002580.pdf（2023年２月25日、最終閲覧）: 22.

*76 前掲、Strausz, M. (2019) 。

*77 内閣府（2019）「経済財政運営と改革の基本方針2019―令和新時代：『Society 5.0』への挑戦」https://www5.cao.go.jp/keizai-shimon/kaigi/cabinet/2019/2019_basicpolicies_ja.pdf（2023年２月25日、最終閲覧）。

加速を遅らせたが、人口減少とそれに伴う生産労働力の減少は移民なしに逆転させることはできない。日本は今後、経済的・社会的機能の維持のために、ますます移民に依存するようになるであろう。すでに何百万人もの外国人移住者が日本に定着しており、その役割は単なる人的資源にとどまらない。移民に関する言説を避けても、移民の現実が消えるわけではない。エスノナショナリズムのアイデンティティに固執することは、来るべき世代の移民を遠ざけるだけである。日本には、外国人移住者計画のために利用できる膨大な文化的レパートリーがある。日本は歴史的に異文化を吸収し、それを土着化、再創造する能力を発揮してきた。日本は宗教の多元化と文化の混交を実践し、同時に公共生活においてコミュニティの結束と礼節を守っている。こうしたことが、多くの外国人移住者が日本に惹かれ、快適に暮らしている理由である。今、日本に必要なのは、こうした文化的ツールを活用し、エスノナショナリズム以外の自国のビジョンを持つことである。

参考文献

日本語文献

明石純一（2010）『入国管理政策―「1990 年体制」の成立と展開』ナカニシヤ出版

小ヶ谷千穂（2016）『移動を生きる―フィリピン人移住女性と複数のモビリティ』有信堂高文社

加藤丈太郎（2019）「ベトナム人非正規滞在者・留学生・技能実習生へのケーススタディ―ベトナム人を『合法』と『不法』に分かつのは何か」『アジア太平洋研究科論集』38、35-53 頁

厚生省人口問題研究所（1991）「国際人口移動に関する統計資料―世界と日本の動向」Research Series No. 268http://www.ipss.go.jp/syoushika/bunken/data/pdf/j08469.pdf（2023 年 2 月 25 日、最終閲覧）

厚生労働省（2019）「一般職業紹介状況（平成 31 年 4 月分）について」https://www.mhlw.go.jp/stf/houdou/0000212893_00017.htm（2023 年 2 月 25 日、最終閲覧）

厚生労働省（2022）「『外国人雇用状況』の届出状況まとめ【本文】（令和 3 年 10 月末現在）」https://www.mhlw.go.jp/content/11655000/000887554.pdf（2023 年 4 月 13 日、最終閲覧）

国土交通省（2016）「建設業就業者の現状」https://www.mlit.go.jp/common/001174197.pdf（2023 年 4 月 14 日、最終閲覧）

総務省統計局（2023）「労働力調査（基本集計）2022 年（令和 4 年）平均結果の要約」https://www.stat.go.jp/data/roudou/sokuhou/nen/ft/pdf/index1.pdf（2023 年 4 月 14 日、最終閲覧）

丹野清人（2006）「総合デカセギの誕生　日系旅行社の変容とブラジル日系コミュニティの資本蓄積」『大原社会問題研究所雑誌』573、39-60頁。

帝国データバンク（2019）「人手不足に対する企業の動向調査（2019年10月）」https://www.tdb.co.jp/report/watching/press/p191105.html（2023年2月25日、最終閲覧）

内閣府（2018）「経済財政運営と改革の基本方針2018―少子高齢化の克服による持続的な成長経路の実現」https://www5.cao.go.jp/keizai-shimon/kaigi/cabinet/2018/2018_basicpolicies_ja.pdf（2023年2月25日、最終閲覧）

内閣府（2019）「経済財政運営と改革の基本方針2019―令和新時代：『Society 5.0』への挑戦」https://www5.cao.go.jp/keizai-shimon/kaigi/cabinet/2019/2019_basicpolicies_ja.pdf（2023年2月25日、最終閲覧）

農林水産省（2020）「農業労働力に関する統計」https://www.maff.go.jp/j/tokei/sihyo/data/08.html（2023年4月14日、最終閲覧）

法務省（2008）「国籍（出身地）別在留資格（在留目的）別外国人登録者（2007年）http;//www.maj.go.jp/isa/policies/sttistics/tokei-ichirn-toroku.html（2023年4月13日、最終閲覧）

法務省（2010）「第4次出入国管理基本計画」https://www.moj.go.jp/isa/content/930002580.pdf（2023年2月25日、最終閲覧）

法務省（2012-2022）「在留外国人統計（旧登録外国人統計）統計表」http://www.moj.go.jp/housei/toukei/toukei_ichiran_touroku.html（2023年2月25日、最終閲覧）

法務省（2023）「高度人材ポイント制とは？」https://www.moj.go.jp/isa/publications/materials/newimmiact_3_system_index.html（2023年2月25日、最終閲覧）

法務省（2023）「出入国管理及び難民認定法」https://elaws.e-gov.go.jp/document?lawid=326CO0000000319（2023年2月25日、最終閲覧）

渡辺雅子（1995）『共同研究　出稼ぎ日系ブラジル人　上』明石書店

英語文献

Befu, H. (2001) *Hegemony of Homogeneity: An Anthropological Analysis of Nihonjinron*, Melbourne: Trans Pacific Press.

Burgess, C. (2010) ‘The “illusion” of homogeneous Japan and national character: discourse as a tool to transcend the “myth” vs. “reality” binary", *Asia-Pacific Journal—Japan Focus*, 8(9): 1–24.

———(2014) ‘Japan's “no immigration principle” looking as solid as ever,’ *The Japan Times*.

Online. Available HTTP: https://www.japantimes.co.jp/community/2014/06/18/voices/japans-immigration-principle-looking-solid-ever/ (accessed 5 December 2020).

Green, D. and Kadoya, Y. (2013) 'English as a Gateway? Immigration and Public Opinion in Japan' (September 3, 2013). ISER Discussion Paper No. 883, Available at URL: https://ssrn.com/abstract=2320269, last accessed on December 24, 2020.

Green, P. (2012) 'Explorations of difference in a homogeneous field: intermarriage and mixedness amongst Brazilian migrants in Japan,' *Anthropological Notebooks*, 18(2):17–25. Online. Available HTTP: http://www.drustvo-antropologov.si/AN/PDF/20122/Anthropological_NotebooksXVIII2Green.pdf (accessed on 5 December 2020).

Higuchi, N. and Kiyoto, T. (2003) 'What's driving Brazil-Japan migration? the making and remaking of the Brazilian niche in Japan,' *International Journal of Japanese Sociology* 12(1): 33–47. DOI:10.1111/j.1475-6781.2003.00041.x.

Kobayashi, T., Collet, C., Iyengar, S. and Hahn, K.S. (2015) Who deserves citizenship? An experimental study of Japanese attitudes toward immigrant workers, *Social Science Japan Journal,* 18(1): 3–22.

Linger, D.T. (2001) *No One Home: Brazilian Selves Remade in Japan*. Stanford, CA: Stanford University Press.

Liu-Farrer, G. (2008) 'Creating a transnational community: the Chinese newcomers in Japan', in M. Weiner (ed.) *Japan's minorities: the illusion of homogeneity*, London: Routledge. 116–138.

———(2011) *Labor Migration from China to Japan: International Students, Transnational Migrants*, London: Routledge.

———(2020) *Immigrant Japan: Mobility and Belonging in an Ethno-nationalist Society*, Ithaca, NY: Cornell University Press.

Liu-Farrer, G. and Shire, K. (2020) 'Who are the fittest? The question of skills in national employment systems in an age of global labor mobility', *Journal of Ethnic and Migration Studies*, DOI: 10.1080/1369183X.2020.1731987

Liu-Farrer, G. and Tran, A.H. (2019) 'Bridging the institutional gaps: international education as a migration industry', *International Migration*. DOI:10.1111/imig.12543.

Mazumi, Y. (2021) 'How are Part-Time Laboring International Students Incorporated into Host Labor Markets after Graduation?,' : The Case of South and Southeast Asians in Japan,

Japanese Studies, 41:2, 201-219.

MOFA. (2015) *Highly Skilled Professional Visa*. Online. Available HTTP: http://www.mofa.go.jp/jinfo/visit/visa/long/visa16.html (accessed 25 February 2019).

Oishi, N. (2012) 'The limits of immigration policies', *American Behavioral Scientist*, 56(8): 1080–1100. DOI:10.1177/0002764212441787.

Oishi, N. (2021) Skilled or unskilled?: The reconfiguration of migration policies in Japan, *Journal of Ethnic and Migration Studies*, 47:10, 2252-2269.

Rosenbluth, F., Kage, R. and Tanaka, S. (2016) 'Four types of attitudes towards foreign workers: evidence from a survey in Japan,' *Center on Japanese Economy and Business, Working Paper Series*, 351. Online. Available HTTP: www.gsb.columbia.edu/cjeb/research (accessed 9 February 2019).

Sasaki, K. (2013) 'From breakdown to reorganization: the impact of the economic crisis on the Japanese-Brazilian dekassegui migration system', *Conference Paper for Comparing Regional Perspectives of Transnational Sociology: North America, Europe and East Asia*, Tokyo: Hitotsubashi University.

Strausz, M. (2019) *Help (not) Wanted: Immigration Politics in Japan*, Albany, New York: SUNY Press.

Tai, E. (2007) 'Multicultural education in Japan', *Asia-Pacific Journal-Japan Focus*, 5(12): 1–20. Online. Available HTTP: https://apjjf.org/-Eika-TAI/2618/article.pdf (accessed on 11 July 2019).

Tseng, Y.F. (2020) 'Becoming global talent? Taiwanese white-collar migrants in Japan', *Journal of Ethnic and Migration Studies*, 1–17.

Yamanaka K. (2000) 'Nepalese labor migration to Japan: from global warriors to global Workers,' *Ethnic and Racial Studies*, 23(1): 62–93. DOI:10.1080/014198700329132.

Yoshino, K. (1992) *Cultural Nationalism in Contemporary Japan*: A Sociological Enquiry, London: Routledge.

第４部
移民庁の創設に向けて

第14章

日本における「民族的」アイデンティティ
——「民族」概念の創出と伝播

小熊英二

はじめに

一つの問いから始めよう。「日系日本人」は、均質な集団だろうか。

日本は大きな国である。人口・面積は、ともにマレーシアやフィリピンを超えている。日本地図を欧州地図に重ね合わせれば、北海道から九州までは、フィンランドからバルト諸国、ベラルーシ、ウクライナ、ロシアにまたがる広がりを持つ。これだけの面積がある地域なら、多くの「エスニック集団」が存在してもおかしくない。

日本が「地方文化」の豊かな国であることは、多くの論者が指摘する。そして人口問題研究所の調査によると、1966年の日本では男性の90.9%、女性の92.6%が出生県と同県の出身者と結婚していた（篠崎 1967）。高度成長で人口移動が増えたあとの1972年でも、西日本と東日本の通婚率は13.2%だった（篠崎 1974）。1970年代以降は、経済成長の鈍化と人口移動の停滞のため、通婚率の上昇は止まったことが確認されている（鈴木 1990）。つまり事実として、「日系日本人」は必ずしも均質ではない。

首都圏から九州に移住した社会学者の岡本雅享は2008年に、「アイヌや沖縄の存在を挙げるまでもなく……日本人自身が多様なエスニック集団の集合体であることに気づくようになった」と述べている（岡本 2008, 83）。この形容は奇異に響くかもしれない。しかし九州と東北の文化的相違が、ウクライナとロシアのそれより小さいと断言できるだろうか。それを考えるなら、「日本人自身が多様なエスニック集団の集合体である」とみなすのは、不自然とはいえない。

しかし「日本人」は、自分たち内部の相違を、「民族」的な相違とは考えていない。というより、そのような視点で「自分たち」を考えたことがない。岡本が大学の講義で、「自分は何民族かと聞かれて答えられる人」と学生に尋ねたところ、誰も手を挙げなかった。受講後に学生たちが提出した文章には、「自分がどの民族に属するかなど、考えたことも、意識したこともなかった」などと異口同音に記されていたという（岡本 2011, 77）。

この状況は、彼ら自身が「あなたは何民族ですか」と尋ねられた経験がないことに規定されている。アメリカ合衆国をはじめ、多くの国では、国勢調査で所属するエスニック集団や宗派を尋ねている。ミシェル・フーコーの研究を引くまでもなく、人間のアイデンティティは、「あなたは何者だ」と尋ねられ、分類されることで形成される。後述するように、アジアやアフリカの「エスニック集団」は、植民地統治で実施された国勢調査で創り出された面が少なくない。

だが日本政府は、国内のエスニック構成の調査を行ったことがない。1995 年に日本政府が人種差別撤廃条約に加入したあと、日本政府は国連人種差別撤廃委員会（CERD）に定期的に報告書を提出している。2008 年 8 月の報告では、「日本はエスニックの観点 an ethnic viewpoint から人口調査を行っていないため、日本のエスニック構成 the ethnic breakdown of Japan は現在入手できない」と回答した（MOFA 2008, 1）。

もう一度確認しよう。日本は大きな国であり、地域間の通婚率は低く、地域間の文化的相違も小さくない。しかし多くの人々は、「自分たち」の内部の文化的相違を、「エスニックの観点」から考える習慣を持っていない。彼らは「自分たち」を、（アイヌや沖縄を除けば）均質な集団だと漠然と考えている。そしてそれは、日本政府が国内のエスニック構成を調査しておらず、人々がそうした質問を受けたことがないという政治状況に規定されている。

本稿の主題は、こうしたアイデンティティの政治の歴史である。対象としては、「民族」という概念の成立とその伝播を扱う。結論から述べるなら、「民族」とは、植民地化の脅威に対抗して国家の領土と独立を維持するため、国内の分断を隠蔽して創出された概念である。これはベネディクト・アンダーソンがロシアや日本でのナショナリズムの形成パターンとして提起した「公定ナショナリズム official nationalism」のツールであり、竹澤泰子が提起した「抵抗としての人種 race as resistance」の一種である。この概念は明治日本で作られたあと東アジアに伝播し、現代も日本や中国の状況に影響を与えている。

本稿は先行研究の成果も活用しながら、上記の視点から、「民族」をめぐるアイデンティティの政治史を再検討する。日本語の「民族」という概念と、日本の「民族的」なアイデンティティについては、筆者自身のものも含めて本稿中で言及する多くの研究がなされてきた。しかし上記のような視点からこの主題を検討した研究は、Oguma (2021) を除くと管見の範囲では見当たらない。

本稿は以下の構成をとる。第一節で、アンダーソンの説をもとに、前近代から近代における「われわれ」の想像のあり方の変化を論じる。第二節・第三節で「民族」の概念が成立した経緯を、第四節でそれが帝国の拡張にあわせて拡張した経緯を、第五節でそれが東アジアに伝播した経緯を記述する。最終節では、戦後の「単一民族」言説を再検討し、日本の「民族的」アイデンティティが現代でも明治期の言説政治に規定されていることを主張する。

1 「想像の共同体」の転換

ベネディクト・アンダーソンの『想像の共同体』は、ナショナリズム形成を論じた古典として知られる (Anderson 1983=1987)。彼が論じたのは、前近代から近代にかけての「われわれ」の想像に関する変化だった。

人間は、顔見知りの範囲を超えた「われわれ」については想像に頼るほかない。アンダーソンによれば、国民国家以前に想像されていた「われわれ」は、宗教的な聖なる共同体であった。人々は同じ宗教的権威の下で、聖典のアラビア語やラテン語を共有し、同じ聖地に巡礼していた。それらの人々は、アフリカにいても太平洋の島にいても、一度も会ったことなくても、日常はそれぞれの俗語を使っていても、自分たちは「同胞」だと想像していたのである。

ところが国民国家ができる過程で、想像のあり方が一変した。人々は、自分たちは国境線の内側で均質な空間と時間を共有し、同じ歴史や同じ物語を共有しているがゆえに「同胞」なのだと想像するようになった。こうして想像のあり方が変わると、国境線の内にいる人々は、宗派や文化が違っていても、同じ国民 nation として想像されるようになる。一方で国境線の外にいる人々は、宗派や文化が同じでも、違う国民として想像されるようになった。

アンダーソンは、ナショナリズムの形成パターンを三つに類型化している。第一は南米諸国にみられたように、植民地本国が設けた行政範囲を巡回 pilgrim していた現地採用の官僚に、巡回範囲内での「われわれ」が想像されたというものである。第二はドイツなどの欧州諸国にみられたように、現地の俗語出版物が印刷技術と市場経済を通じて大量生産され、その範囲で「われわれ」が想像されたというものである。そして第三は、皇帝や王が自分の地位を防衛するため、帝国領土の範囲で「われわれ」を想像させるように教育政策などを行ったものである。アンダーソンは第三のパターンを「公定ナショナリズム official nationalism」と呼び、ロシア帝国や大日本帝国を典型として挙げている。

この三つのパターンは、それ以前の「聖なる共同体」の想像のあり方の変形でもあった。なぜなら「聖なる共同体」は、聖地への巡礼、聖典の言語の共有、そして神聖皇帝の権威によって束ねられていたからである。近代のナショナリズム形成では、行政管区内の巡回、出版資本主義によって共有された現地俗語、そして王や皇帝を戴いた政府が導入した教育政策が、それぞれの国家において作動した。

このように想像のあり方が変化する以前の「国」とは、近代国家とは編制の原理が違っていた。近代以前の「国」は、宗教的権威を伴う王や皇帝を頂点として束ねられた人々の集合体であった。身分や地域が違えば言葉や服装も異なり、標準語や共通文化も存在しなかった。さらに近代国家とは異なり、地理的な境界も不明確だった。

これは日本の「藩」も同様である。「藩」の領地とは、特定の大名が貢租や諸役を課していた「村」の集合体であり、飛び地も多く、境界線が不明確であった。税がとれない荒地などはどこの「村」にも属しておらず、また同じ「村」が複数の大名に貢租や諸役を納入していることも多かった（荒木田 2020）。

明治期に設立された県は、明確な境界をもつ近代国家の行政単位で、「藩」とは原理が異なる。にもかかわらず、想像のあり方が変わると、人間はその想像を過去に投影する。それによって、「藩」を県の前身であるかのように想像する。同様に、歴史上の「Ａ国」が明確な国境を持っていたかのように想像し、「Ａ標準語」や「Ａ標準文化」を共有した「Ａ人」が存在したかのように想像し、歴史事象を編集して歴史観を組み立てる。「民族」や「人種」といった概念も、そうした想像のあり方の一つである。

２「人種race」と植民地化

「人種 race」が 18 世紀になって広まった概念であることは、多くの研究が示している。肌の色などの身体的特徴に基づく区分は、18 世紀以前の欧州では重要ではなかった（Malik 1996）。北米でも 18 世紀半ばまでは、カトリックやイギリス国教会といった宗派による区分、あるいは資産や市民権の有無による区分のほうが重要だった（Smedley 1993）。宗教や身分の重要性が低下して、宗派や身分を超えた「白人」が想像されるようになり、肌の色による区分が浮上したと考えることもできるだろう。

こうして発生した「人種 race」という概念は、西洋との接触を通じて、他の地域に伝播した。人間は、自分がもつ分類法で世界を分類する。15 世紀にフィリピンに渡航したイベリア半島人は、どこの島を訪れても、その島の住民たちに当時のイベリア半島の分類をあてはめ、「プリンシパーレス（王族）」「イダルゴス（貴族）」「ペチェーロ（平民）」「エスクラーヴォス（奴隷）」を発見した（Anderson 1983=1987,278）。19 世紀の西洋人は、世界各地の現地住民に、長身で細面の支配人種と、太って丸顔の被支配人種を見出した。インドでは、長身の支配民であるアーリア人が、肌が黒く鼻が広い下層民ドラビダ人を征服したと考えられた（Trautmann 1997）。ルワンダでは、長身の人々はツチ族、短身の人々はフツ族と分類された（Prunier 1995）。

こうした分類は、現地の人々にも内面化した。宣教師による学校教育、植民者たちが持ち込んだ図書、植民地総督府によって実施された国勢調査（センサス）が、こうした内面化をもたらした（Bale 2002）。国勢調査は支配者側が持ち込んだ分類枠組みに沿って行われ、現地住民に自分が属している宗派や集団を尋ねた。そしてしばしば、特定の集団を優遇して支配に協力させる分割統治を伴っていた。そして現地住民の側にも、自分が特定の集団に所属しているという意識が定着し、優遇された集団への対立意識が発生していった。こうして内面化された「エスニック集団」の対立関係が、独立後の紛争として出現した事例の一つが、1990 年代のルワンダ内戦である（Prunier 1995）。

日本にやってきた西洋人は、同様の人種概念を日本に持ち込んだ。ドイツ人医師のエルヴィン・ベルツは、「日本人」には痩身で細い顔の上層民である「長州型」と、太くて丸顔の下層民である「薩摩型」がいると主張した。ベルツによれば、「長州型」は朝鮮半島から渡来し、先住民である「薩摩型」を征服したのだった（Baelz 1883）。モース、シーボルト、ミルンなど、明治期に来日した西洋人たちは、共通して「日本人」が支配民と被征服民の複合体だと唱えていた（寺田 1975; 工藤 1979）。

江戸時代末期には、日本を単位としたプロト・ナショナリズムができていたという説がある（Fujitani 1996, 1-28）。しかし当時の日本は、地方や身分による文化や言語の相違が小さくなかった。東北諸藩出身者をはじめ新政府に反感を持つ者は多く、1879 年の西南戦争までは内戦も続き、藩閥によるネポティズムも横行していた。この状況下で日本が植民地化され、西洋の人種分類にもとづく国勢調査が実施されていれば、それに沿って「エスニック集団」が形成された可能性があったかもしれない。

幸いにして、日本は植民地化されなかった。そして帝国主義が激化するにつれ、日本の知識人は、植民地化の脅威に対抗するため、「日本人」の団結を高める必要性を唱えていった。

福澤諭吉の署名で公表された評論は、その一例である。1879年の「通俗国権論」は、「最第一の緊要事は、全国人民の脳中に国の思想を抱かしむるに在り」と主張した。しかし1885年の「敵国外患を知る者は国滅びず」が嘆いていたように、当時の日本の状況は、「今日に於てすら、人心尚ほ且つ旧時の夢を記憶に存し、兎角旧藩あるを知て新日本あるを知らず」「日本と外国と比照したる意義は、同藩と他藩と或は同県と他県を比照したる意義よりも遥かに薄弱なるものゝ如し然るなり」だった（福沢 1958-64, 第4巻 639, 第10巻 182-83）。

こうした危機意識は、1880年代から90年代の国体論では、いっそう顕著だった。代表的な国体論者である井上哲次郎は1891年に、インド・エジプト・ビルマ・ベトナムなどがすでに植民地化されたことを強調しながら、「四方皆敵ナリ」「頼ムベキモノ外ニアルナシ、唯我ガ四千万ノ同胞アルノミ」「我ガ邦人タルモノ、国家ノ為メニハ一命ヲ塵芥ノ如ク軽ンジ、奮進勇往、以テ之レヲ棄ツルノ公義心ナカルベカラズ」と主張した（井上 1891, 3, 5）。同じく国体論者として知られた穂積八束も、「今日ノ世界ノ状態ニ於テハ、愛国心ハ偏狭テアルノ、何チヤノト云フコトヲ言ツテ、其団結ノ力ヲ緩メルヤウナコトハスヘキトキテナイ」と主張した（穂積 1943, 913）。

そのために彼らが用いた概念が「民族」だった。穂積によれば、「天祖は国民の始祖にして、皇室は国民の宗家」であり、「我か帝国は人種を同ふし変遷を一にする大民族か純白なる血統団体を成す者」だった（穂積 1897, 4-5）。井上も、「日本民族ハ同一ノ古伝説ヨリ其系統ヲ引キ、建国以来、同一ノ国土ニ住居シ、同一ノ言語、習慣、風俗、歴史等ヲ有シ、曾テ他ノ民族ノ為メニ征服セラレシコトナキヲ以テ、蜻蜓洲ノ首尾ニ盤屈セル一大血族ヲ成セリ」と主張した（井上 1897, 下 165）。

彼らが言うように、当時の大日本帝国の領土内には、約四千万の住民が住んでいた。しかし福沢が認識していたように、内部の差異は大きく、「日本人」という意識が十分に形成されていたとは言えなかった。それでも国体論者たちは、この「四千万ノ同胞」を、「他ノ民族ノ為メニ征服セラレシコトナキ」という歴史を持つ、一つの「日本民族」として想像した。それによって彼らは、植民地化の脅威に対抗しようとしたのである。

3　抵抗としての「民族」

穂積や井上は、日本人を集団として指す言葉として、「人種」ではなく「民族」という言葉を使った。結論から述べるなら、「民族」とは身体的特徴よりも、国家としての団結と独立を基準とした概念だった。

「民族」という漢字熟語は、中国の古典にも少数の用例が存在するが、「庶民」または「部族・氏族」の意味で用いられていた（柴田・棚沢・王 2008）。中国の出版物では1900年前後から「民族」の使用が増えていくが、これは日本からの影響によるものとされている（郝 2004）。すなわち「民族」は、日本で新しい意味を与えられて中国に逆輸入された「回帰語」であった（前川 2015）。

日本で「民族」という熟語の概念が定まったのは、1890年前後だとされている。日本での「民族」の初出は1877年の久米邦武編『米欧回覧実記』だったとされるが、1882年にはフランス語のL'assemblee nationaleを「民族会議」と訳すなど、その用法は確定されていなかった（安田 1992; 西川 2002）。また「人種」も、福澤諭吉が1869年にraceの訳語にあてたものの、inhabitantsやclassの意味でも使われるなど、用法が確定していなかった（坂野 2000; 与那覇 2003）。しかし「人種」が身体的特徴による人間集団を指す言葉として定着し、nationには「国民」が充てられるようになり、「民族」はnationとraceの中間に独特の位置を占めることになる。

「民族」という言葉を定着させたのは、1888年に創刊された雑誌『日本人』に寄稿した論者たちだったとされている（安田 1992; Weiner 1995）。この雑誌に寄稿した陸羯南の1890年の論考は、以下のように述べている（陸 1890=1969-85, 第2巻 371）。

> 同く人類は人類なれども、既に白人と黒人の差あり、黒人と黄人の差あり。此等黄白黒の中に亦各々各種の邦国の民族あり。而して各種の民族と各種の邦国は各々特有の歴史を有し、特有の性格を有し、特有の習慣を有し、特有の利害を有し、特有の風俗、特有の境土を有せり。其関係は容易に混同すべからざるときは、其交際も容易に混同すべからざるや固よりなり。是に於てか国民と国民の関係生ず。国民的観念の依りて成立する所なりとす。

ここでの「民族」は、肌の色を基準とした「白人」や「黄人」のなかでも、「特有の歴史」「特有の風俗」「特有の境土」を有する集団だとされている。つまり「民族」とは、文化や歴史の共通性を持つ ethnic group というだけではなく、「特有の境土」を持ち、「一の『大我』」としての「国民的観念」をもつべき集団だった。そしてこの論考によれば、「弱肉強食の〔国際〕社会」で「国民的観念」を失うことは、「自家存立」を失うことを意味した（陸 1890=1969-85, 第 2 巻 372-74）。

当時の日本の知識人にとって重要だったのは、国内を団結させ、国家としての独立を維持することだった。この目的のためには、身体的特徴を基準とした「人種 race」では不十分である。なぜなら同じ「人種」でも、国が違うことがありうるからだ。また「国民 nation」の概念も、彼らの目的には不十分だった。なぜなら「国民 nation」は社会契約や政治的権力によっても構成しうるが、それでは忠誠心の調達に不安があったからである。

穂積八束によれば、社会契約や政治的権力による国家統合は不安定である。なぜなら「約束に由る権力団結に於ては服従あれとも敬愛なし。人類平等の関係に於ては博愛あれとも服従なし」だからだ。ホッブズが主張したような「権力団結」による社会契約では愛国心は発生しないし、フランスのような「人類平等」の「博愛」主義では国家への服従が約束されない。これでは植民地化の脅威と闘うには不十分であり、国家を「血族団体」と想像することによってこそ、愛国心と服従が両立するのである（穂積 1897 21-22）。高山樗牛は 1897 年に、日本は「外邦に見る如く……契約もしくは強迫によりて君臣の関係を定め、以て国家を建設したるもの」ではないと主張していた（高山 1897 ＝ 1925-33, 第 4 巻 363）。

こうした「民族」の概念は、当時台頭していた自由民権運動に対抗する文脈で唱えられたという説がある（安田 1992）。またドイツの volk の概念に影響されていたという説もある（尹 1994; Weiner 1994; 河合 2014; 坪井 2015）。たしかに国体論者たちは国内の団結を強調し、自由民権運動に代表される国内の政治的分断を忌避した。そして井上や穂積はドイツ留学を経ており、その経験に影響されていた可能性はある。

しかしドイツ語の volk が下層民衆を強調したのに対し、日本語の「民族」は天皇を中心とした団結を強調していた。アンダーソンの類型論に従うなら、ドイツでのナショナリズム形成には、ルターによる俗語訳聖書をはじめとした出版資本主義が大きく貢献した。そしてそれは、神聖ローマ帝国領が国民国家に転化したものではなかった。それに対しロシア帝国と大日本帝国は、旧来の領土の範囲に、皇帝を含んだ「われわれ」を想像したものだった。その文脈で形成された日本の「民族」概念も、天皇を中核としたものだったのである。

人類学者の竹沢泰子は、「抵抗の人種」（Race as Resistance = RR）という概念を提起している（竹沢 2005）。これは脅威にさらされた集団が、覇権や支配などに抵抗する動員手段として、人種の概念を用いるものである。竹沢はこの「抵抗の人種」の例として、独立運動やマイノリティ運動、アフロセントリズム、ネグリチュード運動などを挙げている。

「民族」は、独立を維持すべき国家の既存領土の全住民を包含する集団として想像された点では、nation の側面を持っていた。しかし、数千年の歴史と文化を共有した集団として想像された点では、竹沢のいう「抵抗の人種 Race as Resistance」の一種だった。それゆえ「民族」は、nation と訳すこともできず、race や ethnic group と訳すこともできない言葉となった。「民族」とは、国家の独立のために既存領土内の全住民を動員するべく、内部の分断を許さない運命共同体として想像された概念だったのである。

4 「民族」の拡張

こうした「民族」という概念は、日本が 1895 年に台湾を領有し、さらに 1910 年に韓国を併合すると、拡張を遂げることになった。「民族」とはエスニック集団というだけにとどまらず、「日本」の全住民を指す概念でもあった。そのため「日本」の領土が拡張すれば、「民族」も拡張する必要が生じたのである。

こうした必要が生じたのは、これらの地域が日本領土として併合され、その地域住民に日本国籍が付与されたためでもある。これには二つの理由があった。第一に、中国東北部で独立運動を行っていた朝鮮人にも日本国籍を強制付与して、日本警察の管轄下に置いた方が好都合だったことである。第二に、これらの地域は経済的な理由よりも、日本の安全保障のための前進防衛地帯として領有されたため、日本の正規領土として現地住民に日本語と天皇への忠誠心を教育する選択がなされたためである（小熊 1998）。

こうした政策選択は国家の必要から生じたものだったが、日本のナショナル・アイデンティティを維持するうえでも好都合だった。西洋の植民地支配への対抗を唱えていた日本の立場からすれば、日本自身が「植民地支配」を行っていることを認めるのは不都合だったからである。

そのため日本の政治家や知識人は、台湾や朝鮮は「植民地」ではなく、日本の一部だと主張した。1918年に首相になった原敬の主張では、日本とこれらの地域との関係は、イギリスとインドのような関係ではなく、ドイツとアルザスのような関係であった。朝鮮と台湾は総督府によって統治され、「内地」と異なる法体系が適用されていたが、それは現地住民に日本の「国語」が普及して、文明化されるまでの暫定的措置だと主張されていた（小熊 1998）。

とはいえ、当時の日本と台湾・朝鮮の関係は、ドイツとアルザスの関係よりは、むしろロシアとウクライナの関係に近かった。帝政ロシアが1880年代から90年代に行ったロシア化政策では、ウクライナをはじめロシア帝国内の全住民にロシア語とロシア文化を広め、ロシア皇帝やロシア国家への忠誠を要求した（Seton-Watson 1977）。ロシアが「西からの脅威」の前進防衛地帯としてウクライナやバルトのロシア化を望んだように、日本は「北からの脅威」への前進防衛地帯として朝鮮半島の日本化を望んだといえる。

前述したようにアンダーソンは、こうしたロシアや日本のナショナリズム形成を、帝政がその領土の住民に国民意識を強要する「公定ナショナリズム」と類型化した。もともと「公定ナショナリズム」は、ロシア史研究者であるシートンワトソンがロシア化政策に与えた形容であった。それはアンダーソンによれば、本来なら全領土には広げようがない「国民 nation」の外皮を、「帝国の巨大な身体」に無理やり引き延ばそうとしたものだった（Anderson 1983 = 1987, 150）。

筆者が以前の研究（小熊 1995）で指摘した戦前日本の「混合民族論」は、こうした政策のために必要とされた「民族」の拡張だった。たとえば以下は、台湾総督府学務部長だった伊沢修二の1897年の講演である（伊沢 1897: 9）。

> ……古い国学者などの説に依ると、日本臣民といふものは、所謂大和民族の外にはないやうに解釈をして居るが、是は大層な間違ひだらうと思ふ。我　皇室の御恩徳は、決して左様な狭い範囲に限りたものではない。実に天地にひとしき洪大なるものである。一視同仁、世界各国の人民を子視せらるゝもので、何人にても服従すれば、みな臣民である……中古以来、外国からして帰化した所の人といふものは、決して少なくない。

また1919年に朝鮮で独立運動がおきた翌年、当時の日本で人類学の権威だった東京帝大教授の鳥居龍蔵はこう主張した。「朝鮮人は我が内地人と異人種でない、同一群に包含せらるべき同民族であります。これはもはや動かすべからざる人種学上、言語学上の事実であります」「この互いに同一の民族が、分離して別に独立するという理由がどこにありますか」(鳥居 1920=1975-77, 第 12 巻 538)。

中国に対しても、類似の言説がとられた。南京での残虐行為の責任者として東京裁判で被告となった松井石根陸軍大将は、法廷において、「日華両国の闘争は所謂『亜細亜の一家』内に於ける兄弟喧嘩にして……恰も一家内の兄が忍びに忍び抜いて猶且つ乱暴を止めざる弟を打擲するに均しく其の之を悪むが為にあらず可愛さ余つての反省を促す手段たるべきことは余の年来の信念」だと主張した(洞編 1986, 274)。

こうした言説に、近年のロシア首脳の対ウクライナ観と類似した特徴を見出すことは容易である。これらはアンダーソンが形容したように、「国民 nation」の外皮を「帝国の巨大な身体」に無理やり引き延ばそうとした言説であった。

これらは「日本民族」の「純血」を唱える言説ではない。だが筆者の前著でも述べたように、「大日本帝国サイズの単一民族論」でもあった(小熊 1995)。たとえば 1942 年に文部省社会教育局が発行した『国民同和の道』の以下の文言は、こう述べている(文部省社会教育局 1942, 15)。「日本民族はもと単一民族として成立したものではない。上代においていはゆる先住民族や大陸方面からの帰化人がこれに混融同化し、皇化の下に同一民族たる強い信念を培はれて形成せられたものである」。

ここでは、日本人が「単一民族」ではないことが主張されている。しかし同時に、天皇の下で「同一民族たる強い信念」が形成されたことも強調している。遠い過去において多様な起源があったとしても、現状では国内に分断は存在しないのだ。こうした論理をとった言説としては、1938 年に評論家の長谷川如是閑が書いた「国民的溶鉱炉」と題する新聞寄稿を挙げることができる(長谷川 1938)。

同じ国民でも遠い昔の、僅かの血の相違が、いまだに民族対立となつて、それが異宗教の対立に結びついて、国内に流血の歴史をとどめるのは、東洋民族の通性とされてゐて、今もインドや英領ビルマがこれに悩まされてゐる。

その東洋にあつて、日本人だけは、遠い時代の血の隔たりも、既に千余年の昔に、混然と大和民族の血管を流れる一つの血となつて、同時にいかなる異宗教も、一度び我国に入つて来れば……分離の作用を失つてしまふのである。

……多くの異民族を包容し、多くの異宗教をもちつつ、一つの国家として有力に発展しつつあるアメリカ合衆国は、現代史上の偉観とされてゐるが、併しアメリカ合衆国は、一つの政治国家ではあるが、長い歴史をもつ国民国家として一つの性格をもつてゐるとはいはれない。……日本は二千年前に、今日のアメリカ以上の溶解力を発揮してゐたのである。

「民族」とは、文化や歴史を共有しているだけでなく、独立した国家をなすべき集団であった。そうである以上、過去はともかく、現在において国家に複数の「民族」が存在すれば、独立運動や政治的不安定が発生すると考えられていた。実際に戦前から1970年代までの新聞では、アメリカ、メキシコ、ソ連、中国、マレーシア、シンガポールなどを例に、複数の「民族」が国内にいる国家は不安定だと形容する記事が少なくない（朝日 1922, 朝日 1968, 朝日 1979; 読売 1912, 読売 1918, 読売 1939, 読売 1943）。

その一例として、独ソ開戦後のソ連を「二百民族の寄り合い所帯」と評した新聞記事がある。そこでは「四つに組んだ独ソの死闘は相容れぬ思想の戦ひであり単一民族国家と多民族国家との闘争である」「民族問題はロシアの宿命であり、いかにソ連が一致団結を誇つても後方攪乱の危惧は去らないだろう」と述べられていた（読売 1941）。領土の拡張にあわせて「民族」を拡張したとはいえ、「多民族国家」は分断の同義語と考えられていたのである。

5　東アジアに伝播した「民族」

日本で作られた「民族」の概念は、やはり植民地化の脅威を感じていた東アジアに漢字熟語として伝播した。契機の一つは、1919年のパリ講和会議でアメリカ大統領のウイルソンが自決 self-determination を提唱し、これが日本で「民族自決」と翻訳されたことだった。

ウイルソンの演説では、自決の主体としては nation や people が用いられており、当初は日本の新聞もこれらを「国民」や「人民」と訳していた。ところが1919年1月10日の東京朝日新聞が、ウイルソンの自決を「民族自決」と訳した。この「民族自決」という翻訳語は同年1月23日の『新韓民報』で使用され、ついで東京の朝鮮人留学生たちが発した「2・8独立宣言」でも使われた（小野 2017）。このあと朝鮮半島で出された独立宣言書は、「朝鮮民族代表」の署名で「朝鮮建国四千二百五十二年三月一日」の日付を付し、「二千万」の「民族」が「有史以来塁千年」で初めて「異民族」の侵略主義で痛苦を受けていると主張した。

日本の国体論者たちは、「四千万」の「日本民族」が「建国以来、同一ノ国土ニ住居シ……曾テ他ノ民族ノ為メニ征服セラレシコトナキ」と主張しながら、植民地化の脅威に対抗しようとした。西洋諸国に植民地化された地域の知識人は、西洋から人権や独立といった概念を学び、西洋への抵抗に活用した。こうした「ブーメラン効果」が、日本で「抵抗の人種」として作られた「民族」の概念にも生じたといえるだろう。

こうした「民族」の伝播は、日本国内でもみられた。沖縄学の始祖として知られる伊波普猷は 1911 年に、「琉球民族」は国家を形成していた「民族」だったと主張した（小熊 1998）。また 1921 年、被差別部落民の「民族自決団」が撒いた「檄」は、「我ら民族の祖先は最も大なる自由と平等の渇仰者であって、又実行者であった。そして最も大なる殉難者であった」と主張した（守安 2012, 129）。

だが「民族」概念が東アジアに伝播したことは、大日本帝国以外の地域においても、「民族」という「外皮」を「巨大な身体」に引き延ばした事例を生み出した。アンダーソンは中華人民共和国を、「清帝国の基盤」に「皮を無理やり引っ張ってかぶせようとした」ものだったと形容している（Anderson 1992=1993）。

中国で現代的用法としての「民族」が広まったのは、日本に亡命していた梁啓超の影響が大きかった。彼は 1901 年に「中国民族」、1902 年には「中華民族」という造語を提起し、植民地化に対抗する民族主義を掲げた。さらに「漢族」という言葉もまた、1901 年に日本に留学していた知識人たちによって作られた（王 2006; 黄 2013）。

もともと「中国」や「中華」は、「天下」と同様に、皇帝が支配する世界の意味で用いられていた。また「漢」も、主として王朝や文化の意味で用いられていた。つまり双方とも、「民族」と結びつくはずの概念ではなかった。しかし梁啓超は志賀重昴など日本のナショナリストと交流し、穂積八束の影響も受けていた。そうした梁啓超は、四億にも及ぶ「漢族」を、一つの「民族」として想像した。そして彼が 1902 年の「論中国学術思想変遷之大勢」で「四千年」の歴史をもつ「中華民族」の学術史を論じたとき、満・蒙（モンゴル）・回（イスラム教諸集団）・蔵（チベット）などの学術への言及はなかった（王 2006; 加々美 2008; 黄 2013）。

とはいえ梁啓超は、漢族中心主義には批判的だった。彼は 1903 年 10 月の論考で「小民族主義」と「大民族主義」を区別した。それによれば、「漢族」が国内の他の「民族」に対する自己主張は「小民族主義」だが、外国に対抗するため中国内の「諸族」を合流させることは「大民族主義」であった。しかし、この「大民族」がどういう名称を持つのかは、書かれないままだった（王 2006; 黄 2013）。

こうした「大民族」の意味で「中華民族」が使われるようになったのは、1912 年 1 月の中華民国の建国からしばらく後になってからだった。臨時大総統となった孫文は 1921 年に、国内の少数者にすぎない満・蒙・回・蔵を「漢族」に同化させて、「中華民族」を作るべきだと唱えた。孫文によれば、アメリカが多くの移民を溶鉱炉のように融合同化して「一個民族」を形成したように、中国の各「民族」も「中華民族」に融合して、「東西半球」の「二大民族国家」になるべきだというのだった（王 2006; 黄 2013）。

孫文もまた日本に亡命し、日本のナショナリストと交流した経緯があった。彼はもともと満人の王朝であった清朝を批判して、「漢族」による国家樹立を唱えていた。とはいえ「漢族」の「民族主義」を強調しすぎると、モンゴルやウイグルなどの独立運動を刺激し、清朝の領土を受け継いだ「中華民国」が分裂しかねなかった。こうした事情もあり、孫文は建国当初は「五族共和」を唱えていた。しかし孫文は 1920 年になると主張を変え、「五族共和」は適当ではないとして、一つの「中華民族」を作るべきだと主張するようになったのである（村田 2000; 王 2006; 黄 2013）。

こうした「民族」の拡張は、前述したように大日本帝国では先行して発生していた。その動向に孫文らが影響されていたのかは不明である。しかし「民族」とは、日本で発明された時点で、既存領土の範囲で歴史や文化を共有する「われわれ」を想像した概念であった。そのような「民族」という概念を使っていたために、孫文らも半ば必然的に、大日本帝国と類似の論法になったとも考えられる。

また孫文は、「民族」は社会契約や権力による統合ではないと主張していた。1924 年の『三民主義』講演の第一講では、「国家」が「人為力」「覇道」で作られた団体であるのに対し、「民族」は「自然力」「王道」によって作られた団体であるとされていた（王 2006）。前述したように穂積八束などの日本の国体論者は、これと同様の論法をとっていた。

国民党を引き継いだ蒋介石も、同様の論法を受け継いだ。彼は 1943 年に、「領域内各宗族」は「中華民族」の支族で、彼らは武力による征服ではなく、文化による同化で融和されたと主張した。国民党と対抗関係にあった中国共産党は、国内マイノリティの自決権を認めたこともあったが、日中戦争期から方針を変えてゆき、中華人民共和国成立後は限定した自治のみ認めるようになった（王 2006; 毛利 1998; 加々美 2008）。

近年の動向としては、1988 年に中国の社会学者である費孝通が「中華民族」を「多元一体（一体格局）」とする説を公表した。この説によると「中華民族」は、まず漢族が凝集的核心として形成され、諸民族との融合や同化をくりかえしたうえで、「西方列強」の圧力への対抗を通じて形成されたとなっている（毛利 1998）。歴史学者の范文瀾は 1980 年に、漢族は諸民族を融化する「溶鉱炉」だと述べたという（加々美 1999）。漢族は約 14 億の人口の 9 割以上を占め、地域や言語の差異も小さくないが、一つの「民族」とされている。

2013 年 7 月、中国外交部は新疆ウイグル自治区における「民族分裂主義」に「断固反対」するとの声明を発表した（中華人民共和国駐日本国大使館 2013）。大日本帝国の知識人も、日本の支配に抵抗する自決主義運動を「排他的民族主義」「民族分裂主義」と形容したことがある（山室 2001, 120）。両者に意識的な影響関係があったとは考えにくいが、領土の保全と国内の団結を重視した概念である「民族」は「分裂主義」への批判に転化しやすく、それが結果として類似の論調を結果したといえる。

おわりに　「民族」の呪縛

敗戦後に台湾と朝鮮を喪失した日本で、「日本人」は太古から同質だったと主張する「単一民族論」が主流となったことは、過去の研究で詳述した（小熊 1995）。筆者の前著では、「単一民族論」をこのタイプに狭く限定して、戦前から戦後の転換を強調した。しかし以下では、戦後の「単一民族」の含意をさらに分析する。

結論からいえば、「単一民族」という言葉の重点は、国内に分断がないことにあり、「日本人」の起源が「純血」であることではない。そうした意味では、戦後の「単一民族」も、戦前日本の延長上にある。

「単一民族意識」と入管政策の関連として、法務省入国管理局が 1981 年に出版した『出入国管理の回顧と展望』（いわゆる『入管白書』）がしばしば言及される。ここでは「一億を超える人口が単一民族で構成されている」ことを理由に、外国人の永住許可を制限してきたことが述べられている（近藤 2009）。また 1983 年から 1997 年 2 月まで入管職員の研修教材として使用されてきた『出入国管理及び難民認定法（難民認定）Ⅳ』（法務総合研究所）は、難民認定の問題で『中日新聞』1998 年 7 月 16 日付の記事でも報道されたものだが、以下の記述を含むことが知られている（木村 2021 より重引）。

　日本というのは、そもそも、国土狭小・人口過多・資源貧困・単一民族の国なのだから、難民受入れの基本的な条件が整っていないのは当然である。また、我が国は日本人だけで非常に高度の和と能率が維持される国に仕上がっているのだから、自ら好んで外国人を招き寄せてこの調和のとれた環境を破壊することは避けなければならない。

「国土狭小・人口過多・資源貧困」の三つは、敗戦で台湾と朝鮮を失い、約625万の引揚者を受け入れていた1940年代後半の日本では定型句だったものである。だがここで注目すべきなのは、「単一民族の国」こそが「高度の和と能率が維持される国」であり、「外国人」は「調和のとれた環境を破壊する」と想像されていたことである。すなわち、重点は国内の「調和」であって、必ずしも「日本民族」の「純血」ではなかった。

この点は、1986年9月に「単一民族発言」を行った中曾根康弘首相（当時）にもうかがえる。同年10月21日の第107国会衆議院本会議で、共産党の児玉健次議員がこの発言をとりあげ、「ナチスドイツが行ったゲルマン民族の純血性、単一性の強調」に通ずる「危険な思想」だと批判した。それに対し中曾根は「私なんかも、まゆ毛は濃いし、ひげは濃いし、アイヌの血は相当入っているのではないかと思っております」と答弁した。さらに中曽根は、11月4日の衆議院予算委員会では、「日本民族は、日本列島に先住していた民族が長い歴史の中で、南方系、北方系あるいは大陸系の諸民族と混合一体化して形成されたもの」だと主張したのである。

ただし中曾根の答弁は、「日本の国籍を持っている方々でいわゆる差別を受けている少数民族というものはないだろうと思っております」（10月21日）、「国連人権規約第二十七条に言う権利を否定され制限された少数民族というものは我が国に存在しない」（11月4日）という認識と一体であった。すなわち、彼は「民族の純血性」にはこだわらなかったが、国内の分断や差別は認めなかったのである。

中曾根の「単一民族発言」を一つの契機として、日本を「単一民族国家」と形容する論調は保守的なものとみなされるようになり、「多民族国家」を政治的不安定の同義語として使う用法は新聞紙面からは減っていった。とはいえ国内の分断を嫌う傾向は、その後も保守的論調としては残り続けた。

その一例として、いわゆる「アイヌ新法」が成立した2019年の第198国会審議がある。3月6日の衆議院内閣委員会で、立憲民主党の山岡達丸議員は、議員会館周辺でアイヌ新法への抗議運動があったこと、運動側の主張は「アイヌ新法、これを進めると、日本の分断になるんだ、あるいは日本の解体につながるんだ、そんな趣旨」であったことを述べ、「このアイヌ新法……によって日本が解体するとか分断になるとか……これはあり得るんでしょうか」と質問した。これに対し、官房長官の菅義偉は「あり得ないと思います」と答弁した。このような認識において、「アイヌ新法」は成立したのである。

また日本政府は、国内の「人種差別」の存在を認めようとしていない。外務省は2012年7月の国連人種差別撤廃委員会への報告で、「日本政府は『人種差別 racial discrimination』を生物学的特徴 biological characteristics を共有すると一般的に考えられている集団または個人、および文化的特徴を共有すると一般に考えられている集団または個人に対する差別と理解している」と主張した。そのうえで、「日本政府は沖縄県に生まれ、または住んでいる人々には他の日本人と異なる生物学的および文化的特徴があるとは考えていない」として、沖縄の基地負担は委員会の指摘する差別にあたらないと主張した(MOFA 2012, 1)。この定義ならば、ロシアの対ウクライナ政策も、「人種差別」にはあたらない。

そして「アイヌ新法」でアイヌを「先住民族」と認めた後も、日本政府は、その人数を全国レベルで把握する調査は行っていない。そもそも本稿冒頭で述べたように、日本政府は一貫して、国内のエスニック構成を調査していない。アイヌや沖縄の存在を指摘するまでもなく、一億を超える「日系日本人」の内部も一様ではないのだが、日本政府はそれが国民に意識されることを避けているかのようである。

日本の「民族的」アイデンティティは、こうした政治の影響を受けている。本稿冒頭で述べたように、岡本が訪ねた学生たちは、「自分がどの民族に属するかなど、考えたことも、意識したこともなかった」と異口同音に述べていた。こうした想像のあり方は、国内の少数者や差別についても「考えたことも、意識したこともなかった」という想像の欠如につながりやすい。アフリカ系アメリカ人の作家であるバイエ・マクニールは、2018年にこう書いた(マクニール 2018)。

最近、私が日本での人種問題について書いた記事について、日本人の友人と話していたときのこと。彼女はきっぱりと、「悪いけど、あなたは間違っている。日本に人種差別はないわ」と私に言った。

私にそのようなことを言った日本人は彼女が最初ではない。……しかしこの確信は、ある視点から見た場合だけ本当だといえる。その視点を成立させる考えは2

つあり、まず1つ目は、人種差別が日本では事実上ありえないのは、大多数が日本人として識別されるから、とする考え（人種差別は米国のような多人種、多文化国家でしか起こらない）だ。

もう1つは、日本の文化や歴史――中には日本人の「天性」を持ち出す人もいる――が寛容な国民性を育んできたため、日本人は非日本人とは違い、人種を理由に嫌ったり、ひどい仕打ちをしたりするようなことはない（テレビのニュースなどで見る、激しい人種差別がはびこるアメリカのようなことは起こらない）という考えである。確かに、この2つの視点だけで見れば、日本には人種差別は存在しないことになるだろう。

「日本に人種差別はない」という。それは彼らが、「自分たち」の内部を「人種」や「民族」の観点から考えたことがないからだ。マクニールが指摘するように、日本には「人種」や「民族」による分断が存在しないという「視点」に立てば、そして「日本人」は「寛容な国民性」をもって「非日本人」を融合してきたという「視点」に立てば、日本に「人種差別」が存在するはずもないのである。

本稿の結論を述べよう。明治の知識人たちは、西洋で作られたraceの概念を自分たちの状況に適合させ、「民族」という概念を創出した。この概念は、国家の独立と領土の保全のために、国内の分断を隠蔽して創出された。この「民族」は、国家内の調和と団結の維持を優先するがゆえに、国家が他集団を包含する形で拡張した場合は、必ずしも「純血」の維持に固執しない。しかし、ひとたび少数者が調和と団結を乱すとみなせば、強い不寛容を示す。この概念は東アジアに伝播し、現在でも政治的言語として機能している。そして日本における「民族的」アイデンティティは、このような言説の政治に、いまだ影響を受け続けているのである。

参考文献

日本語文献

朝日新聞（1922）「過激社会運動取締法案非なり（四）」3月25日東京版朝刊10頁。

朝日新聞（1968）「マレーシア 多民族国家の苦悩」11月19日東京版朝刊18頁。

朝日新聞（1979）「国民よ、共通語を使うべし　多民族国家シンガポールが推進」9月28日東京版夕刊3頁。

荒木田岳（2020）『村の日本近代史』筑摩書房。

伊沢修二（1897）「台湾の公学校設置に関する意見」『教育公報』195:5-10.
井上哲次郎（1891）『勅語衍義』敬業社。
井上哲次郎（1897）『増訂　勅語衍義勅』敬業社。
王柯（2006）『20 世紀中国の国家建設と「民族」』東京大学出版会。
岡本雅享（2008）「日本における民族の創造――まつろわぬ人々の視点から」『アジア太平洋レビュー』5:68-84.
岡本雅享（2011）「日本人内部の民族意識と概念の混乱」『福岡県立大学人間社会学部紀要』19(2):77-98.
小熊英二（1995）『単一民族神話の起源―〈日本人〉の自画像の系譜』新曜社。
小熊英二（1998）『〈日本人〉の境界―沖縄・アイヌ・台湾・朝鮮 植民地支配から復帰運動まで』新曜社。
小野容照（2017）「第一次世界大戦の終結と朝鮮独立運動―民族『自決』と民族『改造』」『人文學報』110:1-21.
加々美光行（1999）『21 世紀の世界政治３　中国世界』筑摩書房。
加々美光行（2008）『中国の民族問題―危機の本質』岩波書店。
郝時遠（2004）「中文“民族”一詞源流考辨」『民族研究』6:62-64.
河合優子（2014）「日本における人種・民俗概念と『日本人』『混血』『ハーフ』」岩渕功一編著『〈ハーフ〉とは誰か―人種混淆・メディア表象・交渉実践』青弓社：28-54.
木村元彦（2021）「外国人を人間と見なさない「入管」の根源を問う」『imidas』10 月 28 日付、https://imidas.jp/humarerumono/?article_id=l-80-024-21-10-g706（2022 年 12 月 28 日、最終閲覧）より重引。
工藤雅樹（1979）『研究史　日本人種論』吉川弘文館。
陸羯南（1890=1969-85）「世界的理想と国民的観念」『陸羯南全集』みすず書房、第 2 巻：370-76.
黄斌（2013）『近代中国知識人のネーション像―章炳麟・梁啓超・孫文のナショナリズム』御茶の水書房。
近藤敦（2009）「入管政策と多文化共生政策の新展開―日本を中心に」庄司博史編「移民とともに変わる地域と国家」『国立民族学博物館調査報告』83:171-184.
坂野徹（2000）「コロボックル論争と「日本人」の不在　明治日本の人類学における「人種」理解をめぐって」『生物学史研究』66：43–58.
篠崎信男（1967）「通婚圏に関する一考察」『人口問題研究所年報』12:48-52.
篠崎信男（1974）「通婚圏問題と人口政策―昭和 47 年第六次出産力調査報告（その 12）」『人口問

題研究』130:46-52.
柴田隆行・棚沢直子・王亜新（2008）「『国家』と『民族』―翻訳語研究（一）」『理想』680:173-187.
鈴木透（1990）「日本の通婚圏（１）地理的通婚圏」『人口問題研究』195:17-32.
高山樗牛（1897=1925-33）「我が国体と新版図」『改訂注釈樗牛全集』博文館、第４巻 363-73.
竹沢泰子（2005）「人種概念の包括的理解に向けて」竹澤泰子編『人種概念の普遍性を問う』人文書院：9-109.
中華人民共和国駐日本国大使館（2013）「民族分裂主義と暴力テロ行為に断固反対 中国外交部」7月５付、http://jp.china-embassy.gov.cn/jpn/qtzg/201307/t20130708_10431865.htm（2022年12月28日、最終閲覧）。
坪井睦子（2015）「"nation" の翻訳：明治期における翻訳語の創出と近代イデオロギーの構築」『通訳翻訳研究』15: 147-171.
寺田和夫（1975）『日本の人類学』思索社。
鳥居龍蔵（1920=1975-77）「日鮮人は『同源』なり」『鳥居龍蔵全集』朝日新聞社、第12巻 538-539.
西川長夫（2002）「民族という錯乱」『立命館言語文化研究』14(1):95-103.
長谷川如是閑（1938）「国民的溶鉱炉」『読売新聞』10月７日第２夕刊１頁。
福澤諭吉（1879=1958-64）「通俗国権論」『福澤諭吉全集』岩波書店、第４巻：600-73.
福澤諭吉（1885=1958-64）「敵国外患を知る者は国滅びず」『福澤諭吉全集』岩波書店、第10巻：181-84.
穂積八束（1897）『国民教育　愛国心』八尾書店。
穂積八束（1943）『穂積八束博士論文集』有斐閣。
洞富雄編（1986）『日中戦争南京大虐殺資料集』第１巻『極東軍事裁判関係資料編』青木書店。
前川亨（2015）「『民族』と『民族主義』のセマンティックス― 孫文『三民主義』講演『民族主義』部分に関する二つの論点」『専修大学社会科学年報』49:237-60.
マクニール , バイエ（2018）「日本人が知らずにしている人種差別の「正体」「シャイ」という言葉に隠れた恐れ」『東洋経済 Online』6月17日付、https://toyokeizai.net/articles/-/225393（2022年12月28日、最終閲覧）。
村田雄二郎（2000）「二〇世紀システムとしての中国ナショナリズム」西村成雄編『現代中国の構造変動３ナショナリズム』東京大学出版会。
毛里和子（1998）『周縁からの中国―民族問題と国家』東京大学出版会。

守安敏司（2012）「水平社宣言―受け継いだ心、伝えた魂」朝治武・守安敏司編『水平社宣言の熱と光』解放出版社：114-151.

文部省社会教育局（1942）『国民同和の道』文部省。

安田浩（1992）「近代日本における「民族」観念の形成―国民・臣民・民族」『季刊 思想と現代』31（1992年）66-71頁.

山室信一（2001）『思想課題としてのアジア―基軸・連鎖・投企』岩波書店。

尹健次（1994）『民族幻想の蹉跌―日本人の自己像』岩波書店。

與那覇潤（2003）「近代日本における「人種」観念の変容―坪井正五郎の「人類学」との関わりを中心に」『民族学研究』68(1):85-97.

読売新聞（1912）「メキシコの前途　隣は多民族国家アメリカ、外国人多数で統治至って困難」4月10日朝刊2頁.

読売新聞（1918）「ロシアの民　純スラブ族は祖国を棄てた」4月28日朝刊5頁。

読売新聞（1939）「スロバキア宿望の民族自決進軍！崩壊する寄合世帯　次はウクライナの独立」3月15日第2夕刊1頁。

読売新聞（1941）「ソ連の悩み血の解剖　独逸の“純血”に対し二百民族の寄合世帯」6月25日朝刊7面。

読売新聞（1943）「社説 真の中国問題解決」7月7日朝刊2頁。

第107回国会衆議院本会議第7号（昭和61年10月21日）https://kokkai.ndl.go.jp/#/detail?minId=110705254X00719861021¤t=1（2022年12月28日、最終閲覧）。

第107回国会衆議院予算委員会第3号（昭和61年11月4日）https://kokkai.ndl.go.jp/#/detail?minId=110705261X00319861104¤t=1（2022年12月28日、最終閲覧）。

第198回国会衆議院内閣委員会第3号（平成31年3月6日）
https://kokkai.ndl.go.jp/#/detail?minId=119804889X00320190306¤t=25（2022年12月28日、最終閲覧）。

欧文文献

Anderson, Benedict.(1983) *Imagined Communities: Reflections on the Origin and Spread of Nationalism*, Revised Edition, London and New York: Verso.（＝白石隆・白石さや訳 1987『想像の共同体―ナショナリズムの流行と起源』リブロポート）。

Anderson, Benedict. (1992.) *Long-distance nationalism: world capitalism and the rise of identity politics,* Centre for Asian Studies Amsterdam: Amsterdam.（＝関根政美訳 1993「遠隔地ナショナ

リズム〉の出現」『世界』586:179-190.

Baelz, Erwin O. E. von. (1883) *Die Körperlichen. Eigenschaften der Japaner*, L'Echo du Japon: Yokohama.

Bale, John. (2002) *Imagined Olympians: Body Culture and Colonial Representation in Rwanda*, Minneapolis: University of Minnesota Press.

Fujitani, Takashi. (1996) *Splendid Monarchy: Power and Pageantry in Modern Japan*, Berkeley: University of California Press.

Malik, Kenan. (1996) *The Meaning of Race: Race, History and Culture in Western Society*, New York: New York University Press.

MOFA. (2008) *Third, Fourth, Fifth, and Sixth Combined Periodic Report on the Implementation of the International Convention on Elimination of Racial Discrimination*, Tokyo: Ministry of Foreign Affairs of the Japanese Government.

MOFA. (2012) *Response to The Request Dated March 9, 2012 of the Committee on the Elimination of Racial Discrimination*, Tokyo: Ministry of Foreign Affairs of the Japanese Government, p1.

Prunier, Gérard. (1995) *The Rwanda Crisis: History of a Genocide*, New York: Columbia University Press.

Seton-Watson, Hugh. (1977) *Nations and States: An Enquiry into the Origins of Nations and the Politics of Nationalism*, Boulder, Colo., Westview Press.

Smedley, Audrey. (1993) *Race in North America: Origin and Evolution of a Worldview*, Boulder, Colo.: Westview.

Trautmann, Thomas R. (1997) *Aryans and British India*, Berkeley: University of California Press.

Weiner, Michael. (1994) *Race and Migration in Imperial Japan*, London: Routledge.

本稿は、以下の論文をもとに大幅に加筆・改稿したものである。

Oguma, Eiji. (2021) Racial and Ethnic Identities in Japan. in Michael Weiner ed. *Routledge Handbook of Race and Ethnicity in Asia*, London: Routledge: 271-85.

第 15 章

レイシズムを根底にもつ入管の課題
――名古屋入管収容者死亡事件を手掛かりに

小林真生

はじめに

2021年３月に、ウィシュマ・サンダマリさんが名古屋入管で死亡した事件は多くの注目を集めた（詳細は第１章参照）。本人や家族が実名でメディアに出たことで、その訴えは全国に響き、同年国会に提出された入管法の改正案がウィシュマさんへの扱いはもちろん、その後の情報の隠蔽（医師が死の２日前に仮放免を勧めていたこと、DV被害者向けの手続きに沿った処遇をしなかったこと等）が明らかになり廃案になった経緯は記憶に新しい。

彼女の生前の状態としては、収容後に体調が急激に悪化し、体重は20キロ減り、吐血すら見られた。加えて、亡くなる直前には言葉を発することが出来ずうめき声を上げていたものの、十分な医療行為は行われず、気づいた時には心肺停止の状態にあったという。医学を専門としなくとも、彼女が深刻な状態にあったことは強く感じられる。名古屋入管での事件が人権や人道に反することは他言を待たないが、彼女の状況は担当者間において、少なくとも数名は熟知していたことは間違いない。そうした関係者は皆、日常生活において目の前で人が苦しんでいても放置する人間であり、そうした人格に問題のある人物が偶然その部署に固まって存在していたのであろうか。恐らく否であろう。ホロコーストの際にユダヤ人の移送を主導したアドルフ・アイヒマンに対し、彼のイスラエルでの裁判時、鑑定に携わった精神科医は家族や友人への態度を「単に正常であるのみか、最も模範的なもの」とし、彼の元を訪れた牧師は「きわめて前向きな思想の持ち主だ」とした[*1]。そして、裁判を傍聴したハンナ・アーレントは彼を「実に多くの人々が彼に似ていたし、しかもその多くの者が倒錯してもいずサディストでもなく、恐ろしいほどノーマルだったし、今でもノーマルであ

＊1　アーレント（2017）、35頁。

る[*2]」と評している。入管をめぐる様々な環境下においては、本来の良き人が感覚の麻痺や認識のすり替えを起こし、ウィシュマさんの悲劇を生んでしまったと考える方が自然なのである。換言すれば、その事件を引き起こした背景にある入管という組織の問題にこそ注視する必要がある。

直接あるいは間接的なものも含めた暴力や虐待、長期収容による諦念によって収容者に送還を選択させる入管の姿勢は、多くの関係者や各種機関によって非難されている。実際に、2014年3月にも約半年前に牛久市の東日本入国管理センターに収容された糖尿病の持病のあるカメルーン人男性が、胸の痛みを繰り返し訴えていたにもかかわらず、その意志は受け入れられないまま放置され、心肺停止の状態で発見される事態も発生している。ある意味で、身体に明らかな不調を来している収容者の言葉を無視あるいは曲解してしまうのは、現在の入管に共通した問題と見ることができる。

また、鈴木（2022）が整理した所によれば、1950年から1970年までの間の入管における自殺件数は総計で20件（内未遂16件）であったが、2006年から2020年の間の年間の自殺未遂件数は最低でも17件、最高で68件であり[*3]、組織として入管が大きく変質したことが見て取れる。同様の変化が主に日本人を対象する収容施設や刑事施設で起きていないことを考えれば、この半世紀の間に入管に何らかの変化があり、その背景に対象者が外国人であることで生じる偏見（レイシズム）が影響していると想定できる。なお、本研究におけるレイシズムの定義としては移民・ディアスポラ研究第3号における「人種、言語、文化、宗教、社会的位置によって生じる差異に否定的な位置づけを行うこと[*4]」を用いる。

入管とレイシズムの関係性について分析した朴沙羅は、日本の社会学では「「外国人」を規定するものは何なのかという問題は不問に付されている[*5]」として、外国人の概念の根幹に出自による差別があると述べている。そして、朴（2022）では終戦直後から1950年代前半における事例を中心に検証が進められ、ベトナム戦争の影響などの影響を述べつつ1970年代までの在日コリアンをめぐる状況を検証している。

確かに、入管制度におけるレイシズムという概念を考える時、歴史的文脈で捉えるならば在日コリアンへの視点は極めて重要である。しかし、上掲の入管における近年の変化を検証する際には、現在の日本社会における「外国人とは何か」という視点も重要になる。筆者は小林（2012）において、日本の地方社会における対外国人意識を検証する中で、外国人との接点が多い地域において、いわゆるニューカマーとされる1980年代半ばから急増した外国人に対しては、彼らの出自や国籍、人種、在留資格等の違いはあれど地域住民の意識が極めて高い近似性を見せていることを指摘した。その中で外国人は、犯罪やトラブルの印象が強い他者として認識されているのである。

本稿は在日コリアンが外国人として多数を占めていた1970年代までの朴の見地について、その連続性を意識する。しかし、実際に検証を行うのは超過滞在の外国人労働者の増加が顕著となった1980年代半ばから現在までの日本とし、入管がどのようなレイシズムに基づく認識を形成し名古屋入管死亡事件に至ったのかについて分析を行いたい。

本稿の構成としては、まず現在の官僚機構全体の変化を踏まえつつ日本社会および政界におけるレイシズムの変容を整理する。その後、政府の命を受けた機構が行った暴力や虐待の事例分析を踏まえつつ、現在の入管の抱える構造的課題を解明する。最後に、名古屋入管で起きた悲劇が繰り返されないために、いかなる方針が求められるのかを提示したい。

1　入管・政治家・社会におけるレイシズムの変遷

1　日本の官僚機構の特性

本稿は入管について多方面から検証していくが、まず日本の行政機構における職員の特性についての前提を共有しておきたい。行政学者の真渕勝は、官僚の政治および社会との距離を基軸として、その歴史的変遷を分析し、戦後から現在に至る官僚を三つのタイプに分類している[*6]。第一に、行政は政治の上に立ち、社会とは距離を置くべきとする「国士型官僚」で、自らが国家を背負っているとの自負を持ち1960年代までは大半のキャリア官僚がこのタイプに当たるとしている。第二に、政治や社会との距離を調整すべきとする「調整型官僚」である。彼らは55年体制の長期化に伴い、利益団体との接点も増える中で各所との関係を上か下かで捉えるのではなく、主張を調整することが官僚の役目と感じる層で、1970年代以降、次第に主流を形成するようになった。そして、第三に挙げられ、現在の主流となっているのが、行政は政治の

*2　アーレント（2017）、380頁。
*3　鈴木（2022）、22頁。
*4　小林真生編著・駒井洋監修（2013）『レイシズムと外国人嫌悪』明石書店、2013年、10頁。
*5　朴沙羅（2017）「入国管理体制と「外国人」概念－「日本型排外主義」再考」『ソシオロジ』第62巻第2号、6頁。
*6　真渕（2020）、70-75頁。

下にあるべきで、社会とは距離を置くべきと捉える「吏員型官僚」である。彼らは調整や決定に伴う責任を回避し、それらを政治が行い、自らはそれを実践する存在と認識する。吏員型官僚は1980年代半ば以降に登場し、存在感を増していくことになるが、その理由としては、調整型官僚が1990年代以降、①調整を行う中で公私混同が強まり批判を受けるようになったこと、②政治と社会から官僚への圧力が強まったことを受けて次第に重宝されなくなったことが大きい。

そうした日本の官僚機構の質的な変化を踏まえた上で、以下に1980年代から現在までの移民をめぐる社会の受け止め方の変化を概観する。なぜなら、入管という官僚機構の変化には社会や政治との距離が重要な役割を果たしているためである。日本社会におけるレイシズムの広がりについては認識しやすいが、本稿では政治の変化についても重点を置く。そもそも、政治家や政権与党を選挙で選択したのは社会の側であり、代表的な政治家の発言や行動は社会の縮図でもある。社会と政治のどちらがレイシズムの変容を主導したのかは判断が難しいものの、政治家と社会の相互作用の中で現出するレイシズムが、政治家の決定に従う傾向のある吏員型官僚に影響を与えると考えれば、21世紀に入り度々発生している収容者への暴力や虐待の要因が過去40年ほどの変化から推察可能と筆者は考える。

2　日本社会におけるレイシズムの変遷

① 1980年代半ば：指紋押捺拒否への対応

朴（2022）は戦後日本の入管行政を、旧植民地出身者の法的地位の不安定さ、および冷戦によって生じた移住者の処遇への対処のために生まれた「人権を特権にしてきた制度[*7]」と捉えた。その分析は凡そ1970年辺りまでを検証範囲としている。一方、本稿の検証は1980年代半ばから始まる。そこで、1985年当時高まりを見せた指紋押捺拒否問題への姿勢を検証することにより、入管の位相を確認する。

1980年に韓宗碩が外国人登録の際の指紋押捺を拒否したことが大きく報じられて以来、在日コリアンに止まらず他の外国人も声を上げるようになり、日本社会全体としても、この問題への関心が高まっていた。そうした中で、1985年２月に登録の窓口となる市町村の首長である川崎市長が指紋押捺拒否者を告発しないことを宣言し、その賛意は全国へと広がりを見せた。しかし、警察は５月８日に指紋押捺拒否者であり川崎市民であった李相鎬を逮捕した。５月14日には、法務省入国管理局長名義で都道府県知事に対して通達が出されたものの、同通達では自治体の窓口において既に写真での本人確認が主流であったにも関わらず、指紋照合の励行が指導された。そして、7月から外国人登録の大量切り替えが予定されていたことを受け、6月11日に法務省が外国人登録事務を行う職員への研修を行った際、入国管理局長は「指紋押捺拒否は、公然、かつ故意の違反行為である」とし、「告発義務を怠ることはきわめて重要なことで違法行為を助長する。3カ月の説得期間が過ぎたら速やかに告発してもらいたい」と述べたものの[*8]、7月及び8月の告発はゼロであった。

こうした状況を見ると、1985年時点で指紋押捺は現実的手段というよりも、外国人管理の象徴的手段であり、本来、法律(刑事訴訟法218条2項:当時)でも「身体の拘束を受けている被疑者」に限って強制的指紋採取が認められていたことを考えれば、それを強いることに意味があったといえる。一方で、そうした状況に対して日々在日コリアンや他の外国人に接している自治体の側から、指紋押捺拒否を受容する姿勢が見られた。一般に、日本は中央集権的か地方分権的かとの分類では、前者とされる[*9]。そうした中で、中央政府が指紋押捺拒否者を告発しないとした川崎市在住の在日コリアンを敢えて逮捕する判断を下したことから、政府が市民の実情を尊重した地方自治体の方針に強い反発を感じ、従来の自らの姿勢を維持したいとの意向があったことが分かる。つまり、戦後に形成された入管の在日コリアンに対する姿勢は1985年の段階で大きな変化は無かったのである。

② 1980年代後半から1990年代:超過滞在者への認識の変遷

日本におけるニューカマーが可視化されたのは、バブル景気により製造業に人手不足が深刻になった1980年代後半のことである。当初は観光ビザで入国し、超過滞在の形で就労する外国人が多く、彼らに対する取り締まりも後年ほど厳密には行われてはいなかった。それは製造業界の要請にも適っている。そして、経済界に「労働力不足を補うため、超過滞在者を活用する」との事情がある中で、超過滞在者の取り締まりが積極的に行われなかった事実は、当時の官僚機構において各所の意見を聞く調整型官僚が主流をなしており、徐々に拡大しつつあった吏員型官僚が経済界からの要請を受けた政治家の意向を踏まえたと見れば、入管をはじめとした法務省の行動に矛盾はない。

---

*7 朴(2022)、85頁。

*8 『朝日新聞』1985年6月11日(夕刊)。

*9 真渕(2020)、432頁。

その後、1990年の入管法改正により日系人および研修生（1993年からは技能実習生も）が人手不足の業種で活動することとなり、超過滞在の外国人は次第に厳しい取締りの対象となっていく。そして、1990年代に入ると上野公園や代々木公園に集まるイラン人等の超過滞在者についての報道が増え、彼らが偽造テレホンカードを売買している状況や薬物取引の危険性などが報道されるようになった。1980年代後半より、超過滞在者に対する日本社会の意識は良好なものではなかったが、違法行為との連関が伝えられるようになると、その反感は一層高まり、彼らを排除する方針に対して反対の声は小さかった。また、前掲のように新たな移民労働者を得たこと、および1991年2月以降のバブル景気崩壊により超過滞在者の日本での就労への動機や人数自体が低下したことにより、経済界からも敢えて超過滞在の労働者を雇用したいと要請する必要はなくなった。その結果、入管は彼らへの取り締まりを強化していったのである。そうした動きの一方で、駒井洋が1993年7月にイラン人に対して行った調査によれば、在日イラン人の中には1979年のイラン革命後の神権政治体制を忌避する「疑似亡命派」も一定数（18.1％）いる[*10]ことが明らかとなった。実際には、イラン人の中だけでも多様性は存在していたものの、彼ら全体が犯罪イメージと共にステレオタイプで捉えられることは常態化し、超過滞在者の出身国による背景や差異を日本社会が認知できる環境はなかった。

そうした状況下において、超過滞在の外国人は入管法に違反する犯罪者と見なされ、1992年には強制送還された超過滞在者の数は前年比約2倍の6万6892人[*11]に及び、以後数年にわたり強制送還者数は高止まりを続けることとなる。換言すれば、かつて産業を下支えした彼らは「日本に居てはならない存在」と見なされるようになったのである。ただし、超過滞在の外国人に対するレイシズムと、日系人に対するレイシズムとの間には、極めて近い他者意識があったことも指摘しておかねばならない。その背景にあるのは、彼らが治安を悪化させるとの印象であり[*12]、外国人と犯罪との連関の強さは結果的に入管法に違反する外国人を「人権を考慮する必要の無い犯罪者」として扱う結果を招くことになる。

③ 2000年代：排外思想の表面化

2000年代に入ると、従来控えられてきた激しい差別発言が公に発せられる機会が多くなっていく。政治家によるものとしては、2000年4月の石原慎太郎東京都知事による三国人発言が挙げられる。それは自衛隊の駐屯地において、「今日の東京をみますと、不法入国した多くの三国人、外国人が凶悪な犯罪を繰り返している。もはや東京の犯罪の形は過去と違ってきた。こういう状況で、すごく大きな災害が起きた時には大きな大きな騒擾事件すら想定される、そういう現状であります。こういうことに対処するためには我々警察の力に限りがある。だからこそ、そういう時には皆さんに出動願って、災害の救急だけではなしに、治安の維持も一つ皆さんの大きな目的として遂行いただきたい」と述べたものであるが、それは関東大震災時の朝鮮人への虐殺を容易に想起させるのと同時に、超過滞在者およびニューカマーと犯罪との連想や拒否反応を明示するものであった。その発言は、当時複数の著作が刊行されるほど問題視され[*13]、戦後直後の在日コリアンへの蔑視から現在の外国人へと続く差別の継続を明らかにした。

しかし、社会や都議会における反対は大きなものとはならなかった。都知事の私的諮問機関である「外国人都民会議」が「強い挫折感は全員に共通していた」との言のある報告書を提示し、委員の辞任も起きたものの[*14]、都議会において都知事への批判は大きな動きとはならなかった。また、市民からのリコールの動きや抗議声明は複数あったものの[*15]、石原都知事の支持率は発言後も高い数値を維持し続けた。つまり、彼の示した外国人と犯罪を結び付け、焚きつける行為に対して多くの都民からは不干渉という立場がとられたのである。

また、以前からネットの底流に韓国への反感は存在していたものの、それが2002年の日韓共催のサッカーワールドカップ以降、顕著となった。その手法としては、韓国代表チームのラフプレーやミスジャッジに言及することを隠れ蓑に、韓国や韓国人自体をステレオタイプ化し貶めるものであり、次第に定型化していった。加えて、そ

*10 駒井洋(1994)「段階的市民圏を提唱する－在日イラン人への調査結果をふまえて」『世界』第596号、122-133頁。

*11 以下、超過滞在者や強制送還者に対する数値は、当該年を含む入管白書の『出入国管理』(2019年以降は『出入国在留管理』)による。

*12 小林(2012)、178-180頁。あるいは、同書でも取り上げているように、外国人による女性暴行流言が同一地域において超過滞在者から日系人へと“加害者”の国籍を変えて流布した状況もあった。

*13 内海愛子・高橋哲哉・徐京植編(2000)『石原都知事「三国人」発言の何が問題なのか』影書房。内海愛子・岡本雅享・木元茂夫・佐藤信行・中島信一郎(2000)『「三国人」発言と在日外国人－石原都知事発言が意味するもの』明石書店。

*14 『朝日新聞』2001年3月29日(朝刊)。

*15 前掲、内海・高橋ら(2000)、225-257頁。

うした主張には、歴史修正主義、反リベラル、外国人の犯罪イメージとの連携なども重なり、移民や難民に対する拒否反応ともいえる発言がなされる状態がインターネット上では定着した。そして、上記のネットにおける言説をまとめる形で、2005年に出版された『マンガ嫌韓流』およびその関連書が多くの版を重ねたことは、日本社会の中に二つの傾向を生み出した。第一に、そうした言説が定着し、ネット上で偏った情報に触れ続けることにより、ヘイトスピーチやヘイトクライムといった実際の行動に移す者が集団として現れたことである。いわゆるネット右翼と呼ばれる人に対して、その背景や属性については論者によって視点は分かれているものの、『マンガ嫌韓流』やそれに類するネット言説に触れたことを契機として排外的な行動をとるようになったことが多くの文献で確認できる[*16]。第二に、レイシズムに触れることへの心理的障壁が大きく減退したことである。『マンガ嫌韓流』の裏表紙には「各社から出版拒否された」と書かれているが、近年では書店に嫌韓本やヘイト本が陳列されていることは珍しくなくなり、いわゆる大手出版社もそうした書籍を刊行するようになった。2017年には、講談社から発売されたケント・ギルバートによる『儒教に支配された中国人と韓国人の悲劇』がオリコンの調べで、同年の新書売上の1位を獲得したことは、その証左であり、かつてタブー視された言説が、一定の支持層を得たことは間違いない。換言すれば、21世紀に入り広がったネット上の言説は、レイシズムの先鋭化と間口の拡大に大きな影響を与えたのである。

④ 2010年代：レイシズムの拡散と定着

2012年に入管は大きな変化を迎えた。それは在留カードの導入である。前掲のように、外国人登録の際の指紋押捺が注目を集めた際、中央政府の意向を地方自治体に完全に反映することはできなかった。なぜなら、当時は入管法と外国人登録法が併存しており、外国人登録に際しては地方自治体が外国人登録証明書を発行していたためである。しかし、外国人登録法が廃止となり在留管理の機能が入管法に一元化されたことによって、在留外国人の管理は入管が行うこととなり、地方自治体は単なる在留カードの住所変更の窓口となった。それ以前、地方自治体では個別の判断で超過外国人に対しても外国人登録書を発行し、彼らが当該地方自治体内での行政サービスを受けることも可能であったが、そうした状況はなくなったのである。指紋押捺拒否者を告発しないと表明した場合と同様、日本の外国人関連施策については先進自治体が国を先導する状況が引き続きあるものの、出入国管理については入管に権限が集中する状況へと変わった。

そして、超過滞在者については、1993年に最多を記録して以降、減少が続き、2004年から始まった「不法滞在者5年半減計画」も提示され、計画開始当時に約25万人であった超過滞在者数（「不法入国者」を含む）は、2009年1月には約13万人まで減少した。しかし、2015年になるとその数は22年ぶりに増加へ転じる。これには技能実習生の構造的な問題による失踪、短期滞在資格で入国する観光客の増大なども原因とされている。入国管理についての権力の集中を経て、2019年には法務省入国管理局から出入国在留管理庁へと組織改編がなされた入管にとって、こうした状況が従来以上に取締や超過滞在者減少に意識が向く環境を作ったことは確かであろう。

本節の冒頭でも述べたように、ここまで1980年代から2021年の名古屋入管死亡事件に至るまでの経緯を社会・政治家・入管の三点から概観することを意図してきた。そうした中で、2012年12月以降、憲政史上最長の2822日の在任期間を記録した第二期安倍晋三内閣については、その影響が最も大きいことが予想される。そこで、まず安倍首相の姿勢について、在任期間に刊行された文献から見ていく。第二次政権期に安倍首相が5回以上単独インタビューや単著論考を寄せた論壇誌は『マンスリーウイル』（9回）、『文藝春秋』（8回）、『正論』（5回）であった。上掲3誌の「移民」および「難民」を表題にした他の執筆者による論考を見てみると、『文藝春秋』は賛成・反対に大きな違いは見られなかったが、最多の登場回を数える『マンスリーウイル』および『正論』に関しては、ヘイトスピーチに近いほどの否定的な表題が並び、肯定的に捉えるものはほとんど無かった（技能実習制度を批判する記事が『正論』2014年6月号に1点存在したが、全体では同制度を擁護するものの方が多い）。また、先にヘイト本の売上に関して挙げたケント・ギルバートと安倍首相は『マンスリーウイル』にて2度対談を行っている。

また、いわゆるネット右派の平成期における動向を整理した伊藤昌良は彼らが冷戦期には日教組（日本教職員組合）、共産党・社会党、社会主義国、そして冷戦後は朝日新聞に代表されるリベラル言説、民主党などの野党、韓国や中国、外国人を敵視してきたとしている。その上で、そうした20年近い過程を経て彼らからの人気の高い安倍晋三と麻生太郎が二人三脚で運営に当たった第二次安倍内閣を「バックラッシュ保守

---

*16 安田浩一（2015）『ネットと愛国－在特会の「闇」を追いかけて』講談社。明戸隆浩（2018）「現代日本の排外主義と「対抗言論」－「ナショナリズム」から「ヘイトスピーチ」へ」樽本英樹編著『排外主義の国際比較－先進諸国における外国人移民の実態』ミネルヴァ書房。など。

クラスタからの特命を授かった内閣[*17]」と評している。そうした安倍首相個人の政治姿勢を踏まえれば、政治の判断を優先する吏員型官僚が、2010年代に移民や難民に対する態度を硬化したことは自然な流れである。また、安倍首相は2018年10月29日の衆議院本会議の代表質問に答える形で「いわゆる移民政策をとることは考えていない」と明言しており、外国人の受け入れは「期限つきで受け入れる」としたことから、入管の収容者に限らず外国人全体が「いずれ母国に帰る存在」として捉えられ易かったことは確かである。

次に、社会と政治の関係を見ていく。政治家の言動と社会が持つ意識は、完全に連動しているわけではない。中北・大和田（2020）は、自民党支持層であっても強硬な右寄りの方針を支持していないとの分析を加えている。自民党が右寄りの方針を強めたのは、① 1996年に小選挙区制が敷かれたことで野党との差別化を図る必要があったこと、② 2009年の政権交代により自民党に比べ相対的にリベラル色の強い民主党が政権交代を果たしたため、民主党に対抗する必要があったことが大きいとされる。また、自民党の右傾化は政治家主導の組織の固め直しの性格が強かったとしている[*18]。つまり、安倍首相や彼の率いた自民党の姿勢ほど、日本社会はレイシズムを許容していたとは言い難い。

しかし、それを政治家と入管との関係で見ていくと、政治家の影響が大きなものになる。具体的には、2018年に行われた自民党総裁選において、既に長期政権を築いていた安倍首相は圧勝を狙ったものの、「反乱」とすら評されるほど地方票が大きく石破茂元幹事長に流れ、石破はその45％を得た[*19]。一方で、安倍首相の国会議員票は8割を超えた。この乖離は先に挙げた真渕（2020）の分析を援用すれば、入管のレイシズムの進展に繋がるものである。政治家の判断を重視し、社会との距離を置く、現在主流をなす吏員型官僚にとっては、世論の支持が強くなくとも、議員が安倍首相を強く支持する構造があれば、その判断を優先すると予測できる。自民党総裁選における安倍首相の議員票における支持は常に高かったことから、在職期間においては右寄りの（移民の権利取得や保護に対して消極的な）姿勢が官僚組織である入管において貫徹・強化されたのである。その意図を遂行する中で、2021年に名古屋入管にてウィシュマさんの死亡事件が起きるほどの強硬な方針が進められたと見ることができよう。

2　海外の官僚・軍による暴力事例とその分析

1　アメリカによる暴力の事例：アブグレイブ収容所・ベトナム戦争

本稿では名古屋入管の事件を念頭に入管周辺の状況に対して検討を加えてきた。しかし、指導者の意図を汲み、官僚機構（軍隊を含む）が自らの組織の特質も踏まえた規範を形成し、それを絶対視する中で通常なら道徳的に行い得ないような暴力的な行動を、一般市民である官僚が行った事例は歴史上、多く存在している。そこで、従来の事例および分析を以下に紹介することで、入管がウィシュマさんの事件後に発表した文書を読み解く際の検証枠組みを提供しておきたい。

911同時多発テロ後、アメリカはテロに対する国内の危機感を踏まえ、2001年にアフガニスタン、2003年にはイラクへ派兵した。その法的な問題点については多くの議論があるが、注目したいのは2004年に明らかになったイラクのアブグレイブ収容所の虐待事例である。アメリカは2001年11月にアルカイダの構成員、アメリカ・アメリカ人・アメリカの外交軍事政策および経済政策に危害をくわえる活動の関与者、援助・共謀者、庇護者を「敵性戦闘員」として、世界中で大統領権限にて無期限に身体拘束でき、国防総省管轄の「ミリタリー・コミッション」で裁くことを可能にする大統領令を発布した。それにより収容された容疑者（大多数はイスラム教徒）に対して、頭に黒頭巾を被せたり、犬に襲わせるといった身体的虐待、および様々な性的虐待が行われた。その加害者の中には女性兵士もおり、男女の別を強く意識するイスラム教徒にとって性的虐待を女性から受けた心理的な苦痛は多大なものであることが報じられた。

この事件の写真はおぞましさすら感じさせるものであるが、現場において下士官がそうせざるを得なかった構造も見て取れる。国内では同時多発テロ以降、「テロリストか味方か」という二元論で政策立案がなされ、大統領やその側近から強硬な発言が度々行われた。また、アブグレイブ収容所における多くの行為が「許される尋問テクニック」として政権上層部によって事前承認され、さらなる強硬手段も容認されていたことも報じられている[*20]。そして、実際に虐待を加えた女性兵士の一人は大学で気象学を学ぶための学費補助を目的に入隊しており、同様の背景を持つ複数の女性兵士が

---

*17 伊藤（2019）、487頁。
*18 中北・大和田（2020）、267頁。
*19『朝日新聞』2018年９月21日（朝刊）。

白人貧困層の出身であることも裁判や報道などで知られることとなった[*21]。また、対テロ戦争とレイシズムの関係について川久保（2020）はターゲットとする人種を領域化させる効果があり、多様なコミュニティがテロの温床としてイメージ化され、安全保障上の問題が発生する空間として領域化されるとの指摘を行っている[*22]。つまり、本稿冒頭で述べたように、良き人がレイシズムや政治家から上官に至る垂直的な命令の中に置かれ、ステレオタイプ化された被害者への暴力行為に至る構造がイラクでも存在したのである。

アメリカの21世紀に入ってからの中東への派兵の長期化と、その効果の薄さや非人道的行為の蔓延は、しばしばベトナム戦争に例えられた。ベトナム戦争当時、アメリカ軍によるソンミ村（ミライ村）での非武装のベトナム人に対する虐殺事件、民間人を対象にした爆撃、枯葉剤の投下などは大きな批判を浴びた。そうした行為に対して、Kelman（1973）では従来から存在する偏見の存在を指摘しつつ、通常では考えられない行為が行われた多くの事例を提示し、その中で重要なことは「何が暴力を抑制する力を弱めるのか」との視角であるとした。暴力を引き起こすものとしてケルマンが挙げているのは、第一に権威化である。暴力の実行者は上司・上官からの（暗黙のものも含めた）命令、許可、容認に従ったまでであり、実行者個人が暴力への責任を負うことはないとの意識が生まれる。それにより、権力者から実行者までが事業の一部となって機能し、その中で生じた使命や国益に準じようとする意識が通常の道徳心を欠落させていく。第二に、常態化（ルーティーン化）である。暴力への第一歩が踏み出されると、組織内でそれに対する継続が求められる。通常生じる良心の呵責が、繰り返される行為の中で慣れに変わり、命令者も仕事の遂行に意識が向いていく。第三に、非人間化である。通常、個人はアイデンティティやコミュニティとの関係性により認識されるが、加害者は被害者全体を自らの政策目的の遂行を妨げる存在と認識し、個性や共同体の無い数字として捉えてしまう。そうした中で、実行者は責任ある主体ではなく、命令に粛々と従う存在となる。そして、ケルマンは極めて類似した構造をナチスドイツのホロコーストにも見出し、Kelman（1973）ではそれとの対比が意識された。

2　ナチスドイツによるホロコースト

官僚機構による暴力行為を検証する上で、ナチスドイツによるホロコーストは重要な位置を占める。前掲のケルマンの研究をはじめ、多くの成果はあるが、ホロコーストを特異なものと捉えず「類似した紛争、偏見、暴力の実例を数多く内包する広い範疇における一種類として分類」(28頁)したジグムント・バウマンの『近代とホロコースト』の汎用性は高い。ホロコーストについては、600万人が犠牲になった残虐性やヒトラーの独裁に注目が集まり、国家や官僚機構が機能不全を起こした特殊事例と見なされることが多い。しかし、実際には先進国のドイツで既に確立していた規則や命令を忠実にこなす近代の官僚システムが引き起こした面がある。そして、同書でバウマンはホロコーストの教訓を現代社会の組織や構成員の認識に重ね合わせることを目指した。

バウマンはウェーバーの分析を引きつつ、官僚は指導者が定めた目標に対して、いかに効率的に実行するかを上意下達の構造の下で行い、その完遂を目指すとした。実際にヒトラーはユダヤ人の支配地からの排除を目標としたものの、具体的な大量虐殺のデザインは官僚組織によって行われた。近代の官僚制度が必ずホロコーストを行うわけではないが、一度それが動き出すと合理性や規律の順守が求められ、個人の道徳や倫理観では組織の動きを止められなくなる構造がホロコースト以後も官僚機構の中に変わらずに存在するとバウマンは指摘している。実際に、本稿冒頭に挙げたアイヒマンの裁判で彼は最後に、自分はユダヤ人を憎んでおらず、殺人を一度も望まず、美徳とされる服従を遂行したまでだとし、自分はその犠牲者であって、指導者たちのみが罰に価すると述べている。[*23]

そうした行動を選択した指導者や官僚は、事の善悪は別にして彼らなりにより良い社会の建設を目指していた。彼らが目指した完璧な世界を造ろうとする欲求は、社会的制御から自由になる中で、民族の殲滅を実行した。犯罪者が支配者となり、行動を規定した文明のルールが機能停止した時、近代の社会的訓練を受けた人々の中に潜む野生が解き放たれ、そこに効率性や指導者への忠誠とが合致すると、悲劇は起こり得るとした。

ホロコーストのもたらした最終結果と官僚機構の間に実践的・心理的乖離をもたらすものとして、バウマンは数値化を挙げている。結果が棒グラフのように数値化され

---

*20 伊藤和子(2006)「グアンタナモで続く拷問と虐待ー極まったブッシュ政権の人権無視」『論座』2006年6月号、126頁。

*21『毎日新聞』2004年5月11日(夕刊)。

*22 川久保(2020)、117頁。

*23 アーレント(2017)、342頁。

ることで作業の進展は明確となり、一方で、最終結果の現実性は乏しくなると共に目的の性質は意識されづらくなる。垂直的な組織の中で、個人の行動は分業化され、最終結果の責任に意味を持たせることが困難になり、道徳的責任は技術的責任に置き換えられていく。また、数値化されることで犠牲者らは非人間化され、倫理的対象の埒外の「厄介要因」でしかなくなり、彼らの扱いにくさは官僚の連携・連帯を強化する作用すらもたらす。

また、ホロコーストと社会との関係については、確かにユダヤ人に対する偏見や差別は近代まで存在していたものの、殲滅にまで至るほどの行動はそれまで採用されることはなかった。そして、ホロコーストが行われた当時であっても、民衆が民族の殲滅を全面的に支持する状況には至らなかった。ただし、ユダヤ人に対する公職や経済からの追放、「水晶の夜」と呼ばれる暴力行為、周囲からユダヤ人が消えていく状況に対して、民衆は個人として殆ど関与せず、見て見ぬふりや政府への追従、不干渉といった姿勢が示されたとの分析が加えられている。

3　名古屋入管収容者死亡事件の報告書に見る入管の課題

これまでの日本における歴史的経緯、および官僚機構の持つ特性を踏まえ、出入国在留管理庁調査チームが2021年8月に公開した「令和3年3月6日の名古屋出入国在留管理局被収容者死亡事案に関する調査報告書」(以下、報告書)を読むと、三つの入管の課題が見えてくる。

第一に、ウィシュマさんの支援団体に対する強い猜疑心と反発である。収容者の支援団体と入管との関係が良好なものでないことは容易に想像がつくものの、報告書では支援者に対して、帰国を念頭に置いていたウィシュマさんの意思を日本在留へと心変わりさせた存在と捉え、「A氏(筆者註:ウィシュマさん)の体調不良の訴えについて、仮放免許可に向けたアピールとして実際よりも誇張して主張しているのではないかとの認識を抱く原因になった」(54頁)として、支援者の言説が事件を引き起こしたと主張している。しかし、外国人あるいは司法に疎い者が、初めて当該国の法律に関する自身に有益な知識を関係者(支援者)から聞き、拘留機関が提示していたもの(あるいは自らの思い込み)とは異なる解決方法があると知った際に、その姿勢を変えることは不自然ではない。入管は自らが望む方針を変えられたことに強い反発があり、結果的にウィシュマさん本人や支援団体からの体調に対する訴えに対して、耳を傾けることはなかったのである。

一般に支援団体は人道や人権を重視するリベラル系統の方針をとることが多い。そうした団体や主張に対して、入管ばかりでなく政治家の反発も強い。特に、前掲の伊藤（2019）の分析で挙げられた安倍晋三や麻生太郎、あるいは石原慎太郎などの「もの言う政治家」で選挙に強い彼らの言説が、官僚や社会に与える影響は大きい。例えば、2017年の都知事就任後、小池百合子は関東大震災時における朝鮮人犠牲者を悼む式典に歴代都知事が行ってきた追悼文の送付を止めている。それを受け2022年10月には、都の人権施策担当職員が関東大震災時の朝鮮人虐殺を事実とする映画を都の外郭団体主催の企画展で上映することに対し、小池都知事の行動にも言及した上で「懸念がある」とのメールを上映場所である人権プラザを運営する東京都人権啓発センターに送付したことがあった。朝鮮人虐殺については、事件の直後から各種メディアでも言及がなされている程の史実でありながら[*24]、指導者の意向を受けて官僚が歪曲した歴史解釈を行ったのである。現代の日本において政治家の姿勢に、リベラル志向を嫌う官僚が忖度する状況は多く見られる。ウィシュマさんの支援団体への敵対的な姿勢に指導者の意図が垂直的組織構造の中で加わり、明らかな不調が無視されたのは特異な行動ではない。

第二に、収容者の数値化である。前掲のように2015年からコロナ禍が始まるまで、超過滞在者の数値は上昇を続け、その数を減らすことが入管にとっての目標となった。つまり、入管職員にとっては送還忌避者や仮放免者を増やすことは、庁内における道徳規範にそぐわないことであった。報告書によれば、2018年に法務省入国管理局長名義で通達された「被退去強制令書発付者に対する仮放免措置に係る適切な運用と動静監視強化の更なる徹底について」が仮放免認可の基準となっており（2023年3月現在、半分ほどが黒塗りで開示）、そこには「送還の見込みが立たないものであっても耐え難い傷病者でない限り、原則、送還が可能となるまで収容を継続し送還に努める」との規定がある。しかし、ウィシュマさんが亡くなる約1か月前には既に嘔吐物に血液の混入が見られ、血尿すら確認されている。これは報告書でしばしば見られる詐病やヒステリーよるものではないのは明らかで、「耐え難い傷病者」に当たろう。また、報告書では同通達で挙げられている仮放免許可が不適当なものとして、「難民認定制度の悪質な濫用事案として在留が認められなかった者」にウィシュマさんの事例

*24 小林（2012）、15頁。

が当たるとしている。しかし、2018年に改正された法務省入国管理局長通達「DV事案に係る措置要領」によれば、収容中の容疑者がDV被害者であることが判明した場合は、仮放免を許可した上、第5の1に準じ事後の手続をすみやかに進める」とされており、ウィシュマさんがDVの被害を訴えていたのは明らかであったため、彼女をして「難民認定制度の悪質な濫用事案」とするのは無理があり、彼女の収容を続けた背景に、超過滞在者の頭数を減らそうとする意図があったと見なすことができる。事実、報告書の公表を受け、上川陽子法相は記者会見で「送還することに過度にとらわれるあまり、人を扱っているという意識がおろそかになっていた[*25]」と述べている。

第三に、収容者の非人間化である。ウィシュマさんが死亡する1週間の間に、①カフェオレを飲んだ際に上手く飲み込めず、鼻に逆流した時の「鼻から牛乳や」とのコメディソングに起因した発言、②「あー、うー」の様なうめき声しか出せない状態で食べたいものを聞き、接着剤の「アロンアルファ？」と聞き返した発言、③死亡当日に「ねぇ、薬キマってる」と彼女の苦しむ状況を薬物中毒かのように語る発言が見られた。これらの発言は、入管が頑なに全編の公開を躊躇う録画情報の中で開示せざるを得なかった部分から抜粋したことを考えても、担当職員が明確かつ常にウィシュマさんを人格を持った存在と見ていなかったことが分かる。「フレンドリーに接したいなどの思いから軽口を叩いた」（82頁）との証言もあるが、1か月前から吐血・血尿の症状が見られ、死亡直前で声もまともに発せない人に対して、それを言葉にすること自体、人格や人権を尊重する姿勢が担当職員から欠落していたことが分かる。前掲のKelman（1973）やバウマン（2021）でも見られたように、対象を非人間化することは自らの良心の呵責や道徳心から来るストレスを低減するための、職員の自己防衛と見ることもできる。

また、2023年2月15日にウィシュマさんの居室の監視カメラ映像が公開法廷で上映されることが決まり、その映像を観たフォトジャーナリストの安田菜津紀は死亡当日の状況として、男性職員らがウィシュマさんの腕を引っ張り反応を試した際、「いつもだったら……これで痛いって言うんですけど」と一人の職員が述べたことを確認している[*26]。痛みやそれに伴い上げる声（悲鳴）を聞くことが常態化していた状況も分かる。ウィシュマさん本人、支援者、診察した医師それぞれが外部での適切な診療を求めている深刻な状態の中で、身体的な痛みの表明が生存や意思の確認方法だったとするならば、収容者を非人間化しなければ職員の精神の均衡が保てない環境が入管内にあったといえよう。それは、同様の事件が各地の入管の収容施設で起きていることからも明らかである。

4　入管の事件に対する姿勢

1　改善への取組

2021年3月のウィシュマさんの死亡事件を受けて、入管も各種の対応を行っている。『2022年版　出入国在留管理』では「名古屋出入国在留管理局被収容者死亡事案を受けての対応」との章が設けられ、「プロジェクトチームの設置」「職員の意識改革」「医療体制の強化」を柱として、12の改善策が提示されている。その冒頭に挙げられ、職員の意識改革のために2022年1月に策定されたのが、「出入国在留管理庁職員の使命と心得」である。同文書は職員の意見交換会や外部有識者からの意見聴取などを経たものとされている。そして、職員の使命として第一に挙げられているのが「ルールを守る外国人を積極的に受け入れる一方で、我が国の安全・安心を脅かす外国人の入国・在留を阻止し、確実に我が国から退去させること」であり、その後に庇護を要する者の保護や共生社会の実現が続く。そして、職員の心得として8項目が挙げられているが、死亡事件との連関としては「人権と尊厳を尊重し礼節を保つ」と「聴く力と話す力を養う」との項目が、それに当たる。特に後者では、「広く国民の良識にかなう判断をするよう努め、当事者を含めた社会全体の理解を得られるよう必要な説明を尽く」すことを目指すとしている。

ここで、そうした職員に対する入管における研修の実情を見ていく。現場の職員採用に関するパンフレット「入国審査官／入国警備官入庁案内2022」および同庁総務課研修企画室からの聞き取りによれば、職員研修は①初任者向け（1－3か月にわたり実施）、②採用後4年以上の中堅職員向け、③幹部候補職員等向けに分れており、人権に関しては①の場合、憲法の講義の中で扱い、教養講座として実施されている（具体的な講座名は外部の講師特定に繋がることから秘匿された）。②の場合、外部の講師を招く「人権関係法規」、および教養講座としても実施されている。③の場合、外国人の人権に関する講義が数回、外部の講師を招く講座が数回実施されている。また、部署が2、3年に一度の割合で異動するため、配属された部署に関係する研修は随時行われ

---

*25『毎日新聞』2021年8月11日（朝刊）。

*26 安田菜津紀「うめくウィシュマさんの前で談笑――監視カメラには何が映っていたのか」Dialogue for People、https://d4p.world/news/20001/（2023年3月4日、最終閲覧）。

ている。ただし、名古屋入管における死亡事件に特化した研修や「出入国在留管理庁職員の使命と心得」に沿った研修については、明言されることはなかった。

2　本心としての「現行入管法上の問題点」

次に、職員の意識改革や研修の実践を掲げる入管の認識について、検討していくこととしたい。先に挙げたように入管は12の改善策を掲げており、その活動を紹介する内容のバナー「改善策の取組状況」を同庁のホームページに掲載している（2023年3月10日現在）。その中では、前掲の「出入国在留管理庁職員の使命と心得」も提示されている。一方、その部分の後に、「現行入管法上の問題点」と題する内容が記載されている。その内容は事件後である2021年12月に公開されており、「改善策の取組状況」という分類に入っていることから、改善策を踏まえての指針と見ることができる。

同文書は（概要）として1ページ目に全体がまとめられており、その冒頭に挙げられているのが同庁は「共生社会の実現」を目指しているにもかかわらず、不法残留者が増加傾向にあるとして8.3万人という数字が太字・赤字で書かれている（実際はコロナ禍の影響もあり、2022年1月には6万6759人と19.4％減少している）。そして、退去強制令書が発付されたものの退去を拒む送還忌避者の人数が太字・赤字で3103人と提示され、難民申請者に6か月後から就労を認める規定の運用が開始された2010年から8年後の2017年には1200件から2万件へと申請者が急増したとして後者の数値が太字・赤字で示されている（難民申請者は翌2018年に半減しているが、その点は概要には書かれていない）。それらの強調具合から、入管が「不法残留者」「送還忌避者」「難民申請者」の数値を重視していることが分かる。

ここで「現行入管法上の問題点」より、前節で指摘した入管の構造的問題点とを照らし合わせてみる。第一の「支援団体に対する強い猜疑心と反発」であるが、同文書14頁に仮放免に際して「身元保証制度の運用状況」として特定の弁護士や支援者が「多数の逃亡者を発生させている例がある」と赤字・太字で紹介し、その上部では仮放免の許可を受けることを目的として「拒食に及ぶという問題も生じている（拒食の結果仮放免となり、逃亡中の者は67人）」との部分が赤字・太字で紹介されている。つまり、収容者の体調の悪化や別の原因（例えば、ウィシュマさんの症状については心理的な部分が大きく、仮放免で改善が予想されるとの医師の指摘もあった）が見られたとしても、詐病であるとの固定概念から支援団体や本人への猜疑心は却って強調されてしまう状況が伺える。また、逃亡を発生させている弁護士や支援者とその表現についてであるが、仮放免者の場合、就労が認められておらず、高い弁護士費用を払うことができないため、彼らを担当する弁護士の実態としてはボランティアに近い形で仕事を行っている。しかし、文書から受ける印象は、彼らが逃亡を助長するブローカーのような弁護士や支援者というものである。もちろん、入管もその実態は認知していることを踏まえれば、弁護士を含む支援者に対する猜疑心や反感は継続しているといえよう。

第二に、「収容者の数値化」、及びそれに伴う数値減少に向けた圧力である。「現行入管法上の問題点」では前掲のように超過滞在者の数値が強調されると共に、3ページに「不法残留者の現状」として、特段の事情がない限り、法令に従い、適正かつ迅速に送還を実施している必要があるとして、「不法残留者『0』を目指す」との文言が赤字・下線付きで提示されている。これまで入管の白書等では数値の減少を目指すとの文言はしばしば見られたものの、その数を「0」にするという目標までは提示しなかった。他国の事例を見ても、超過滞在者の数を皆無とすることは実現が極めて困難に映る。しかし、官僚機構の特性として、上司や組織の掲げた目標を自らの道徳規範に従い無理があっても効率性を求めて遂行してしまう点がある。同文書13ページに、超過滞在として収容された者に対して「帰国すれば収容は解かれる」との文言が赤字・太字で強調されており、目標達成のため帰国を強く促す中で、これ以上収容され続けるなら却って帰国を望みたくなるほどの厳しい対応が、収容所内で採用される可能性がある。

第三に、「収容者の非人間化」であるが、（概要）を除き15ページで構成されている「現行入管法上の問題点」では、送還忌避者・仮放免者の前科や刑期が5ページ分紹介されている。つまり、文書の三分の一に犯罪についての記載があり、彼らと犯罪は容易に連想され得る。前掲のように、日本の対外国人意識は犯罪イメージとの連関が極めて強いが、本文書ではそれが強調され、そもそも収容者に対して人権に基づく扱いがされていると言い難い中で、彼らを犯罪者あるいはその予備軍として印象付けることは、一層のステレオタイプ（非人間化）を生み、ウィシュマさんに本来認められるべきであった仮放免がコミュニケーションや信頼感の不全で取り消された構造は変わっていない。犯罪や詐病を強く疑われる中で、収容者への丁寧な聞取りが出来る可能性は低く、人間的扱いがなされるとは言い難い。

これらの要素を見ると、入管がウィシュマさんの事件を反省したというよりも、そこで見られた課題が一層深刻になりかねない状況が分かる。加えて、一人の人間が死亡した事件の改善を掲げるサイトに、収容者・送還忌避者・仮放免者に対する偏見が露呈する文書を並列させていること自体、入管が事態を深刻に受け止めておらず、反省よりも自己肯定を提示したい意図が見て取れる。通常の組織であれば、死亡事件を起こした場合、その原因となった問題を気に留めず、肯定すらする内容を改善策と共にホームページに記載することはないであろう。換言すれば、一人の命を賭したとしても、現在の入管に組織的な改革を行う能力は大きく欠落しており、自ら作成した研修が行われても、それが組織改善の効果を発揮することは困難なのである。

おわりに

ウィシュマさんの家族の訴えは大きなうねりとなり、各方面に入管についての気づきをもたらしたものの、入管の組織自体には自浄作用が満足に働かないことが明らかになった。なぜ社会の反応があったにも関わらず、組織改革が進まないのかと考えると、第一に官僚機構に「効率重視」「高い正確性」「規範と命令に忠実」といった特性はあるものの、自ら変化することについては不得手な組織であること。第二に、入管という組織を設立した目的が外国人の管理であり、それが第一義になる中で、人権や人道という価値観が疎かになったこと。第三に入管の目線が主権者が構成する社会ではなく、選挙で人気であったり、議員に影響力のある政治家の方を向いていることが挙げられる。特に、犯罪者と捉えられ易い難民・入管収容者・仮放免者に、上掲の課題のシワ寄せが向かう構造もある。

難民に関しては、2017年9月に麻生太郎副総理（当時）が、宇都宮市内での講演で、有事も想定される朝鮮半島から大量の難民が日本に来る可能性に触れ、「武装難民かもしれない。警察で対応するのか。自衛隊、防衛出動か。射殺ですか。真剣に考えなければならない[*27]」と語った。そして、その発言に対して初鹿明博衆議院議員が提出した質問主意書に対して、安倍内閣は閣議で「麻生国務大臣が政治家として発言したものであり、政府としてお答えする立場にないが、有事の際に想定され得る様々な事態について、聴衆の問題意識を喚起する趣旨からなされたものと承知している」との答弁書を決定した。難民に対して射殺という表現を副総理が行い、内閣が「聴衆の問題意識を喚起する趣旨」と回答し、それに対する批判も日本社会で余り大きくならなかった状況では、難民をはじめ入管が問題視する人々への扱いが改善するとは思えない。

---

*27『朝日新聞』2017年9月24日（朝刊）。

現在、日本において法的立場が弱い所に置かれた外国人に対して、社会も彼らを犯罪者と見なし、入管も「もの言う政治家」に評価されるような対応をとっている。「現行入管法上の問題点」という、社会にレイシズムを誘発しかねない資料を入管自身で作成してしまうことがその証左となろう。こうした問題を抱えた社会や組織が本質的に変わるのを待つならば、その道のりは長い。換言すれば、その間に新たな収容者の犠牲、組織の規律に忠実な入管職員の心理的不協和を緩和するための暴力性のある行為が発生し続けてしまうことは容易に予想できる。

もちろん、入国管理を全く行わず、フリーパスでの往来を支持するわけではないが、入管が組織としてレイシズムを抱えてきたとの認識にまずは立つ必要があろう。300万人を突破した日本で暮らす外国人に寄り添える方針をとる新たな組織の下で、出入国管理を行う体制を作ることが、現在求められているのではないだろうか。

参考文献

伊藤昌亮（2019）『ネット右派の歴史社会学ーアンダーグラウンド平成史1990-2000年代』青弓社

川久保文紀（2020）「レイシズムと軍・法執行機関の融合化」『現代思想』第48巻第13号（10月臨時増刊号）

小林真生（2012）『日本の地域社会における対外国人意識ー北海道稚内市と富山県旧新湊市を事例として』福村出版

ジグムント・バウマン著、森田典正訳（2021）『近代とホロコースト[完全版]』筑摩書房

鈴木江理子（2022）「入管収容施設とは何かー「追放」のための暴力装置」鈴木江理子・児玉晃一編著『入管問題とは何かー終わらない〈密室の人権侵害〉』明石書店

中北浩爾・大和田悠太（2020）「自民党の右傾化とその論理」小熊英二・樋口直人編『日本は「右傾化」したのか』慶應義塾大学出版会

朴沙羅（2022）「いつ、誰によって入管はできたのかー体制の成立をめぐって」鈴木江理子・児玉晃一編著『入管問題ー終わらない〈密室の人権侵害〉』明石書店

ハンナ・アーレント著、大久保和郎訳（2017）『新版　エルサレムのアイヒマンー悪の陳腐さについての報告』みすず書房

真渕勝（2020）『行政学[新版]』有斐閣

Herbert C. Kelman, (1973) 'Violence without Moral Restraint: Reflections on the Dehumanization of Victims and Victimizers', *JOURNAL OF SOCIAL ISSUES,* Vol29, No4

第16章

諸外国の移民庁の成り立ち

――入管・統合政策担当機関と収容・永住・帰化のあり方

近藤　敦

はじめに

移民政策は、出入国管理政策（以下、入管政策）と統合政策からなる。移民政策を担当する国の機関は、入管政策と統合政策に応じて分かれている場合もある。一般に、入管政策を所管する国の省庁は一つである。一方、移民の社会参加を促進する統合政策は、（労働・福祉・教育・文化・国籍政策など）多岐にわたり、多くの省庁が所管する場合もある。ただし、統合政策の企画・立案・実施を担当する中心的な行政機関を置く場合も少なくない。

日本の入管政策は、戦前に所管していた内務省の廃止により、GHQ（連合国最高司令官総司令部）の管理下に置かれ、一時、外務省の管轄とされたが、1951年の出入国管理令以後、法務省が所管する。法務省の入国管理局は、2018年12月の出入国管理及び難民認定法と法務省設置法の改正に伴い、2019年4月1日より、法務省の外局としての出入国在留管理庁（以下、入管庁）となる。法務省設置法上、法務省の任務が「出入国の公正な管理」から「出入国及び在留の公正な管理」に拡充され（3条1項）、「同項の任務に関連する特定の内閣の重要政策に関する内閣の事務を助けること」を任務とするようになった（同2項）。そして入管庁が、在留の公正な管理に関して「閣議において決定された基本的な方針に基づいて、行政各部の施策の統一を図るために必要となる企画及び立案並びに総合調整に関する事務をつかさどる」（4条2項）。したがって、入管庁がある種の統合政策についても総合調整の役割を担当する[*1]。

もっとも、「在留の公正な管理」は、統合政策の一部にすぎない。入管庁は、出入国管理部に加え、在留管理支援部を置くとともに、政策課が入管政策だけでなく、一部の統合政策の計画・立案も行う。そして在留支援課が在留支援の実務を担当する（13頁、図1参照）。入管庁のHPをみると外国人支援ポータルサイトによる多言語での情報提供、外国人在留支援センターでの多言語相談などが在留支援の主たる内容である。

これまで、日本では、総務省の2006年の「地域における多文化共生推進プラン」にみられるコミュニケーション支援・生活支援を中心とした多文化共生政策から、2020年の同プランの改訂にみられる外国人住民との協働による地域活性化・グローバル化なども含む幅広い自治体の統合政策の展開がみられるものの（総務省 2022）、2009年に内閣府の外国人住民施策推進室が小規模な人員で設置されたほかは、国の統合政策の担当部門が明らかでない問題があった。このため、必要な法整備は進まず、移民統合政策に関する国際比較の調査では、「統合なき受入れのやや好ましくない国」と日本は類型化されている（MIPEX 2020; 近藤 2022: 15）。

本章は、移民政策を担当する国の機関としての「移民庁」のあり方をめぐり、主な諸外国（ドイツ、フランス、イギリス、スウェーデン、アメリカ、カナダ、オーストラリアおよび韓国）の入管政策と統合政策の担当機関を概観することにより、今後の日本の移民政策の担当機関のあり方を検討する。その際の分析の視点として、以下の３点に焦点を当てる。第１に、移民政策を所管する省の変遷、第２に、入管政策を担当する機関の概要と（今日、日本で問題とされることの多い、退去強制のための）収容の期限・収容理由の司法審査の有無、第３に、統合政策を中心的に担う国の機関の概要と（諸外国で見直されることの多い）永住許可要件と帰化許可要件の関連性[*2]を踏まえて考察するものである。永住許可は、入管政策の問題であるとともに、統合政策の問題でもあり、移民政策の発展とともに、永住許可と帰化許可の関連性はしだいに強化されつつある。

1　ドイツ

移民政策は、連邦内務・国土省（Bundesministerium des Innern und für Heimat、以下、内務省）が、コミュニティ・統合、国家安全保障、住民保護、憲法擁護、行政、公務員、サイバーセキュリティ・デジタル政策、公務員、スポーツ政策などとともに所管する。2018年までは連邦内務省、2021年までは連邦内務・建設・国土省の名称であった。

入管政策を担当するのは、2005年施行の滞在法に基づき創設された、連邦移民難民庁（Bundesamt für Migration und Flüchtlinge: BAMF）である[*3]。BAMFの任務は、外国人

*1　他の省の役割については、「外国人の受入れ環境の整備に関する業務の基本方針」（2018年７月24日閣議決定）参照。

*2　各国の永住許可と帰化許可の要件については、MIPEX（2020）も参照した。

局、連邦雇用庁および連邦外務省との間で雇用を目的とした在留に関する情報の調整、移民問題の調査、帰還促進、退去強制などである（滞在法75条）。そして、入管関連の法の執行としての入管行政を担当するのは、各地の外国人局（Ausländerbehörde）である。また、BAMFは、難民や補完的保護の認定を行い（庇護法3～5条）、外国人中央登録簿の管理を行う（外国人中央登録法1条）。BAMFは、デジタル技術、庇護手続、滞在権、統合・社会結束、国際業務、研究などの部門に分かれている（BAMF 2022a）。BAMFの下の専門機関として、庇護・移住情報センターがあり、移民の出身国、通過国、受入国、世界の難民・移民の状況や原因について、信頼性の高い包括的な情報を提供する（BAMF 2019）。また、外国人局は、滞在法と旅券法に基づく、外国人の在留、雇用、統合に関する措置・決定を行い（滞在法71条）、在留許可、永住許可、退去強制などの決定と実施に責任を負い、ビザの発給にも関与する。なお、退去強制のための収容については、「裁判官の命令」により（同62条2項）、原則として「最長6か月」、外国人に責任がある理由で退去強制ができない場合、受入国の必要書類が遅延している場合でも最長「18か月」の期間制限が定められている（同4項）。

統合政策を担当するのも、BAMFである。2005年の滞在法により、その任務に統合講習、統合促進の支援、統合問題の研究なども掲げられ（75条）、BAMFは、ドイツ語講習とドイツの法制度・文化・歴史に関する知識を与えるオリエンテーション講習からなる統合講習を調整・実施する（43条）。その後、2016年の統合法により改正された滞在法では、安全な第3国以外からの庇護申請者に対しても、ドイツ語講習への参加を義務づけた（44a条）。BAMFが担当するその他の統合政策として、就労のためのドイツ語講習（滞在法45 a条：就労のためのドイツ語支援令1条）、相談（滞在法45条）、移民女性向けプロジェクト、ユダヤ系移民の支援（滞在法23条2項に基づく内務省令）などがある（BAMF 2022b）。ただし、欧州言語共通参照枠（CEFR: Common European Framework of Reference for Languages、以下CFERとする[＊4]）のB 1レベルまでの一般的なドイツ語支援が内務省の担当であり、連邦労働社会省が職業に関する語学コースを支援・担当する（BAMF 2022c）。統合講習の実施機関は、市民大学や語学学校などであるが、外国人局が、統合講習の受付のほか、難民支援、難民申請、医療その他の給付申請、登録などの事務も担当する。なお、永住許可の要件は、一般に5年の滞在許可の保持、ドイツ語の十分な知識、法制度・社会秩序・生活環境に関する基本的な知識などが必要であり（滞在法9条）、統合講習修了のB1レベルのドイツ語能力証明と帰化試験と同じ「ドイツの生活」の試験に（33問中15問以上の正答で）合格することが必要とされる。国籍取得の要件は、一般に８年間の合法的滞在、B1 レベルのドイツ語の十分な知識、(33 問中 17 問以上の正答が合格の) 帰化の試験で試される法制度・社会秩序・生活環境に関する基本的な知識などが必要であるが (BAMF 2022d)、統合講習の修了者は７年に、特に優れた成果が証明できる者は６年に期間が短縮される (国籍法10 条)。

2 フランス

移民政策は、内務・海外領土省 (M inistère de l'intérieur et des outre-mer、以下、内務省) が、国境管理、安全保障、公的自由などとともに所管する。2007 年から 2010 年までは、(移民・統合・国民性・共同開発省の名称を途中で変更した) 移民・統合・国民性・連帯開発省が所管した。この移民の名を冠する省は、サルコジ大統領の 2007 年５月 31 日のデクレ１条により、移民、難民等の受入れと統合 (教育・文化・コミュニケーション・職業訓練・社会活動・都市・医療・雇用・住宅・反差別) 政策の立案・実施、法務大臣とともに国籍取得、関係閣僚とともにフランス語学習などの政策権限が付与された。同大統領によれば、従来、移民を扱う省は、外務省、社会省、内務省の３つであり、移民政策は存在していないという (Lafitte 2010)。そこで、初代移民大臣によれば、行政の簡素化と政治的効率性の観点から、移民の名称をもつ特定の省をつくることで、一つの移民政策 (une politique de l'immigration) をつくろうとした (Hortefeux 2007)。しかし、ナショナル・アイデンティティと移民を結びつけることなどへの批判も多く、同省は、短命に終わり、多くの業務は内務省の所管となった。ただ、移民行政を主として警察を所管する内務省の下に置くことは、移民支援団体からは問題とされた。たとえば、難民の問題は内務の管理の観点だけでは解決できない。難民の保護は内務省だけの権限ではない。共生、反差別、雇用と住宅へのアクセス、言語習得などの統合の問

＊3 まず、ドイツが難民条約に調印した1953 年の庇護令の施行後、連邦難民認定局が、ついで1965年の外国人法29条に基づいて、改称した連邦難民認定庁が難民認定を行った。そして2005年の滞在法75条に基づき、入管政策と統合政策における新たな任務を拡充され、連邦移民難民庁と改称した (Hanewinkel 2016)。

＊4 CEFRは、学習者、教授する者および評価者が、外国語の熟達度を同一の基準で判断しながら、学び、教え、評価できるように開発された参照枠である。CEFRの等級はA1、A2、B1、B2、C1、C2 (最も熟達) の６段階に分かれている。B1は「仕事、学校、娯楽などで普段出会うような身近な話題について、標準的な話し方であれば、主要な点を理解できる」熟達度を指す (BRITISH COUNCIL 日本)。

題も、外国人の入国と在留の条件に還元することはできないという（Lafitte 2010）。

今日の入管政策は、内務省の下にある外国人総局（direction générale des étrangers en France: DGEF）が担当する[*5]。DGEFは、複数の部に分かれ、たとえば、1）移民部は、外国人の入国・滞在・就労と非正規移民対策を担当する。ここでは、さらに査証課（規定、情報、難民家族、訟務など）、滞在・就労課（専門職・学生、家族移民、欧州・国際法、国内書類）、非正規移民対策課（法務・国際協力、循環型越境、収容・送還、ID偽造対策）といった3つの課とその中のセクションに分かれている。また、2）庇護部は、庇護と国際的保護の受入れ政策について担当し、これらに関する規則を制定する。ここでも、庇護政策の推進・資金調達課（庇護希望者・難民の受入、庇護に関する欧州指令の適用、成果・調整）、庇護・国際的保護法課（庇護の国内法・欧州法、協力・庇護の対外的側面）と分かれている（DGEF 2022）。また、入管行政は、DGEFの下にあるフランス移民・統合庁（Office francais de immigration et de integration: OFII）が、在留許可、庇護希望者の受け入れ、出身国への帰還などを担当する（入国・滞在・庇護権法典[*6] L121-1条）。なお、収容期間については、「15日」を超えて収容する場合は、外国人が退去強制を妨害するなどの例外的な場合に「自由・収容裁判官（juge des libertés et de la détention）」が「最長90日」までを命じることができると制限されている（L742-5条）。

今日の統合政策は、DGEFの3）統合・国籍取得部が担当する。ここでも、外国人統合課（言語講習・市民権、社会的・職業的支援など）、国籍取得課（帰化、宣言、訟務、パイロット支援、情報、現代化など）、移民の住居に関する省庁間委員会事務局に分かれている。また、統合行政は、OFIIが、3か月以上滞在する外国人に対する健康診断、正規滞在者のニーズに合わせた統合契約に基づくフランス語講習・市民講習などを担当する（入国・滞在・庇護権法典L121-1条、R413-10条）。2017年に新設された永住許可は10年の許可証を更新するなどの20年以上の滞在を要件とするものの、従来、永住許可に相当するものと扱われてきた10年の許可証の要件は、一般に5年以上継続居住し、フランスに統合し、（CEFR A2レベルの）フランス語の十分な能力を必要とする（同L314-2条・L314-8条）。帰化要件は、一般に提出する前の5年以上継続居住し、（CEFR B1レベルの）フランス語、フランスの歴史、文化、社会、国民の権利義務、共和国の基本原理と価値観の遵守についての十分な知識を必要とする（民法21-17条、21-24条）。

なお、難民・無国籍者保護公社（Office française de protection des réfugiés et apatrides: OFPRA）が、業務の遂行にあたっていかなる指示も受けずに、難民、無国籍者または補充的保護者の認定および保護を担当する（入国・滞在・庇護権法典L121-7条）。OFPRAは、1952年7月25日の法律により設立され、当初は、外務省の管轄下に置かれたが、2010年からは財政的・行政的に自立した内務省の外郭団体である（OFPRA 2022）。

3　イギリス

移民政策は、内務省（Home Office）が、犯罪対策、テロ対策、消防、警察などとともに所管する。

入管政策は、内務省の下の英国ビザ移民局（UK Visas and Immigration: UKVI）と移民執行局（Immigration Enforcement: IE）が担当する。UKVIの任務は、ビザの審査、帰化の審査、難民審査と難民保護、不服審査などである。1971年移民法附則2・3などに[*7]、内務大臣や入国審査官の収容権限が定められている。収容期限の制限規定はないものの、判例上、合理的な期間内に送還できないときには収容権限を行使すべきでないとのハーディアル・シン（Hardial Singh）原則による制限がある[*8]。司法審査に関しては、収容の合法性について、第1審審判所（移民・庇護部）に審査を求めたり、人身保護法に基づく人身保護令状を申請したりして保釈を求めることができる（McGuinness and Gower 2018: 11）。IEの任務は、移民法の遵守であり、非正規移民の追跡、不法に雇用した者や偽造書類を作成した違反者、組織犯罪者の捜査などである。かつて内務省の移民・国籍局の下の外国人課が1920年から、移民課が1933年から、英国移民課が1973年から、国境・移民庁が2007年4月から入管行政を担当した。さらに、2008年4月に同庁、入国許可申請を処理する英国ビザおよび歳入税関庁の税関

---

*5　外国人のフランス入国・滞在・国立移民公社の創設に関する1945年11月24日のオルドナンスで創設された国立移民公社が、フランス人の海外移住の職務も加わり、1988年に改名された国際移民公社となる。その後、外国人の生活支援を行う（公益法人）外国人受入れサービスが合併して2005年に国立外国人・移民受入れ庁に改変された。さらに、2009年に国立社会結束・機会均等庁の外国人向け語学研修も加えてフランス移民・統合庁に改変され、2013年から外国人総局となる。参照、西山 (2010: 5-6)。

*6　1945年の入国・滞在に関するオルドナンスと1952年の庇護権に関する法律を統合した2005年の入国・滞在・庇護権法典の2021年5月1日に施行された改正法。

*7　Immigration Act 1971, Schedule 2, para. 16 (2); Schedule 3, para. 2; Nationality, Immigration and Asylum Act 2002, § 62; UK Borders Act 2007, § 36.

*8　R (Hardial Singh) v Governor of Durham Prison [1983] EWHC 1 (QB); 秋山 (2021: 9)。

担当部門が合わさって、英国国境庁が、内務省から独立した行政法人（agency）として置かれた。しかし、独立行政法人としたことで組織の効率性が低下し、大量の未処理案件を増大させたことなどが問題となり、2013年3月からは、内務省の内局として、UKVI、IEに分けられ、すでに前年から国境管理は、内務大臣直轄の国境警備隊（Border Force）に分けられていた（GOV.UK 2012; BBC 2013）。この機構改革によって、透明性、コミュニケーションなどでの改善がみられ、1年間でおよそ42万件から30万件に未処理件数も減らした（Home Office 2014: 17, 28, 31, 41）。

統合政策は、単一の省庁ではなく、内務省が、難民の統合、永住、国籍の政策を所管し、住宅・コミュニティ・地方自治省、2021年に名称が変わり、現在はレベルアップ・住宅・コミュニティ省：Department for Levelling Up, Housing and Communities）が、イングランドにおける「コミュニティの結束（community cohesion）[＊9]」を所管する（スコットランド、ウェールズ、北アイルランドにおける統合政策は、それぞれの政府の果たす役割が大きい）。統合政策の歴史は、1960年代にはじまり、旧植民地のカリブ、アジア、アフリカなどの英連邦諸国からの移民を主な対象とし、公衆の出入りする場での差別を禁止した1965年の人種関係法は、内務大臣が起草した。1968年の人種関係法では商品、サービス、雇用、住宅などにおける差別禁止が加わった（2～5条）。1976年の人種関係法では教育分野にも拡充し（17～19条）、内務大臣の任命する人種平等委員会は差別の調査、禁止通告、平等促進の多様な権限を認められる（46～70条）[＊10]。2000年の人種関係（修正）法では、警察における差別禁止が加わるとともに、内務大臣に、異なる人種集団間の平等を促進する義務を課す公的機関のリストを拡張する権限を与えた（1条・71条）。また、2000年に難民統合戦略が打ち出され、2001年にイングランド北部での騒乱を受けて、コミュニティの結束という政策課題に取り組むようになり、2004年のEU拡大に伴い東欧・中欧からの移民が移民経験の少ない地域に定住するにつけ、自治体やサービス提供者向けの指針が示されるようになった（Broadhead 2020）。住宅・コミュニティ・地方自治省は、2018年に「統合コミュニティ戦略グリーンペーパー」を発表し（MHCLG 2018）、内務省は、2019年に難民のための「統合指標の枠組み」を発表した（Home Office 2919）。なお、永住許可の要件は、一般に（労働ビザでの5年の居住）、CEFR B1レベルの言語能力[＊11]、「イギリスの生活」の試験の合格が必要である（移民規則39条、附則KoLL）。帰化の要件は、一般に永住権の保持、5年の居住、CEFR B1レベルの言語能力、「イギリスの生活」の知識としての帰化試験の合格が必要である（国籍法附則1）。

4 スウェーデン

移民政策は、法務省（Justitiedepartementet）が、司法、警察、人種差別防止、危機対応、スポーツなどとともに所管する。スウェーデンの省は、複数大臣制であり、法務大臣とともに、移民大臣（Migrationsminister）がいる。これまでも、2000年から2002年までは統合・大都市大臣、2002年から2004年までは民主主義・統合・平等・スポーツ大臣、2004年から2006年までは、民主主義・大都市・統合・平等大臣、2006年には統合・平等大臣、2006年から2014年まで、2017年から2019年までは移民大臣、2021年から2022年までは統合・移民・スポーツ大臣といった具合に、統合政策を担当する大臣が法務省に置かれた。

一方、かつて、移民の統合政策は、1998年に創設され、2007年に廃止された統合庁[*12]が中心的な役割を果たしていた時期があり、統合庁の上級官庁は、内務省から文化省を経て法務省へと移行した（近藤 2010: 108）。そして内務省に1996年から1998年まで統合・スポーツ・青少年・消費者大臣、文化省に1998年から2000年まで統合・青少年大臣が置かれた。2006年から2010年までは、統合・平等省がつくられた。近年、統合政策の比重が雇用の問題に移るにつれ、労働市場省の下に、2010年から2014年までは統合大臣、2016年から2019年までと、2022年から現在までは労働市場・統合大臣（Arbetsmarknads- och integrationsminister）が置かれている。

入管政策は、現在の法務省では、16のうち2つの部門が担当する。1）移民法部門は、移民法、国籍、および国境管理に関する法律を担当する。2）移民部門は、庇護希望者の受入れと自治体への振り分け、移民、自由移動、ビザ、帰還、収容、非正規移民の防止などを担当する。入管行政を担当するのが、移民庁（Migrationsverket）である[*13]。移民庁は、収容の執行の決定も担当するが（外国人法10章18条）、退去強制の

*9 すべてのコミュニティに共通のビジョンと帰属意識があり、人々のさまざまな背景や境遇の多様性が認められ、積極的に評価され、異なる背景を持つ人々が同様の生活機会を得て、職場や学校、近隣地域において、異なる背景を持つ人々の間で強力かつ良好な関係が構築されていることをさす(Local Government Association 2002: 6)。

*10 なお、今日の2010年の平等法は、人種以外の多くの保護特性を理由とする差別等を禁止する(4～21条)。

*11 英語、スコットランド語、ウェールズ語またはゲール語。

*12 廃止後、難民などの住宅の支援は入管庁、社会オリエンテーションは国の出先機関であるレーン執行委員会へ、統合に関する統計調査は中央統計局に移管された(近藤 2010: 109)。

ための収容の期限は、原則「２か月」、延長しても「３か月」、外国人の協力を得られなかったり、必要書類の入手に時間がかかったりする場合でも「最長 12 か月」である（同 4 条）。最初の執行から２か月以内に収容の見直しの審査が行われ、２か月ごとに審査が繰り返され（同 9 条）、収容か収容代替措置（監視）かの決定は、事件を扱う移民庁または裁判所が行う（12 条）。

1967 年から自治体の適応政策（かつての同化主義的な統合政策）を推進する部局として市町村に移民局がつくられ、1969 年から 2000 年までの国の機関の名称は、移民庁（Invandrarverket）であった。それ以前の 1944 年からの外国人委員会が行っていた在留許可の業務、法務省の行っていた国籍取得の業務、内務省の移民問題作業部会の適応問題の業務が、移民庁に集められた。移民庁の創設の理由は、入管政策と、通訳支援・スウェーデン語教育・母語教育・移民組織の支援などの統合政策を意味する「移民の政策（invandrarpolitik）」を一緒にすることが重要と考えられたからである。1960 年代に外国人から移民へと政策用語が変わることにより、統合政策が進展した。しかし、1984 年に難民の所管が労働市場庁から移民庁に移ると、労働市場に参入できない難民が増えた。そして移民庁が入管政策と統合政策をともに管轄していることへの批判から、1998 年に統合庁がつくられた。従来の移民の政策は、移民の社会への一方的な適応を問題としていたが、統合政策は、全住民を対象として民族的・文化的背景によらず平等な権利を保障する政策を意味した（近藤 2001: 81）。

今日の統合政策は、2022 年 10 月までは法務省の統合・分離対策部門が、外国生まれの人のスウェーデン社会への定着と労働・社会参加のために、新規入国者の受入れと定住、難民の自治体への振り分け、社会オリエンテーション、通訳・翻訳者の認証、分離対策などを担当した。その後、労働市場省が、統合政策を担当することになるものと思われる。実務としては、新規入国者の受入れは、法務省と労働市場省の共管事項であり、たとえば、庇護希望者等の受け入れに関する法に基づき、当初、移民庁の下の受入れセンターが、各自治体に引き継いだ後は社会福祉協議会が支援をし（2・3a 条）、移民庁が、スウェーデン語講習その他の有意義な活動への参加機会を提供し、雇用につなげる（4 条）。また、難民等には、労働市場省の下の職業紹介所が、スウェーデン語、社会オリエンテーション、スキルアップトレーニング、インターンシップ、就労支援、企業支援などの個人のニーズに合ったメニューを用意し、就職カウンセラーが提案する定着プログラムを提供する（Arbetsförmedlingen 2022）。そして自治体では、新規の滞在許可者に対するスウェーデン語や多言語による社会オリエンテーション講習を無料で受けることができる。なお、外国人法の改正により2021年7月20日からは、永住許可要件は、一般に過去7年間で4年間の国内就労が必要である（外国人法5章5条）。帰化要件は、一般に5年間居住し、永住権を取得している必要がある（国籍法11条）。

5　アメリカ

入管政策は、国土安全保障省（Department of Homeland Security: DHS）が、税関業務、国境警備、テロ防止、サイバーセキュリティ、防災などとともに所管している。国土安全保障省は、ヨーロッパ諸国の内務省に相当する行政機関である。国土安全保障省は、2001年のアメリカ同時多発テロの後、2002年の国土安全保障法に基づいて設立された（101条）。それまでは、日本の法務省にあたる司法省が入管行政を所管し、その下にある移民帰化局が実務を担当していた。

今日、非正規移民などに対する入管政策は、国土安全保障省の下の移民税関捜査局（Immigration and Customs Enforcement: ICE）が担当する。移民税関捜査局は、3つの業務部門に分かれる。1）国土安全保障捜査部は、国際犯罪組織やテロリスト・ネットワークの撲滅に取組む。2）執行・送還業務部は、非正規滞在者や公共の安全を脅かす者の身元確認と逮捕、収容、仮放免など移民法の執行手続を担当する。なお、収容については、司法長官の発行した令状により、外国人を収容することができる（合衆国法典[*14]8章1226条）。しかし、アメリカでは、人身保護請求に基づく連邦最高裁判例[*15]により、「何人も…法の適正手続によらないで、…自由…を奪われることはない」と定める修正5条の適正手続に基づいて、退去強制令から6カ月を超える収容の場合、近い将来の送還の蓋然性があるかどうかについての収容の必要性の審査を導いている。3）主席法律顧問部は、退去強制事件の訴訟を担当し、ICEの職員への法的サービスを提供する。また、総務部や職務責任部がこれらの業務部門をサポートする。

正規移民に対する入管政策は、国土安全保障省の下の市民権・移民サービス（U.S.

*13 入国した移民（Invandrar）だけでなく、帰還を含む出入国（Migration）を担当するという意味での名称変更である。

*14 移民・国籍法（Immigration and Nationality Act）は、合衆国法典（United States Code）8章に編入された。

*15 Zadvydas v.Davis 533 U.S. 678 (2001).

Citizenship and Immigration Services: USCIS）が、正規移民に対する入管と帰化の行政事務を担当する。主な審査業務として、雇用に基づく（永住型の）移民と（非永住型の）非移民、家族移民、養子、就労・就学・ビジネス・レクリエーション・文化交流などの短期滞在ビザ、難民・庇護などの人道的保護、帰化などを担当する。また、国土安全保障省の下の独立した機関として、市民権・移民サービス・オンブズマン事務所（Office of the Citizenship and Immigration Services Ombudsman）が、一般市民とUSCISのあいだの連絡役として、入管制度の問題についてUSCISに勧告する任務を担っている。

一方、統合政策のための特別な連邦機関はないものの、州や自治体やNGOの統合プログラムは多様に存在する。連邦においても、たとえば、財政支援の差別を禁ずる1964年の公民権法第6章に基づく2000年の大統領令「英語能力が十分でない人へのアクセスの改善」により、行政機関はバイリンガルの職員を雇用し（Bloemraad and de Graauw 2012: 216-217）、保健福祉省公民権局は医療通訳を受ける権利を保障するための補助金を出している（石崎ほか 2004: 124）。また、司法省公民権局は、（雇用差別を禁ずる公民権法第7章に基づく）雇用機会均等委員会などとともに、人種差別等を違法とすることで社会統合を推進している。さらに、統合政策の一環としての帰化行政は、国土安全保障省のUSCISが担当する。永住許可に言語要件・統合要件はなく、抽選による多様性ビザの場合は入国時に認められ、取得に1ないし5年を要するものの、申請までの居住要件は多くの場合ない。帰化は、一般に永住権取得後5年の居住（合衆国法典8章1427条）、（CEFR A1レベル以下の）英語と（歴史や政治に関する）市民試験の合格を要件とする。

6　カナダ

移民政策は、移民・難民・市民権省（Immigration, Refugees and Citizenship Canada: IRCC）が所管している[*16]。歴史的には、1917年からは移民・開拓省、1936年からは鉱物・資源省、1950年からは市民権・移民省、1966年からは人材・移民省、1977年からは雇用・移民省、1991年からは多文化主義・市民権省、1994年からは市民権・移民省が、入管政策を所管していた（Dirks, updated by Foot and Ma 2006 last edited 2020）。ただし、カナダでは州政府も移民の指名枠をもっており、移民政策に大きく関与するので、州政府も移民省をもっている。

入管政策の基本は、移民・難民保護法（Immigration & Refugee Protection Act）に基づ

き、市民権・移民（現行の移民・難民・市民権）大臣が、（短期就労プログラムなどの）労働関連の規制については雇用・社会開発（現行の雇用・労働力開発・障害者包摂）大臣が、入国審査・収容・退去強制などは公共安全・緊急事態準備（現行の公共安全）大臣が権限を有し（4条）、入管実務は、公共安全省の下のカナダ国境サービス庁（Canada Border Services Agency）が担当する。ただし、退去強制や収容の理由の審査は、独立行政審判所である移民・難民審査会（Immigration and Refugee Board of Canada: IRB）の移民部が担当し（45・54条）、不服があれば、IRBの移民上訴部が判断する（62・63条）。また、難民認定は、IRBの難民保護部が担当し（107条）、不服があれば、IRBの難民上訴部が判断する（110条）。収容後、48時間以内に、ついで7日間に1回、さらに30日間に少なくとも1回、収容を継続する理由を審査しなければならない（57条）。また、判例上、被収容者は、人身保護令状を裁判所に申請することもできる。[*17]

統合政策は、新規移住者のための言語訓練、職業訓練・生活支援などの定住政策も、移民・難民・先住民の社会参加・政治参加・文化発展のための多文化主義政策も、移民・難民・市民権省が担当する。歴史的には、多文化主義政策は、1972年からは国務省、1996年からは民族遺産省が担当したが、移民関係と同じ官庁に置くべきとして、2008年からは市民権・移民・多文化主義省が担当し、内閣改造による大臣の異動に伴い2013年から一時、雇用・社会開発省に移管され、2015年から移民・難民・市民権省が担当する。[*18]なお、永住許可の要件は、入国時に認められる移民もいれば、1年の就労などを要件とする場合もある。帰化の要件は、過去5年間の内に3年間の居住、（CEFR A2レベルの）英語かフランス語能力と公民の知識に関する市民権試験に合格する必要がある。

7　オーストラリア

移民政策は、内務省（Department of Home Affairs）が、刑事裁判、サイバーセキュリティ、危機管理、安全保障などとともに所管する。かつては、1945年からは移民

*16 1994年創設の市民権・移民省から2015年に現行の名称に変更された。2013年からはパスポートの発行も、外務省から移管された。

*17 Chaudhary v. Canada, 2015 ONCA 700 (CanLII); Canada (Public Safety and Emergency Preparedness) v. Chhina, 2019 SCC 29 (CanLII).

*18 加藤 (2018: 113, 137-141, 206-222)を参照。

省、1974年からは労働・移民省、1975年からは移民・民族省、1987年からは移民・地方自治・民族省、1996年からは移民・多文化省、2001年からは移民・多文化・先住省、2006年からは再び移民・多文化省、2007年からは移民・市民権省、2013年からは移民・国境警備省が入管政策を所管した（Department of Immigration and Border Protection 2013）。

入管政策は、2017年から内務省が担当する。移民法に基づいて、（内務省の移民・市民権・多文化担当）大臣は、（入国・在留のための）ビザを許可し（29・65条）、送還を命ずる権限を有し（200条）、（大臣が指名した内務省職員や警察官である）係官は、不法（入国・滞在）外国人を収容する（189条）。ただし、大臣は、（在留を特別に許可するための）ビザを与えたり（195a・351・417条）、収容施設以外の特定の場所に居住させたりすることができる（197AB条）。また、ビザの不許可や送還の決定に不服があれば、（法律実務家や業務関連有識者からなる）行政不服審判所移民難民部門が再審査する（336M条）[*19]。なお、オーストラリアの収容は、義務的かつ無期限であることから、幾度となく、国連の人権機関から条約違反の指摘を受けている[*20]。

統合政策も、内務省が、無料の成人移民英語学習プログラム、多文化コミュニティへの補助金プログラム、難民支援、社会結束、多文化事業などを担当する（Department of Home Affairs 2022a; 2022b）。多文化主義政策の所管は、歴史的には、1987年に首相・内閣府に多文化局（Office of Multicultural Affairs）が創設され、1996年に移民・多文化省に移管し、2013年に新設された社会サービス省に移管し（Department of Home Affairs 2022c; 2022c）、今日、内務省が所管する。なお、永住許可は、入国時に認められる移民もいるが、ビザの種類によって２年ないし６年の居住を要件とし、成人移民英語学習プログラムの受講を要件としている。帰化は、１年以上の永住者かつ４年以上の居住、（CEFR A2レベルの）英語能力、およびオーストラリアと国民の権利義務に関する帰化試験の合格を必要とする（国籍法21条２A）。

8　韓国

入管政策は、日本の法務省にあたる法務部が、司法や人権施策などとともに所管する。2007年の在韓外国人処遇基本法制定に伴い、法務部の出入国管理局は、出入国・外国人政策本部として拡充された。現在、同本部は、出入国政策部門と国籍・統合政策部門に分かれている（Korea Immigration Service 2022）。さらに、出入国政策部門は、５つの課に分かれる。１）出入国計画課が、入管政策の立案などを行う。２）国境管理課が、出入国審査などを行う。３）在留・査証課が、査証の立案・発行や在留許可の発行を行う。４）調査執行課が、出入国動向の調査、入管法違反調査、退去強制などを行う。５）IT 戦略管理課が、入管業務の電子化や統計分析を行う。

また、国籍・統合政策部門は、４つの課に分かれる。（実のところ、なぜこの課が統合政策部門に置かれるのかは不明であるが、入管政策と統合政策の連携の役割を担うのかもしれない）①出入国政策課が、法務、出入国管理委員会の運営、出入国管理基本計画の立案・実施などを行う。そして④難民政策課は、入管政策としての難民認定審査と、統合政策としての難民支援を行う。2013 年に出入国管理法とは別の難民法を施行した（藤原 2012）。法務部長官が弁護士・教授・難民業務担当元公務員・難民に関する有識者を任命ないし委嘱する難民委員会が、異議申立の諮問を行い、同委員会の下に難民調査官を置く（難民法 25-27 条）。

なお、出入国管理法に基づき、収容は、各地の出入国・外国人庁の長が権限を有し（63 条１項）、３か月を超える場合は、３か月ごとに法務部長官の承認が必要である（同２項）。

統合政策は、上記の国籍・統合政策部門の②国籍課が、帰化や国籍喪失に関する方針・法律を担当する。③移民統合課が、移民の社会統合政策の立案、結婚移民の査証発給・在留資格管理を行う。また、統合政策としては、2008 年の多文化家族[*21]支援法に基づき、女性家族部長官が、多文化家族政策委員会の審議を経て、５年ごとに多文化家族政策基本計画を策定し（３条の２）、毎年、関係機関の長とともに、実行計画を策定する（３条の３[*22]）。なお、永住許可は、一般に５年の居住、（CEFR A2 レベルの）韓国語と社会に関する社会統合プログラムの基本コースを修了する必要がある（入管法 10-3 条、39 条）。帰化は、５年の居住に加え、2018 年施行の改正国籍法により永住資格の保持を課す永住資格前置主義を導入し（藤原 2019: 21）、（CEFR A2 レベルの）韓国語と社会に関する社会統合プログラムの深化コースを修了する必要がある（入管法 39 条、国籍法５条１号、５条１号の２）。

---

*19 浅川 (2016: 28, 85, 150-151, 164, 189, 216-218)を参照。

*20 たとえば、近藤 (2008：177-178)を参照。

*21 多文化家族とは、おおむね韓国人と国際結婚をした家族をさすが、詳しい定義は多文化家族支援法２条を参照。

*22 上江洲 (2019: 20-21)を参照。

現在、韓国政府は、本格的な移民政策のコントロールタワーとして、おそらくは法務部の外局としての「移民庁（仮称）」の設立を検討している。従来の移民政策は、法務部（出入国・難民）、外務部（在外同胞）、女性家族部（多文化・多民族家庭）、雇用労働部（外国人労働者）、行政安全部（外国籍住民）などがそれぞれ担当してきたという（キム 2022）。

おわりに：比較からみる日本の課題と展望

最後に、これらの国々の移民政策担当機関のあり方の比較を通じた、日本の移民政策担当機関の課題と展望について、以下の３点について、検討することにしよう。

第１に、移民政策を所管する省は、カナダは独自の移民・難民・市民権省であるが、ドイツ、フランス、イギリス、オーストラリアは内務省であり、スウェーデン、韓国、日本は法務省である。これらの内務省も、法務省も、警察類似の規制行政としての入管行政を行う特徴をもつ。さらに、アメリカの国土安全保障省とカナダの公共安全省は、テロ対策と入管政策を結びつける性格が強いが、上記の内務省や法務省も、類似の面もある。しかし、移民政策は、こうした規制の側面だけではない。移民や難民の社会参加を支援する統合政策は、入管政策を担当する機関とは別の機関が中心に担うべきとの考えもある。また、規制行政において適正手続などの人権保障・法の支配の要請をどのように制度化するかという問題もある。

そこで、第２に、入管政策を担当する国の機関を概観した。日本のように出入国管理課の下に難民認定室を置いているのではなく、各国の難民政策・難民認定担当部門の組織的な独立性は相対的に大きい。ドイツの場合は、歴史的に難民認定・難民保護を担当していた機関が中心に入管政策担当機関となっている。また、一般の入管行政と難民行政は、裁量の余地や保護の有無など性質が異なるので、特別な法律として韓国の難民法、ドイツの庇護法と庇護申請者給付法、スウェーデンの庇護希望者等の受け入れに関する法と庇護希望者等の保健・医療法などもある。さらに、国連の人権機関から問題とされることの多い日本の収容手続については、イギリスやオーストラリアを除いて、収容期限が定められており、収容の理由についての司法審査もオーストラリアや韓国を除いて可能である。オーストラリアの連邦最高裁にあたる高等法院の人身保護請求に基づく判例では[*23]、ノン・ルフールマン原則によりシリアに送還できないシリア国民の無期限収容を４対３の多数意見は合法としたが、このことは、人権章典をもたないオーストラリア憲法では、適正手続などに関する違憲審査権をもっていないことと深く結びついている。適正手続をはじめ憲法が基本的人権を定め、条約の誠実遵守を明示している日本では、人身保護規則4条を改正するか、入管法の改正により、自由権規約9条4項所定の裁判所の審査手続を導入すべきである（近藤 2023: 28-130、257-260）。

第3に、統合政策を中心的に担う国の機関は、アメリカを除いて多くの国で確認できる。統合政策については、日本では、2006年の総務省の地域における多文化共生推進プランもあり、自治体では多文化共生施策と呼ぶことが多い。国の統合政策の基本法として、たとえば、2022年10月3日の衆議院議員提出法案「多文化共生社会基本法案」22条では、総務省の外局として「多文化共生庁」を置く（衆議院 2022）。長所は、退去強制や収容に代表される入管行政の規制庁としての法務省の入管庁よりも、統合政策の実務担当が自治体である場合が少なくない統合政策の司令塔として総務省は適任であり、住民行政の一部である支援実務との連携を強化しうる点であろう。短所は、入管政策と統合政策との連携が弱まるおそれがある点であろう。一時期のスウェーデンなどを除いて、統合政策と入管政策の担当機関を同じ省に置いていることは、体系だった移民政策を進める上では有益と思われる。また、省庁横断的な統合政策は、内閣府の下に置くのがふさわしいという意見もあろう。しかし、内閣府のマンパワー不足がこの場合は難点となる。むしろ、外国人材の受入れ・共生に関する関係閣僚会議の事務を内閣官房と法務省が担当する現行の体制を発展させる方が得策かもしれない。独自の省をつくるほどには、日本の移民政策のプレゼンスはまだ大きくない。

そこで、法務省の入管庁が、統合政策の中心的な役割を果たすうえでの課題としては、在留支援課をできるだけ他の規制行政の部門から独立させ、在留支援の専門行政官を養成することである。そのうえで、反差別政策のために法務省の人権擁護局との連携を強化する必要がある。また、統合政策としての国籍政策と（永住許可などの）入管政策との連携を強化する必要もある。従来から日本でも帰化行政については、法務省の民生局が担当してきた。しかし、法務省の入管局と民生局とのあいだの連携が少なく、入管政策と統合政策を総合的に考える視点をもたなかった。この点を示す事象として、永住許可に必要な一般的な居住期間が10年であるのに対し、帰化に必要な

---

*23 Commonwealth of Australia v AJL20 [2021] HCA 21.

一般的な居住期間が５年という、整合性を欠いた制度設計となっている。アメリカ、イギリス、スウェーデン、オーストラリア、韓国のように、永住資格の事前取得を帰化の要件とすることで帰化申請を遅らせる必要はないであろう。しかし、永住許可の居住要件・言語要件は、帰化の居住要件・言語要件と比べて同じか、低いレベルである方が合理的と多くの国では考えられている。今後は、入国、永住、帰化という３ゲート・モデルに整合的な統合政策が日本でも望まれる。その際、新規入国者の永住や帰化につなぐ言語講習、社会講習、職業訓練といった統合政策だけでなく、長期在留者も含め、差別を防止し、社会・政治・文化生活への幅広い活躍のための政策の企画・立案・実施が待たれる。

参考文献

日本語文献

秋山瑞季（2021）「退去強制手続における外国人の収容」『調査と情報』1140 号 1-13 頁

浅川晃広（2016）『オーストラリア移民法解説』日本評論社

石崎正幸・Patricia D. Borgman・西野かおる（2004）「米国における医療通訳と LEP 患者」『通訳研究』4 巻 121-138 頁

上江洲純子（2019）「日本における結婚移住女性に対する制度・政策に見る法的課題―韓国・多文化家族支援法を題材にして―」沖縄法学 47 号 7-30 頁

加藤普章（2018）『カナダの多文化主義と移民統合』東京大学出版会

キム・ジンソン（2022）「韓国政府、移民庁の出帆に向けて準備　専担する組織を新設」The Korea Economic Daily（2022 年 11 月 9 日）。

近藤敦（2001）『外国人の人権と市民権』明石書店

近藤敦（2008）「無国籍の庇護申請者に対する恣意的な収容：シャフィーク対オ - ストラリア事件」『国際人権』19 号 177-178 頁

近藤敦（2010）「オランダ、スウェーデン両国における外国人受入に関する調査研究報告書」経営労働協会

近藤敦（2022）「移民統合政策指数（MIPEX 2020）等にみる日本の課題と展望」『移民政策研究』14 号 9-22 頁

近藤敦（2023 予定）『国際人権法と憲法』明石書店

衆議院（2022）第 208 回国会　議案の一覧（https://www.shugiin.go.jp/internet/itdb_gian.nsf/html/gian/honbun/houan/g20805058.htm）（2023 年 1 月 8 日、最終閲覧）.

総務省（2022）多文化共生の推進（https://www.soumu.go.jp/menu_seisaku/chiho/02gyosei05_03000060.html）（2023年1月8日、最終閲覧）.

西山教行（2010）「共和国統合をめざす受入れ統合契約と移民へのフランス語教育の制度化について」『言語政策』6号1-17頁

藤原夏人（2012）「韓国における難民法の制定」『外国の立法』253号128-151頁

藤原夏人（2019）「【韓国】国籍法の改正─永住資格前置主義と帰化要件の強化─」『外国の立法』278巻1号20-21頁

欧文文献

Arbetsförmedlingen (2022) Etableringsprogrammet (https://arbetsformedlingen.se/for-arbetssokande/extra-stod/stod-a-o/etableringsprogrammet).

BAMF (2019) Informationszentrum Asyl und Migration, (https://www.bamf.de/SharedDocs/Anlagen/DE/Behoerde/Informationszentrum/flyer-informationszentrum-asyl-und-migration.pdf?__blob=publicationFile&v=9).

BAMF (2022a) Aufbau und Organisation (https://www.bamf.de/DE/Behoerde/Aufbau/Organigramm/organigramm.html).

BAMF (2022b) Integration (https://www.bamf.de/DE/Themen/Integration/integration_node.html).

BAMF (2022c) Deutsch für den Beruf (https://www.bamf.de/DE/Themen/Integration/ZugewanderteTeilnehmende/DeutschBeruf/deutsch-beruf-node.html

BAMF (2022d) The final examination and the certificate). (https://www.bamf.de/EN/Themen/Integration/ZugewanderteTeilnehmende/Integrationskurse/Abschlusspruefung/abschlusspruefung-node.html).

BBC (2013) UK Border Agency 'not good enough' and being scrapped (https://www.bbc.com/news/uk-politics-21941395).

Bloemraad, Irene and de Graauw, Els (2012) Immigrant Integration and Policy in the United States: A Loosely Stitched Patchwork, in James Frideres and John Biles (eds.), *International Perspectives: Integration and Inclusion,* McGill-Queen's University Press, pp. 205-32

BRITISH COUNCIL 日本 (2023) (https://www.britishcouncil.jp/programmes/english-education/updates/4skills/about/cefr).

Broadhead, Jacqui (2020) Policy Primer: Integration (https://migrationobservatory.ox.ac.uk/wp-content/uploads/2020/03/Policy-Primer-Integration.pdf).

Department of Home Affairs (2022a) Settling in Australia (https://immi.homeaffairs.gov.au/settling-in-australia).

Department of Home Affairs (2022b) Multicultural affairs (https://www.homeaffairs.gov.au/about-us/our-portfolios/multicultural-affairs/programs).

Department of Home Affairs (2022c) About multicultural affairs (https://www.homeaffairs.gov.au/about-us/our-portfolios/multicultural-affairs/about-multicultural-affairs/our-policy-history).

Department of Home Affairs (2022d) Who we are (https://www.homeaffairs.gov.au/about-us/who-we-are/our-history).

Department of Immigration and Border Protection (2013) What's in a Name? (https://web.archive.org/web/20140123005605/https://www.immi.gov.au/about/anniversary/whats-in-a-name.htm).

DGEF (2022) Plaquette de présentation de la DGEF (https://www.immigration.interieur.gouv.fr/La-Direction-generale/Presentation).

Dirks, Gerald E. (updated by Foot, Richard and Ma, Clayton), (2006: last edited 2020) Immigration Policy in Canada, The Canadian Encyclopedia (https://www.thecanadianencyclopedia.ca/en/article/immigration-policy)

GOV.UK (2012) Oral statement to Parliament: Home Secretary's statement on border security (https://www.gov.uk/government/speeches/home-secretarys-statement-on-border-security).

Lafitte, Priscille (2010) Exit le ministère de l'Immigration, *France 24* (15.11.2010).

Local Government Association (2002) *Guidance on Community Cohesion*, LGA.

Hanewinkel, Vera (2016) Von einer Asylbehörde zum "Kompetenzzentrum": Das Bundesamt für Migration und Flüchtlinge, (https://www.bpb.de/themen/migration-integration/kurzdossiers/229613/von-einer-asylbehoerde-zum-kompetenzzentrum-das-bundesamt-fuer-migration-und-fluechtlinge/).

Home Office (2014) *Reforming the UK border and immigration system*, National Audit Office.

Home Office (2019) *Indicators of Integration framework 2019* (https://assets.publishing.service.gov.uk/government/uploads/system/uploads/attachment_data/file/1074688/home-officeindicators-of-integration-framework-2019-horr109.pdf).

Hortefeux, Brice (2007) Immigration : Brice Hortefeux s'explique, *Le Figaro* (1. 7. 2007).

Korea Immigration Service (2022) (https://www.immigration.go.kr/immigration_eng/1848/subview.do).

MHCLG (2018) *Integrated Communities Green Paper* (https://assets.publishing.service.gov.uk/government/uploads/system/uploads/attachment_data/file/696993/Integrated_Communities_Strategy.pdf).

MIPEX (2020) Migrant Integration Policy Index: Policy Indicators Scores (2007-2019) – core set of indicators (https://mipex.eu/).

McGuinness, Terry and Gower, Melanie (2018) *Immigration detention in the UK: an overview*, House of Commons Library.

OFPRA (2022) Missions (https://www.ofpra.gouv.fr/missions).

＊欧文文献内の URL の最終閲覧はすべて 2023 年 1 月 8 日。

終章
出入国在留管理から「双方向」の多文化共生へ

加藤丈太郎

はじめに　本書のふりかえり

本書は、第１章から第16章まで16名の著者（監修者を含む）による論考を収録した。実務家・研究者の両方が執筆を担当した。第１部は「人権無視の外国人管理」と題し、出入国在留管理庁において人権が守られていない状況を主に実務家が事例をもとに示した。第２部は、「元入管職員の『中の視点』から」と題し、実際に入管（旧法務省入国管理局）に務めた経験を有する元職員が出入国在留管理庁における問題点を「中の視点」から述べた。特に元東京入国管理局長からは、「交流共生庁」の創設という具体的な案が示された。第３部は戦後から21世紀にかけての「入管の歴史」を４名の研究者の論考をつないで追いかけた。第４部では「移民庁の創設に向けて」、３名の研究者の論考から「民族」概念を問い直し、入管に存在する「レイシズム」を明らかにし、「諸外国の入管・統合政策担当機関」のあり方を整理した。

終章１節から３節では、著者16名による主張の要点を編者にてまとめる。１節では、出入国在留管理庁における問題点を１）人権意識の欠如、2）入管職員への精神的な負担、3）入管と入管法の形成過程、4）司法の不介入と省庁の裁量の４つの視点から論ずる。２節では、移民庁を論ずる前に、移民をめぐって日本社会がどのような課題を抱え、またどのように変わるべきなのかを複数の著者の論考を踏まえて考える。３節では、16名の著者の論考から移民庁に関する具体的な提案を拾い上げ、既存の「出入国在留管理庁」から本書で構想している「移民庁」までの間には、どのような形があり得るのかを整理して示す。そして、４節では移民庁創設に向けた構想を「双方向」の多文化共生という考えと共に編者より示す。

なお、編者は移民庁を構想する上で、本章でも「外国人」に代えて「移民」（定義は13頁を参照）という語を用いる。

1　出入国在留管理庁における問題点

本節では、出入国在留管理庁における問題点を人権意識の欠如、入管職員への精神的な負担、入管と入管法の形成過程、司法の不介入と省庁の裁量の順に述べる。

1　人権意識の欠如

第1章（指宿）、第3章（平野）では、入国者収容所内における被収容者へのひどい扱いが明らかにされた。

名古屋出入国在留管理局の収容所で死亡したウィシュマ・サンダマリ氏は2021年3月6日15時25分に病院で死亡が確認された。指宿（本書、24頁）によれば、同日朝に血圧と脈拍が確認されなかったにもかかわらず、入管職員が救急搬送を要請したのは、14時15分頃であった。つまり、ウィシュマ・サンダマリ氏は放置されたまま、最期の時を迎えていた。入管職員がウィシュマ・サンダマリ氏を「ヒト」として扱っていれば、このような事態は防げたはずである。

平野（本書、45頁）は東日本入国管理センターの入管職員がトルコ出身のクルド人・デニズ氏に対して「顎の下に親指をぐりぐりと突き上げている」様子を写真で示した。同職員は「制圧の方法として、首と顎の境目の部分に2か所痛点があり、そこを押すとかなり痛いので、今回のように話をまったく聞こうとしない場合などに使用する」と内部調査で述べている。この言からは同職員が同様の対応をデニズ氏以外にもこれまでに取ってきたことが窺われる。以上の入管職員の対応の仕方は、それぞれの時点において人権意識が欠如しているのを浮き彫りにする。

第4章（滝）では、性的マイノリティであるがゆえに、入国者収容所内で個室に押し込められるという差別を経験した元被収容者の例が挙げられている（本書、56-58頁）。元被収容者であるトランスジェンダー女性には「懲罰房」での軟禁状態が1年3か月ほぼ毎日22時間続き、施設内でのフリータイム（解放処遇）も他の者と分けられ、室外に出られるのは1日2時間だけであったという。入管は「安全のため」（本書、58頁）にこのような措置を取ったのだろうか。しかし、この被収容者は収容中にうつ病を発症した。軟禁状態では被収容者の心に「安全」はもたらされない。差別を理解する上では、近年「intersectionality」（交差性）という概念が用いられる。「交差性」とは、「人種、エスニシティ、ネイション、ジェンダー、階級、セクシュアリティなど、さまざまな差別の軸が組み合わさり、相互に作用することで独特の抑圧が生じている状況」[*1]を指す。滝が挙げた事例でも本来であれば「交差性」に留意して対応すべきところ、入管は交差性に関して無理解な対応を行っており、これは時代に逆行している。

2　入管職員への精神的な負担

出入国在留管理庁によって精神的な負担を受けているのは、外国人だけではない。入管職員も同じく精神的な負担を受けていた。第7章（渡邉）では元入管職員である本人が、先輩や同僚にいじめられた実体験が語られた。第6章（大西）は、「心身の健康を害する職員が多く見受けられるようになっており、特に心の病による休業者への対応が重要視されてきている」と「心身の健康を害する職員」（本書、89頁）の存在を明らかにする。では、「心身の健康」は何によって害されるのであろうか。編者は「ひろゆき」こと西村博之氏に以下のような相談が寄せられているのを目にした。

> 入国管理局で働いています。相手方に嫌がらせをする審査業務内容が精神的に辛くて辞めたいですが40代で国家公務員手放すのは愚かですか？[*2]（2021年5月24日、下線部は編者）

この言が真であれば、入管職員が「相手方」に「嫌がらせ」を行っていると認識していることがわかる。そして、それは「精神的」に辛いという。第15章（小林）は、「入管をめぐる様々な環境下においては、本来の良き人が感覚の麻痺や認識のすり替えを起こ」すと指摘する（本書、220頁）。実際に元入管職員である渡邉も入職当初は「審査の相手に対して愛想良く接していた」が、時が経つにつれ「相手に対して『ここは日本なんだから日本語しゃべれよ』と怒鳴った」。また、「同期の職員も同じように変わっていった」という（本書、93頁）。

入管職員の言明は編者の実感とも合致する。編者は移民支援NPOの代表として、7年に渡り東京入国管理局（現東京出入国在留管理局）に相談者と共に連日通い続けていた。すると、同じ職員の顔を何度も見るようになる。時が経つごとに、職員の様子は変わっていった。だんだんと相談者への言動が荒くなっていき、目はうつろになり、さらには制服の着方がだらしなくなっていった。この職員も入管で日々働く中で心身に多大な影響を受けていたと推察される。

前項においては、入管職員の「人権意識の欠如」を指摘したが、入管職員は元から人権意識が欠如しているのではない。小林は「対象を非人間化することは……職員の自己防衛と見ることもできる」と述べる（本書、234頁）。職員が入管に身を置く中で、自らの身を守るためにその人権意識を変容させていたと考えられる。

3　入管と入管法の形成過程

第11章（駒井）は、1911年に警視庁が「要注意外国人、危険思想保持者、排日朝鮮人」（本書、147頁）の取り締まりを行うために、特別高等警察（特高警察）が創設された旨を述べる。特高警察の性質は、「排日運動や抗日運動および共産主義者の摘発」（本書、148頁）を行う外務省警察にも影響を与えた。そして、戦後、外務省警察の再就職先として現れたのが入管であった。このようにして特高警察の性質が入管にも引き継がれたと駒井は論じる。

私たちは法律を守ることを幼少期から教育されている。しかし、その法律の形成過程にはどれだけ注意を向けてこられただろうか。現行の「出入国管理及び難民認定法」の起源は1951年制定の出入国管理令にさかのぼる。出入国管理「法」ではなく「令」である点に注意されたい。なお、「法律」の方が「政令」よりも上位に当たる。政令とは、簡単にいえば、内閣が制定する命令で、国会では審議がなされていないものである。日本は1981年に難民条約に批准し、1982年から難民認定制度を始めるにあたって、「出入国管理及び難民認定法」を制定した。これこそ「法律」であるが、「出入国管理令」はあくまでも「政令」に過ぎなかった。第10章（モーリス＝スズキ）によれば、SCAP（連合国最高司令官）法務局のリチャード・アップルトンは、「入管政策が……『政令』の活用によって生み出されようとしている点を懸念しており、議会によって適正に審査される入管法の導入を主張して」（本書、136頁）いたにもかかわらず、日本は「政令」による出入国管理を強行していた。在日朝鮮人をいち早く管理することを優先したこの強行は、後世にも影響を及ぼし続けた。

出入国管理及び難民認定法の冒頭には「内閣は、ポツダム宣言の受諾に伴い発する命令に関する件（昭和二十年勅令第五百四十二号）に基き、この政令を制定する[*3]」（下線は筆者）と現在も明記されている。私たちはこの政令を基礎とする法律を使い続けるのだ

---

*1　徐阿貴（2018）「人権の潮流―intersectionality（交差性）の概念をひもとく」『国際人権ひろば』No.137、https://www.hurights.or.jp/archives/newsletter/section4/2018/01/intersectionality.html（2023年4月16日、最終閲覧）。

*2　ひろゆきんぐYouTubeチャンネル「入国管理局辛い辞めたい…国家公務員。西村博之はどう思う？ひろゆき職業相談所ひろゆき切り抜き2ちゃんねる」https://www.youtube.com/watch?v=L4k82EyajQM（2023年3月24日、最終閲覧）。

ろうか。占領期の性格を未だ残している現行の法律には、国民を代表する国会において、はじめから審議し直す余地が残されている。

4　司法の不介入と省庁の裁量

第10章（モーリス＝スズキ）は、日本の出入国管理制度の創設には米国人、ニコラス・D・コレアが深く関わった様子を明らかにした。「退去強制制度〔ママ〕」（本書、141頁）が例として挙げられている。退去強制手続は、ヒトを国外に追放するか否かという重大な判断をするものであるが、日本においては司法の介入がないまま、入管のみで手続きが完了する。モーリス＝スズキによれば、日本の当局者は「裁判所が退去強制命令の発動に責任を持つべきだ」と提案していたが、「コレアは、退去強制制度〔ママ〕への司法の介入に強く反対し」、この提案を拒否した（本書、122頁）。つまり、米国人、ニコラス・D・コレアの考えに基づき、司法の介入がない退去強制が今日まで行われているのである。また、司法が不介入のまま、在留特別許可を当局者が最終的に判断できるようになり、これは当局者の権力を高めることとなった。

編者は移民支援NPOの代表（当時）として、相談者と共に在留資格の取得を目指す過程で、法務大臣における「裁量」に疑問を持ち続けてきた。なぜ、入管は明確な基準を設けずに法務大臣の「裁量」で物事を進めるのか。モーリス＝スズキは、前述のニコラス・D・コレアが「望ましい者と望ましくない者を確実に切り離す唯一の方法」として、「行政官に、相当の裁量を与える」ことを指摘した旨を明らかにする（本書、142頁）。第8章（木下）は、「広範な裁量権」が「入管の恣意的判断の源泉」であると指摘する（本書、96頁）。また、「外国人の出入国に関する処分は、行政手続法第2章から第4章[*4]までは適用除外とされて」いる旨を述べる（本書、97頁）。よって、「審査基準や処分基準が法的に定められることはなく、またたとえ不利益処分が下ったとしても、当該外国人はその理由すら知ることができない」のだ（本書、97頁）。これは、行政書士の篠原（第2章）が受任したネパール人の審査結果にも表れている。篠原は資格外活動許可の時間数への入管による抜き打ちチェックについて「『チェックは気の向くまま』のようであり結果は不平等極まりない」と不満を表明する（本書、38頁）。

出入国在留管理庁は「送還忌避者」を敵視し、その悪質性を訴える。しかし、木下が言うように、送還忌避者が発生するのは、在留特別許可の判断がそもそも恣意的で不透明であり、公正性・公平性に欠けると当該外国人が感じる「納得感のなさ」によるのだ（本書、109頁）。

さらに、第８章（木下）は「法務大臣の権限の大半」が、地方入管の長に権限移任されている点を批判する（本書、98 頁）。本来、複数名で何らかの審査を行う際には、基準が統一され、どこでも同じような結果が導かれるべきであるが、篠原が言うように「地方の場合は少し甘い」（本書、38 頁）という現象が起きている。

第３章（平野）は、外国人収容所で問題が立て続けに起こる原因を、入管が法令のうち、「省令」で物事を進めている点に見ている。省令は国会を通すことなく、その省庁において決めることができる。省令が事実上全てを決めることで、「法は宙吊り」（本書、51 頁）となる。そして、入管の「裁量」に近い状態で、収容所も管理できるようになる。一方で、日本の刑務所における処遇は法律に基づき行われている。つまり、外国人と日本人の間にはその処遇に差別が明確に存在する。

２　移民をめぐる日本社会のあり方

第 12 章（外村）、第 13 章（ファーラー）、第 14 章（小熊）では、移民をめぐる日本社会のあり方が示されていた。

第 14 章（小熊）は、「『民族』とは、植民地化の脅威に対抗して国家の領土と独立を維持するため、国内の分断を隠蔽して創出された概念である」と説明する（本書、198 頁）。実際には分断が存在したにもかかわらず、帝国主義の脅威に立ち向かうため「民族」が創出され、分断には目が向けられなくなっていった。「分断」の一つの例として在日朝鮮人が挙げられる。第 12 章（外村）は「日本人は、自分たちが設定した秩序のなかで自分たちが彼ら（在日朝鮮人）を指導していくべきだと考えていたし、しかもそのような包容力のある民族であるという自己認識を持っていた」（本書、154 頁）という。つまり、「包容力」で「分断」を覆い隠していたといえる。また、小熊は、「『日本に人種差別はない』という。それは彼らが、『自分たち』の内部を『人種』や『民族』の観点から考えたことがないからだ」と指摘する（本書、214 頁）。

第 13 章（ファーラー）は、日本において移民政策が進まない要因を「自民族中心主義

＊3　e-gov法令検索「出入国管理及び難民認定法」https://elaws.e-gov.go.jp/document?lawid=326CO0000000319（2023年4月9日、最終閲覧）。

＊4　行政手続法第2章には「申請に対する処分」（審査基準）など、第3章には「不利益処分」、第4章には「行政指導」に関する記載がある。詳細は、e-gov法令検索「行政手続法」https://elaws.e-gov.go.jp/document?lawid=405AC0000000088（2023年4月16日、最終閲覧）を参照。

に基づいた自己同一性」による「制約」に見ている（本書、172頁）。また、「移民に関する言説を避けても、移民の現実が消えるわけではない」という（本書、190頁）。外村は「マジョリティの日本人は包容力があり、自然と外国人はそこに同化していくといった言説を持ち出すことはむしろマイナスだろう」という（本書、171頁）。日本における「在留外国人」数は2022年末に300万人を突破した。以上を踏まえると、「包容力」という柔らかい言葉を用いて、外国出身者に同化を強いるのではなく、すでに日本国内に多様なヒトが存在する事実を認めるべきである。民族における「国内の分断」に日本社会は向き合う必要があるのだ。

一方で、出入国在留管理庁は第15章（小林）が指摘するように「現行入管法上の問題点」[*5]という、社会にレイシズムを誘発しかねない資料を作成し、公表している。内容を見ると、「送還忌避者」全てについて述べているというよりは、「送還忌避者」の一部切り取ったスナップショットに過ぎない。以上からは、出入国在留管理庁が、移民の生活に向き合えるとは言えない。新たな省庁が必要とされる。

ただし、日本社会の担い手は省庁だけではない。第4章（滝）は、トランスジェンダー女性の懲罰房での収容を「在留資格を理由にした一元的収容をする権力機構と性的マイノリティの抑圧管理制度を維持する社会の問題」であると述べる（本書、55頁）。また、第1章（指宿）は「日本の市民社会は、これまで何も変わらない入管を許してきた。……それに対して絶望し、嘆き、あきらめること。それも、一つの差別である」という（本書、34頁）。これら実務家の言は、私たち一人一人が移民の受け入れを自分ごととして捉える必要性を示唆している。

3 「出入国在留管理庁」と「移民庁」のあいだ

本書のメインタイトルは「入管の解体と移民庁の創設」である。16名の著者がこのタイトルに沿って執筆を行い、全ての著者が現行の「入管」の状態が最善であるとは考えていなかった。ただし「出入国在留管理庁」と「移民庁」をめぐっては、著者によって、その主張にはバリエーションがあった。

本節では、16名の著者のうち、省庁のあり方について具体的に意見を述べている者の言を抜粋する。項が進むほど「入管の解体と移民庁の創設」に近い意見となる。本書は読者に多様な意見を示すために、著者の意見と編者や監修者の意見はあえて統一していない。読者におかれては、どのあり方が良いかそれぞれの立場から考えてみていただきたい。

1　出入国在留管理庁「在留支援課」を他の部課から独立させる

第16章（近藤）は、入管庁の一部の部課の「独立」を提案している。移民政策は「入管政策」と「統合政策」からなると説明し（本書、240頁）、「統合政策と入管政策の担当機関を同じ省に置いていることは、体系だった移民政策を進める上では有益」という。「法務省の入管庁が、統合政策の中心的な役割を果たす上での課題としては、在留支援課をできるだけ他の規制行政の部門から独立させ、在留支援の専門行政官を養成することである。そのうえで、反差別政策のために法務省の人権擁護局との連携を強化する必要がある」という（本書、255頁）。

出入国在留管理庁は存続させるが、「在留支援課」（本書、13頁、図1参照）を他の部課から独立させるという考えである。

2　出入国在留管理庁を移民庁がチェックする

第8章（木下）は以下のように「入管一極化からの脱却」をあげる。

> 外国人の人権にかかわる問題を、入管という一行政組織の腹次第でなんとでもなるというような体制自体を改め、あらたに「移民庁」のような独立機関を設立して、外部から入管による判断・処分をチェックさせるべきであろう。一義的な外国人の入国や在留の可否判断は入管がするにしても、その処分に不服がある場合は「移民庁」に申立てができたり、あるいは、人権や人道の問題に深くかかわり社会的関心が高いと思料されるようなケースについては、「移民庁」が直接審査にあたることができるような体制を整えるべきである。（本書、117頁）

移民庁と出入国在留管理庁を併存させ、移民庁に出入国在留管理庁のチェック機能を持たせることを提唱している。

3　出入国在留管理庁を解体する

第2章（篠原）は、「入管は外国人を『共生』というよりも『管理』という視点で見て

＊5　出入国在留管理庁「現行入管法上の問題点」https://www.moj.go.jp/isa/content/001361884.pdf（2023年4月16日、最終閲覧）。

いる。入管が『共生』施策を担うのには限界がある。故に入管は一度、解体した上で、移民庁の創設が望まれる」（本書、43 頁）と、入管の解体に言及している。第 11 章（駒井）も、以下のように出入国在留管理庁の在り方を批判する。

> 現在の入管体制が、東西の熱戦・冷戦という状況のもとで、アメリカの移民帰化局に勤務していたアメリカ人がアメリカの移民帰化法をそのまま日本に押しつける中で形成されたことは、驚くべき事実であるとはいえないだろうか。アメリカの法律がそのまま日本の法律とされてしまったということが問題だからだ。結論としては、出入国管理及び難民認定法の即時の撤廃と、出入国在留管理庁の即時の解体しか解決の途はあるまい。（本書、150 頁）

アメリカの法律が日本に押し付けられたことを問題視し、また「出入国在留管理庁の即時の解体」をすべきであるという。

4　新たな組織を作る

では、「出入国在留管理庁」を解体する場合、その後はどのようにすればよいのであろうか。第 15 章（小林）は、「入国管理を全く行わず、フリーパスでの往来を支持するわけではないが」、「日本で暮らす外国人に寄り添える方針をとる新たな組織の下で、出入国管理を行う体制を作ること」（本書、239 頁）をあげている。

第 16 章（近藤）は、法務省設置法を引き、現行の出入国在留管理庁が「出入国及び在留の公正な管理」（3 条 1 項）に加え、「関連する特定の内閣の重要政策に関する内閣の事務を助ける」（3 条 2 項）、「行政各部の施策の統一を図るために必要となる企画及び立案並びに総合調整に関する事務をつかさどる」（4 条 2 項）と多くの役割を担っている旨を明らかにする。一方、第 9 章（水上）は、出入国在留管理庁の存廃については言及していないものの、自らが「交流共生庁」構想を提言するに至った理由として、難民対策連絡調整会議を例に関係省庁の横並びの弊害を指摘する。

> 縦割り行政の代表を一人ずつ対等に横に並ばせた会議である。このような会議では、テーマが出身官庁の権限・権益に関係が薄ければ関心も非常に低くなる。その場合、一、二の関係の深い役所の意見がその会議の決定事項となる。権益や利害関係が多くの省庁に及べばその権益・利益を平均化して決定がなされる。

調整も微調整である。新機軸が打ち出されることはない。更に、特に、横並びの会議では、問題が手に負えないか権限がないとされるや、仕事のたらい回し、押しつけ、先のばしが始まる。消極的権限競合という。日本の難民や外国人受け入れ問題については消極的権限競合や擬似消極的権限競合が多い（本書、119頁）。

水上の言を踏まえれば、法務省が「総合調整」を行っている現行の体制では、法務省の意見が決定事項となる可能性が高い。したがって、「新機軸」を打ち出すのは難しい。一方、水上は「交流共生庁」という構想を打ち出している。「交流共生庁」は、「内閣又は内閣府に設置し、出入国、外国人の労働・雇用・厚生・教育（留学生等を含む）、実習生・研修生、難民、移民・移住、帰化（国籍取得）、社会への統合等について総合調整し、統一・横断的に政策を策定して、主導する」（本書、119頁）役割を担うという。

以上、著者からの具体的な提案を拾い上げ、4つに分けて整理した。読者におかれてはどの案が良いとお考えであろうか。案の一部を用いる、案同士を組み合わせる場合も考えられる。あるいは新たに案が思い浮かぶであろうか。ぜひそれぞれで考えていただきたい。次節では、編者が移民庁創設に向けた（1）構想を冒頭に示し、（2）組織・機構、（3）人事、（4）優先すべき取り組みについて具体的に述べる。

4　移民庁の創設に向けて

第16章（近藤）での分析からは、先進諸国も移民をめぐって試行錯誤を重ねているのが分かる。たとえば、イギリスにおいては一度、英国国境庁が内務省から独立したものの、現在は、移民に関する事項は再び内務省の所管となっている。日本は「後発移民国」であると言われる[*6]。「後発」という語はネガティブに聞こえるが、もう一方で「後発」であるということは、諸外国の取り組みや失敗を踏まえての教訓を生かせるという利点もある。

以下、編者として移民庁の創設に向けて構想を描いてみたい。なお、編者は移民研究を主に社会学・人類学に依拠して行っており、政治学や行政学、法学などには造詣

*6　小井土彰宏編著（2017）『移民受入の国際社会学―選別メカニズムの比較研究』名古屋大学出版会。

が深くない。組織の仕組みに関して非現実的な内容を述べる点もあるかもしれない。この点は予めご容赦いただきたい。しかし、構想がなければ、新たな組織はいつまでも生まれないので、以下に示す。

1　編者による移民庁創設に向けた構想（概要）

出入国在留管理庁を一度解体した後、移民庁を新たに創設する。出入国在留管理庁は法務省「出入国管理局」とし、「出入国」（ヒトの出入り）を管理する機能のみは同局に残す。ただし、2019年4月に出入国在留管理庁の創設時に加えられた「在留」の二文字は取る。

移民の入国後から出国までの生活に関わる事項は所管を全て移民庁に移す。移民庁は内閣に、その規模を、2009年に内閣府に「外国人住民施策推進室」が小規模な人員で設置された時よりも大きくして設置する。移民庁には大臣・副大臣・政務官を配置する。移民人口の増加に伴い、将来は移民「省」へ発展させることも視野に入れる。

2　組織・機構

前述のとおり、内閣府には、主に日系人の支援を目的として、外国人住民施策推進室が小規模な人員ではあるが設置されたことがある。本構想では、内閣に外国人住民

図1　内閣府の担務

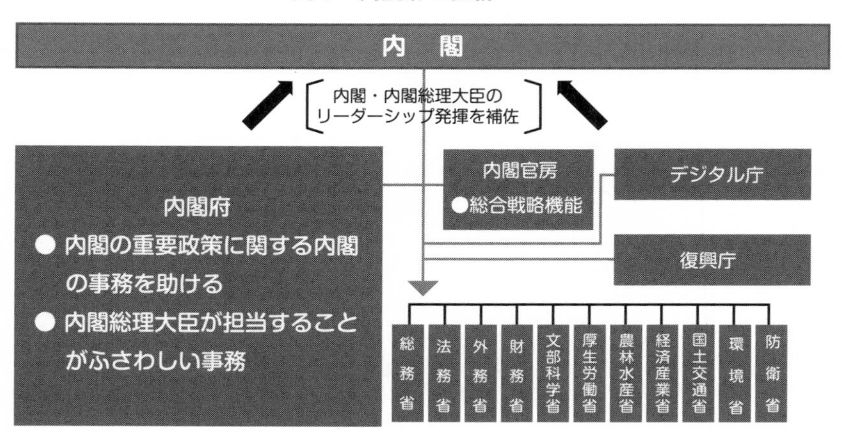

施策推進室の時よりも規模を大きくして、移民庁を設置する。

内閣の中の「庁」としては2023年4月現在、「デジタル庁」と「復興庁」が存在する[*7]

（図1参照）。デジタル庁では大臣、副大臣、政務官の他、100名以上の職員が働いている事実が確認される[*8]。つまり、内閣に庁を設置し、一定数の職員を配置するのは不可能ではないといえる。

現在、出入国在留管理庁に存在する、「政策課」と「在留管理支援部」（本書、13頁、図1参照）は移民の暮らしに関わる事項を扱う部課のため、移民庁へと移す。また、「在留管理支援部」は「移民登録・支援部」と名称を改める。また、第16章（近藤）によれば、「各国の難民政策・難民認定担当部門の組織的な独立性は相対的に大きい」（本書、254頁）。難民認定は入管以外の第三者機関で行うべきところ、現在「出入国管理課」の下に置かれている「難民認定室」も移民庁に移す。

3　人事

第16章（近藤）は内閣府が移民の統合政策を担う上での「マンパワー不足」（本書、255頁）を指摘していた。一方、第6章（大西）は、出入国在留管理庁関係の職員が、1985年度は1740人であったが、業務量の増加に伴い、2015年度には4202人、2022年度末現在では6181人にまで増加した旨を述べる。職員のうち、入国警備官は出入国在留管理庁独自のルートで入庁する一方、入国審査官は国家公務員採用一般職試験、総合職試験を受験して入庁している。そこで、従来、入国審査官として出入国在留管理庁に入庁していた者のうち、移民の生活支援に関わりたい者にははじめから移民庁に入庁してもらう。

移民庁には、第9章（水上）が「交流共生庁」の構想で述べていたような、「文明史、歴史学、哲学、倫理学、宗教、文化人類学等人文諸科学、政治学、国際関係論、社会学等の社会科学、理工系の学識、知見を持ったもの」（本書、121頁）を積極的に雇用する。

日本では、若者が移民支援や多文化共生に興味があっても、それを生業にできる選択肢が未だ少ない。たとえ、選択肢が見つかったとしても、多くの場合、収入が限られ、雇用形態も不安定で継続して働き続けるのが難しい。そこで、移民庁での就労がこのような若者における一つの選択肢となるようにしたい。

また、国家公務員となれるのは、現在は日本国籍者に限られている。しかし、移民

---

*7　内閣府（2022）「内閣府　組織・業務の概要 2022」https://www.cao.go.jp/about/doc/1.pdf（2023年4月16日、最終閲覧）より抜粋。

*8　デジタル庁「組織概要」https://www.digital.go.jp/about/（2023年4月10日、最終閲覧）。

庁においては、必要な法律を改正する等により、移民が同庁で就労できる状況を実現してほしい。1990年代以降の「在留外国人」数の着実な増加に応じて、日本生まれの移民第二世代も増えている。移民第二世代の中には過去に父母を支えたり、自らが苦労した経験から、移民支援に興味を示す者が存在する[*9]。しかし、移民支援を生業とするには未だ選択肢が限られるため、多くは民間企業に就職していく。移民第二世代は、親から母国の文化や言語を継承している場合も多い。もし、移民第二世代が移民庁で就労できれば、移民の暮らしを支える過程で、移民の多様な文化的側面を理解した上で、言語も通訳できる素晴らしい働き手となるであろう。

第6章（大西）によれば、難民認定において、現行の出入国在留管理庁では、「統括審査官」の地位にあるものが難民調査官に指定されている（本書、86頁）。つまり、現行の難民調査官は、難民認定の専門家として養成されてきたわけではない。これは十分な調査ができる体制とはいえない。そこで、移民庁では、出身国の状況、世界情勢などを調査・研究ができる者を専門家として育成し、難民認定業務に当たってもらいたい。

4　ヒトの一生に寄り添うのが難しい出入国在留管理と移民庁で優先すべき取り組み

①ヒトの一生に寄り添うのが難しい出入国在留管理

現行の出入国在留管理では、ヒトの一生に寄り添うことが難しいのを、第2章（篠原）は実証している。例えば、あるネパール人女性は「主計者である夫の年収をはるかに超えており悪質」と入管庁に判断された。ネパール人コックにおいては、搾取され、給与額が非常に少ない場合もある[*10]。この女性は家族のために一生懸命働き、自活したいだけなのだ。しかし、この女性が有する「家族滞在」という在留資格では、週28時間の資格外活動での就労しか認められておらず、働きすぎることは「悪質」となってしまう。

ネパール人が就労系の在留資格を有する親に帯同して「家族滞在」で在留してきた場合、不就学等で高等学校を卒業できていなかったり、定職が見つからない場合、30歳になっても、資格外活動の範囲内で週に28時間しか働けないことになる。篠原も言うように、在留資格の制約により、30歳になっても扶養に頼るほかないのはその人の人生の枠を狭めている。

また、ネパールに子を残して、身分系の在留資格で在留している母親が、子どもが母国で教育を終えてから呼び寄せたいのにもかかわらず、低年齢でないと「定住者」

の在留資格が認められないために、母国の学校を中退させて日本に来させる。これは結果的に、母語でも日本語でも学習や思考がしづらい「ダブルリミテッド」の状態を引き起こし、さらには、日本での不就学に、場合によっては非行につながる。

第5章（田巻）では、「在留資格を失う人々の個々の事情を一切考慮しない入管の姿勢」（本書、72頁）が示されていた。入管にとっては、人が在留資格を失うのはただ「悪質」なのである。T氏が書いた手紙の文面には、日本でやり直そうとしていた様子が滲み出ている。しかし、T氏は家族を日本に残し、身寄りのない祖国へ退去強制された。

以上の例は、出入国在留管理では、ヒトの一生には寄り添えないのを浮き彫りにする。

②移民庁で優先すべき取り組み

移民庁では、ヒトの一生に寄り添う取り組みを展開してもらいたい。編者は16名の著者の論考を踏まえ、移民庁で優先すべき取り組みを7つ挙げる。なお、7つ以外にも取り組みは存在すると考えられる。7つの取り組みの案がまずは議論の呼び水となれば幸いである。

移民基本法の制定

移民庁創設に合わせて、国会において「移民基本法」を制定する。移民基本法では基本理念として「移民はその国籍にかかわらず、日本社会において住民である」ことを確認しておきたい。

編者に先立ち、「外国人住民基本法の制定を求める全国キリスト教連絡協議会」は1998年1月15日に「外国人住民基本法案[*11]」を発表している。この法案は「外国人住民の人権と基本的自由および民族的・文化的独自性を保障し、外国人住民と日本人住民とが共生する社会の構築に資することを目的」としている。また、本書第9章（水上）では「交流共生基本法」の構想が示されていた（本書、119頁）。

編者の構想もこれらに近い。ただし、編者は「移民」という語が明示された「移民

*9 NPO法人神戸定住外国人支援センター（2023）『行政・国際交流協会による「多文化共生」地域サービスに係る実態調査報告書』。

*10 ビゼイ・ゲワリ著、田中雅子監訳・編著（2022）『厨房で見る夢—在日ネパール人コックと家族の悲哀と希望』上智大学出版会。

*11 外国人住民基本法の制定を求める全国キリスト教連絡協議会（1998）「外国人住民基本法（案）」https://gaikikyo.jp/外国人住民基本法/外国人住民基本法（案）/（2023年4月16日、最終閲覧）。

基本法」の制定を提案したい。出入国在留管理庁は「移民」に代わる語として「在留外国人」という表現を用いている。「在留外国人」は一時的に「留」まっている「外」の「国」の「人」を意味する。これには「在留外国人」を住民としては包摂したくないという意思が窺われる。一方、「移民」は「移ってきた」「民」を意味し、包摂的である。移民基本法では「移民はその国籍にかかわらず、日本社会において住民である」こと確認し、「移民」が日本社会の一員であることをまず強調する。

ライフサイクルに応じた柔軟な居住資格の付与

編者は序章で「ヒトの一生より在留資格は重要なのか」(本書、9頁)という疑問を提示していた。本書を振り返り、ヒトの一生の方が在留資格より重要であると主張する。在留資格によって、ヒトが時に身動きができなくなる現在の状況は改める必要がある。

また、「在留資格」に代えて「居住資格」という語を用いる。たとえば、前項で紹介した「家族滞在」の者については、就労が可能な年齢になったら、就労を可能とする居住資格を付与して、時間制限なしに働けるようにする。

ライフサイクルは国籍にかかわらず誰にも存在する。家族の統合も国籍にかかわらず認められるべきである。母国で生活をしていた移民の子や親が来日を希望する場合には、年齢にかかわらず来日を認め、居住資格を付与する。

全ての移民に永住者への可能性を開く

出入国在留管理庁は高度専門職に対しては、日本への1年以上の居住で、日本への永住を認めるようになった。これは日本版グリーンカードとして知られる。世界各国と比較しても、迅速な対応である[*12]。

日本において、永住を許可する要件の一つは、日本に「引き続き」10年間「在留」していることである[*13]。しかしながら、一部の在留資格は、この要件を初めから満たせないように設計されている。たとえば、技能実習生として来日した者が、技能実習(3号)まで5年間技能実習を行った後、特定技能1号に在留資格を変更して特定技能人材としてさらに5年働いても、永住許可は認められない。技能実習生から特定技能人材への移行にあたっては、技能実習終了時に一度母国に帰らせ、再び来日させることで、「引き続き」10年の「在留」という要件を満たさせないようにしているのだ。特定技能2号に在留資格を変更できれば、永住許可申請は可能となるが、本稿執筆時点では特定技能２号は建設業、船舶・舶用工業の２業種にしか認められていない。

これは公正な扱いとは言えない。在留資格の軌跡によって、永住許可の可否が異なるという扱いではなく、①居住年数と所得条件の基準を一律にして永住許可にあたって設ける、もしくは②幅広い項目からポイントを獲得できるポイント制を導入し、一定のポイントに達すると永住申請ができるようにしてはどうだろうか。母国に帰国したい者は帰国し、日本で生活を続けたい者は日本で生活ができるよう、移民が主体的にその進路を選べるようにする。

移民の生活支援関連の予算を拡充する

出入国在留管理庁が「総合調整」をしている「外国人材の受入れ・共生のための総合的対応策（令和４年度改訂）（概要）」では、主に５つの「施策」が挙げられている。[*14]

- 円滑なコミュニケーションと社会参加のための日本語教育等の取組（約 25 億円）
- 外国人に対する情報発信・外国人向けの相談体制の強化（約 13 億円）
- ライフステージ・ライフサイクルに応じた支援（約 61 億円）
- 外国人材の円滑かつ適正な受入れ（約 44 億円）
- 共生社会の基盤整備に向けた取組（約 36 億円）

「ライフステージ・ライフサイクルに応じた支援」（約 61 億円）の内訳を見る。「青壮年期」に 51 億円と金額が集中している。一方、「乳幼児期・学齢期」「『青壮年期』初期」「高齢期」に割かれている金額は極めて少ない。また、「外国人材の円滑かつ適正な受入れ」も「特定技能外国人のマッチング支援策」等、「外国人材」の就労に関連する予算である。さらに、「共生社会の基盤整備に向けた取組」とは「不法滞在者等への対策強化」など主に管理を目的としたものである。予算は主に就労関係と管理に割かれており、生活への配分は少ない。

---

*12 Liu-Farrer, G. 2020. *Immigrant Japan: Mobility and Belonging in an Ethno-nationalist Society*. Ithaca, NY: Cornell University Press.

*13 出入国在留管理庁「永住許可に関するガイドライン（令和元年5月31日改定）」https://www.moj.go.jp/isa/publications/materials/nyukan_nyukan50.html（2023年4月16日、最終閲覧）。

*14 かっこ内の金額は「総合的対応策（令和4年度改訂）関連令和5年度当初予算案等について」を参照。https://www.moj.go.jp/isa/policies/coexistence/nyuukokukanri01_00140.html（2023年4月16日、最終閲覧）。

管理は非行、違反や犯罪を減らすために行われている。ならば、非行、違反や犯罪が減れば、管理にかかるコストも削減できるのではないか。「日本語教育」や「相談体制」をはじめとする移民の生活に関連する予算を拡充し、非行、違反、犯罪に巻き込まれる者を減らすことで、管理する必要性も減らす。

セカンドチャンスを国籍にかかわらず認める

1991年制定の「日本国との平和条約に基づき日本の国籍を離脱した者等の出入国管理に関する特例法」（入管特例法）では、第22条に「退去強制の特例」が設けられ、条文には「特別永住者については、入管法第二十四条の規定による退去強制は、その者が次の各号のいずれかに該当する場合に限って、することができる。……四　無期又は七年を超える懲役又は禁錮に処せられた者[*15]」と記載されている。言い換えれば、懲役7年以下までの懲役・禁錮に処せられた者には、日本でやり直すチャンスが与えられているのだ。

この法律が制定された1991年以降、「在留外国人」数は急増した。日本で長く暮らす移民は特別永住者（≒在日コリアン）にとどまらない。日系人は、長い者で30年近く日本に暮らしている。2010年代以降、数を急増させているベトナム人においても、編者の周りで結婚・出産・育児などのライフサイクルの変化が見られる。

第5章（田巻）に登場したT氏は、青年期の「非行や犯罪」により懲役7年の刑に服していた。T氏はすでに退去強制されているが、もしT氏のように長く日本に暮らす「定住者」にも入管特例法が適用できれば、T氏はセカンドチャンスを活かし、日本で生活をやり直し、親や兄弟の面倒を見ることができたかもしれない。もちろんT氏が非行・犯罪に加担したことを容認はできない。しかし、T氏が非行・犯罪に走った背景には、過去の「乳幼児期・学齢期」「『青壮年期』初期」の移民に対する施策が十分ではなかった点も影響しているのではないだろうか。

ヘイトスピーチ禁止法の制定

ヘイトスピーチに対しては、2016年に「本邦外出身者に対する不当な差別的言動の解消に向けた取組の推進に関する法律」（ヘイトスピーチ解消法）が制定された。第3条には「基本理念」として「国民は、本邦外出身者に対する不当な差別的言動の解消の必要性に対する理解を深めるとともに、本邦外出身者に対する不当な差別的言動のない社会の実現に寄与するよう努めなければならない[*16]」とある。このような法律が制定されたこと自体は、前進である。しかし、日本においては川崎市が条例でヘイトスピーチに対する禁止規定を設け、ヘイトスピーチに対して刑事罰を科しうるとしているが[*17]、国でヘイトスピーチを禁止する法律は未だ存在しない。

国籍を問わず、すべての住民が「安全・安心」に暮らすためには、ヘイトスピーチの禁止が必要である。移民庁は国会と連携し、ヘイトスピーチ禁止法の制定に取り組む。

ホスト社会での多文化教育による双方向の「多文化共生の実現」

2000年代に入り、「多文化共生」という語が広く使われるようになった。2006年に総務省は「国籍や民族などの異なる人々が、互いの文化的ちがいを認め合い、対等な関係を築こうとしながら、地域社会の構成員として共に生きていくこと[*18]」と定義した。この定義に基づく「多文化共生」であれば、「出入国在留管理」に代わる、すべてのヒトが「安全・安心」に暮らせるための理念となり得ると主張する。ただし、「互い」「対等」という語は、ホスト側のヒトも努力をする必要性を示している。

編者は序章において、「外国人のみを『管理』の対象として、日本人に『安全・安心な社会』をもたらそうとするのは果たして公正であるだろうか」を問うた（本書、11頁）。「多文化共生」という語においても、外国人にのみ取り組みを求める傾向が見られるようになった。山田（2018）は、「多文化共生」が「現在では一般的に「同化的多文化共生」（先住文化的強者が新来文化的弱者に迎合を求める形）と「奴隷的多文化共生」（先住文化的強者が新来文化的弱者を利用・搾取する形）とがミックスされたような形の概念[*19]」になっている旨を指摘する。

2022年6月10日には、立憲民主党・無所属フォーラムの議員6名が「多文化共

---

*15 e-gov法令検索「日本国との平和条約に基づき日本の国籍を離脱した者等の出入国管理に関する特例法」https://elaws.e-gov.go.jp/document?lawid=403AC0000000071_20220617_504AC0000000068（2023年4月16日、最終閲覧）。

*16 e-gov法令検索「本邦外出身者に対する不当な差別的言動の解消に向けた取組の推進に関する法律」https://elaws.e-gov.go.jp/document?lawid=428AC0100000068（2023年4月16日、最終閲覧）。

*17 一般財団法人地方自治研究機構「ヘイトスピーチに関する条例」http://www.rilg.or.jp/htdocs/img/reiki/001_hatespeach.htm（2023年4月16日、最終閲覧）。

*18 総務省（2006）「多文化共生の推進に関する研究会 報告書 ～地域における多文化共生の推進に向けて～」https://www.soumu.go.jp/kokusai/pdf/sonota_b5.pdf（2023年4月16日、最終閲覧）。

*19 山田泉（2018）「『多文化共生社会』再考」松尾慎編著『多文化共生　人が変わる、社会を変える』凡人社、16頁。

生社会基本法案」を国会に提出している。「国民の努力」「在留外国人の努力」の双方が記されている点は評価できるものの、その記載の仕方について改善の余地があるのではないか。「在留外国人の努力」として、「在留外国人は、日常生活、社会生活又は職業生活を国民と共に円滑に営むため、日本語を習得し、その居住する地域の文化及び慣習について理解を深めるとともに、子に教育を受けさせるよう努めなければならない」と「日本語」の「習得」、「子に教育を受けさせる」と具体的な内容が記されている。一方で、「国民の努力」については、「国民は、地域、職域、学校その他の社会のあらゆる分野において、基本理念にのっとり、多文化共生社会の形成に寄与するよう努めなければならない[*20]」と抽象的な表現に留まっている。「国民」が何をすべきかが、「在留外国人」と同様により具体的な言葉で記されるとよい。

第 13 章（ファーラー）は、「最も外国人移住者の受け入れに関して準備不足なのは、国の学校制度である」（本書、187 頁）と指摘していた。編者からは、ホスト社会から「多文化共生」を実現するための努力として、学校教育に「多文化教育」を導入する案を示したい。多文化教育によって感受性豊かな子どものうちから、地球に生きる１人の人間として、他の人間とどのように生きていくかを考えてもらう。そして、この多文化教育の場には、移民も参加し、場を共に創り上げる。以上のように、「双方向」の「多文化共生」を移民庁は推進する。

以上、移民庁で優先すべき取り組みを７つ挙げた。

さいごに、省庁のあり方についてもう一度整理する。2019 年４月に新たに「在留」の二文字が加わった、出入国在留管理庁からは「在留」の文字を取る。ただし、ヒトの往来をボーダーフリーとするのは非現実的なので、出入国は、庁から局へと戻った法務省出入国管理局が管理する。移民の生活については、内閣に「移民庁」を創設し、移民庁が担当する。以上の形へと変えていく構想を提案する。

*20 衆議院「多文化共生基本法案」https://www.shugiin.go.jp/internet/itdb_gian.nsf/html/gian/honbun/houan/g19805028.htm（2023年4月16日、最終閲覧）。

書　評 BookReview

駒井　洋

本シリーズでは、毎号、日本語で刊行された移民・ディアスポラ関連の重要な単行本を紹介をかねて紹介する。今号では、鈴木江理子・児玉晃一氏編著と佐久間孝正氏の単著を書評の対象とした。

鈴木江理子・児玉晃一編著
『入管問題とは何か――終わらない〈密室の人権侵害〉』
明石書店、2022年

本書のねらい

本書のねらいについて、鈴木(国士舘大学教授)は「はじめに」で以下のように述べている。「多くの日本人にとっては無縁の入管収容施設では、以前から、暴行事件や死亡事件、自殺未遂事件が発生していたが、『密室』ゆえにその全容が解明されることはなかった。被害者が『外国人』であり、『日本にいるべきではない不法な人間』であるゆえに、メディアや市民の関心も低かったのかもしれない。関係者や監督者の責任が追及されることなく、やり過ごされていくことが常であった。……本書は、多様な立場で『暴力性』に対抗しようとする執筆者の論考やコラムから成り立っている」。

また児玉弁護士は「あとがきにかえて」のなかで、2021年の入管法改定案の廃案に至る軌跡ばかりでなく、「そもそも70年以上前に作られ現在まで基本的な姿が温存されている入管収容法制はどのようにして作られたのかというところから紐解き、入管収容が現在に至るまでどのような経過を辿ってきたのかを多面的に検証していくこととなった」と述べている。

本書の構成

書は6章と5コラムから構成されている。鈴木による「入管収容施設とは何か―『追放』のための暴力装置」と題される第1章は、被収容者、仮放免者、送還忌避者の人びとのそれぞれについて、暴力的処遇の実態を明らかにしている。収容中に死亡したウィシュマさんの国家賠償請求事件についての、空野佳弘弁護士によるコラム1が付せられている。

「いつ、誰によって入管はできたのか―体制の成立をめぐって」と題される第2章では、朴沙羅(ヘルシンキ大学講師)が入管の歴史的成立過程を検討している。敗戦後、旧植民地へと日本への2方向の引き揚げ、朝鮮半島から日本への不法入国、冷戦下においてエスニック・マイノリティを外国人とみなす外国人登録令の成立などを背景として、1950年9月出入国管理庁が設置された。戦後のコリアンの密航と関連する入管制度に関する挽地康彦によるコラム2が付せられている。

「入管で何が起きてきたのか―密室を暴く市民活動」と題される第3章は、市民活動家として入管問題に携わってきた高橋徹による。入管職員による信じがたい虐待と暴力、強制収容される子どもたちの実情が紹介され、1999年の入管問題調査会による政策提言が再録される。中国残留孤児の子や孫に偽装した入国を疑われ、家族ぐるみ入管に収容された経験を述べる井上晴子によるコラム3が付せられている。

在日クルド難民の支援を続けている周香織による「支援者としていかに向き合ってきたか―始まりは偶然から」と題される第4章は、国連大学前で座り込みをつづけていた申請中のクルド人2家族におにぎりと麦茶を差し入れたのがきっかけで支援をするようになったこと、5人の家族を残して父と子が強制送還されたこと、仮放免中の就労により拘束されるようになったことなどが報告される。入管法の改悪を阻止するため2021年4月から国会前でシットイン行動を開始し、それに成功した移住連の安藤真起子による「弱くしなやかなつながりのなかで」と題されるコラム4が付せられている。

「誰がどのように苦しんでいるのか―人間像をめぐって」と題される第5章は、小説家である木村友祐により執筆されている。コンゴ民主共和国から来日し難民認定を申請して仮放免中のサイさんと日本人の妻である晴佳さんおよび3人の子どもたちについての節と、30年近くも難民認定を申請し仮放免中のトルコ国籍のクルド人チュルクさんについての節からなる。30年以上も前に来日し、難民認定申請中のイラン出身のアフシンが入管収容施設での経験を述べるコラム5が付せられている。

著名な人権派弁護士である児玉晃一による「どうすれば現状を変えられるのか―司法によるアプローチを中心に」と題される第6章は、入管収容の手続き上の問題点を指摘する第1節、2021年に不成立となった入管法の改定案における収容に代わる監理措置を批判する第2節、収容施設および処遇を批判する第3節、仮放免中の処遇を批判する第4節、改善のためには行政ではなく立法と司法からのアプローチが必要であるとする第5節からなる。

巻末には入管収容をめぐる詳細な年表が付せられている。

本書の意義

名古屋入管に収容中に死亡したスリランカ人女性ウィシュマさんの事件は、大きな注目をあびた。このこともあって、2021年の入管法の改定は先おくりとなった。移住連の活動家と人権派弁護士を編者とする本書は、入管による人権侵害の実態を明らかにし、このような体制が形成された歴史的経緯を探り、入管収容に対処するための方策を包括的に検討しようとする、従来存在しなかった画期的な論文集であると評価できる。

本書評が掲載される「移民ディアスポラ研究シリーズ」第10号は、本書の精神とその成果を継承しながら、出入国在留管理庁の廃止とそれにかわる移民庁の新設を提唱している。

佐久間孝正著
『多国籍化する日本の学校
——教育グローバル化の衝撃』
勁草書房、2015 年

本書のねらい

本書の「はじめに」と「おわりに」とから本書のねらいを紹介すると、「当初の学校は、日本の子どもが主でその子どもの教育なり社会化にふさわしい場として制度はつくられた。しかしグローバルな時代を迎え、学校には日本人だけでなく、多くの外国につながる子どもが学ぶようになった」「現実との齟齬は、長期滞在外国人はもとより、永住や特別永住も含め、外国人と名がつけば就学義務もない制度に始まり、教科名や儀式の在り方にまで及ぶ」著者は外国につながる子どもたちの前に立ちふさがる保育園から大学までの壁を指摘しながら、その乗り越えを指向する。

本書の構成

本書は序章のほか 7 章から構成されている。

「西のロンドン、東の東京」と題される序章では、ロンドンと東京が比較される。ロンドンのイースト・エンドは、バングラデシュ系の集住をはじめとして多文化、多民族化が進んでいる。教育の地方当局は、学校においてそれぞれのエスニックの文化や宗教を尊重するよう求めている。これに相当する日本の地域は東京の豊島区であり、将来日本人人口が消滅する可能性があるなかで、新来外国人である中国人、ベトナム人、ネパール人が急増している。そのため、本書の以下の諸章では主として豊島区に所在する学校が対象とされる。

「多様化進む保育園—激突する文化」と題される第 1 章では、管轄する厚生労働省が外国人を受け入れる根拠としての国際法に疎いと指摘し、外国につながる乳幼児のうち通園する子どもが少ないとする。さらに、多文化保育士の必要性が強調される。

「幼稚園—就学前から多国籍」と題される第 2 章では、外国につながる幼稚園児の多さは親の日本への定住、永住の希望を反映しているとする。幼稚園における人間としての諸能力の訓練は、外国につながる園児たちにとって重要である。

「小学校—どこに向かう学校選択制」と題される第 3 章では、まず就学を希望する外国につながる児童生徒がいても、窓口で就学希望の有無が問われないことが多いとされる。就学が義務化されていないので行方不明の子どもが現れ、家族関係の多様化も問題を複雑にする。豊島区のある小学校では 14% 前後が外国人児童である。この学校には日本語学級がある。学校選択制の実施により、日本人と外国につながる子どもの間で格差が出現している。

「中学校—国際化への対応」と題される第 4 章では、まず日本語学級のある中学校は豊島区では皆無であるとされる。そのうえに、日本語加配教員のいる中学校に在籍する日本語の不自由な児童生徒は、区教育センターでの指導を受けられない。現在の日本の学校の関心は英語教育にあるが、それはかれらにとって三つ目の壁となる。進路指導については、ボランティアによる進学説明会にまかされており、不十分である。インターナショナル・スクールや民族学校などの外国人学校への就学の承認も重要である。

「夜間学級―マイノリティがマジョリティ」と題される第５章では、夜間中学が分析の対象である。東京の夜間中学の半数以上には日本語学級が設けられており、これが新渡日の人びとを引きつけている。生徒には成人が多いが、学生であるのに在留資格の対象外であるという問題がある。

「高等学校―未来の学校を映す定時制」と題される第６章では、日本人の生徒を獲得するのが困難となり、外国につながる生徒が増えている定時制高校がとりあげられている。

都立定時制では定員内不合格者を出さない原則があるので、白紙に近い答案でも合格させざるをえない。高校での日本語学級は認められていないので、日本語指導が必要となる。中途退学者が多いことは、大きな課題である。ある高校では入学者の約半数が中退者であり、女子の中退率のほうが高い。卒業生の４分の１は進学するが、残りの生徒のなかには何をしていいかわからない者もいる。学校にたいする満足率は８割を超えきわめて高い。

「国際化の対応困難な現在の教育システム」と題される第７章では、まず大学が英語教育に力を入れはじめたことが指摘され、ついで国際バカロレアを導入する高校が増えているとされる。日の丸・君が代の強制も異文化の人びととの共生の障害となる。

本書の意義

本書は７年以上も前に刊行されたものであるが、外国につながる子どもの発達を視点として、保育園から大学までを縦断的にカバーしながら実態調査をおこなっているという点で他に例を見ず、内容的にきわめて傑出している。そのため、本号で書評することとしたのである。著者が豊島区にある立教大学に在職されたことも本書執筆の動機のひとつとなっている。

本書では、夜間中学と定時制高校が高く評価され、その存在意義が強調されている。それにもかかわらず、著者によれば定時制高校の中退率はきわめて高く、それへの対処は難しい。

わたしはかつて著者から移民政策学会の機関誌『移民政策研究』の編集長を引き継いだ経験がある。今となっては、良い想い出である。

編集後記

加藤丈太郎

編者は、気がつけば「移民」にNPOでの実務、大学での研究を通じて20年近く関わってきた。実務で移民に関わっている頃によく聞かれたのは、「日本が嫌いだから外国人支援をするのか」という問いである。その答えは「否」である。日本社会をより豊かで住みやすい場所とするために、実務に取り組んできた。そして、現在、移民研究を続けている。

2014年8月18日という日付を今でもよく覚えている。編者は当時、NPOの活動で、非正規滞在外国人の正規化に関し、地方議会に一斉に陳情を開始した。開始に合わせて、記者会見を行い、その模様はNHKの「ニュース7」で取り上げられた。ニュース7が放映されるとすぐに、NPOの事務所に電話がかかってきた。抗議の電話だった。その声の質と口調から、10代から20代の青年が電話の主であると思われた。彼は「お前らは日本社会を転覆させたいのか」と怒りをぶつけてきた。しかし、「日本社会をより良くするために、この活動をしている」と説明をすると、相手は意表を突かれたようだった。最後には理解を示し、受話器を置いてくれた。電話を切った後、動悸が止まらなかった。しばらくして、この青年が何らかの苦しい状況に置かれているであろうことに思いを寄せた。そして、どこにもぶつけようのない怒りを非正規滞在外国人にぶつけてきたのだと理解した。日本社会の中で、苦しい状況に置かれ、余裕がない人が増えているのを実感する出来事であった。

また、世間では「移民を受け入れること＝日本固有の文化を捨てること」と誤解されがちである。しかし、移民の受け入れは、多くの人が行き詰まりを感じている日本社会において、社会を変えるチャンスになるかもしれない。新たに移民が日本の地域に暮らすことで、旧来から日本に住んできた人とは違う観点から地域に眠っていた資源が掘り起こされる。編者は仕事の関係で2022年4月に東京から関西に移り住んだ。関西には、ホルモン焼きのお店がたくさんあり、編者もホルモン焼きをよく食すようになった。「ホルモンは、戦後、在日コリアンが、日本人が『ほおるもん』を焼き始めたことに由来がある」とお店で教えてもらった。ホルモン焼きの由来には諸説あるが、在日コリアンが始めた焼き肉店がホルモン焼きを広めたことはまちがいなく、それは今や日本の食文化の一部を構成している。

日本列島には山脈が走り、自然が豊かである。一方で、少子高齢化が進行し、「限界集落」と呼ばれる地域、空き家が増えている。世界においては、紛争や気候変動により、住む場所を追われる人が今後ますます増えると予測される。このような中、「日本はヨーロッパと同じ失敗はしたくない」と移民の受け入れを拒み続けるのはあまりにも利己主義ではないだろうか。利己主義を通した結果、日本が世界から見放されるのではないかという危機感を編者は持っている。世界の危機は、世界各国が力を合わせて乗り越えるべきである。日本にヒトが住める場所があるのであれば、それを提供する方策を考えたい。

フランスやドイツでは「ホームグロウン・テロリズム」の実行犯がその国で生まれ育った移民２世・３世の若者であったことが衝撃を持って伝えられた。日本は移民受け入れにおいて、先進国の中で後発である。しかし、この、後発であることを強みに変えられるのではないだろうか。諸外国のグッドプラクティスを参照し、移民の「管理」ではなく「生活」により多くの予算を割き、「テロリズム」の芽を摘んでいく。そして、終章の最後に提案した、多文化教育を続けていけば「双方向」の「多文化共生」を実現できる可能性が日本には残されていると信ずる。

本書の編者となる打診を2022年の夏に「出入国在留管理庁」「移民庁」というキーワードと共に本シリーズ監修者の駒井洋先生からいただいた時には、「私にできるのだろうか」という不安しかなかった。しかし、自身も重要と考えるテーマでもあったので、不安より意欲が勝り、編者を引き受けた。気がつけば、本を編む中で、編者だからこそ実現できることの意義に魅了されていた。

編者として、監修者の助言を得ながら、１)「出入国在留管理庁」の実態を実務家に明らかにしてもらうこと、２) 外からの批判だけでは説得力が足りないので、「入管の中」にいた方に著者に加わってもらうこと、３)「オールドカマー」「ニューカマー」という言葉と共に、1990年代前後で分断されがちだった入管の歴史を一つに繋ぐこと、４) 理論・概念からも「出入国在留管理庁」にアプローチすること、５) 諸外国との比較を書籍に盛り込もうと構想した。このように項目を挙げることはできても、一人だけですべてを調べてまとめるのは難しい。今回、16名の著者の協力を得て、「出入国在留管理庁」を多面的に考察できるようになった。著者の中にはかねてからその書籍を拝読しており、いつか会ってみたいと思っていた方も含まれる。快く執筆を引き受けていただいたのは思いがけない幸運であった。また、著者に元入管職員を４名含むことができた。４名にはかつて自身が身を置いた組織を批判的に分析するという重い課題を背負っていただいた。課題に真摯に向き合い、原稿化して頂いたことをとてもありがたく思っている。篤く御礼申し上げる。

本書は期せずして、難民認定申請者への送還停止効の撤廃などを盛り込んだ入管法改定が審議されているさなか（2023年５月）に、出版される運びになった。もちろん、今回の入管法改定において市民社会で議論されている点はいずれも重要である。しかし、それらを既に枠が構築されていた本書に拙速に取り込むのは良くないと考えた。そこで、本書はより長いスパンで入管を捉えた時に、何が課題であり、どのような解決策があるのかを模索し続けた。

16名の著者の論考をつなぎ、最後に編者にて終章を執筆した。これまで本書と類似するテーマを扱う書籍を読む中で感じていたのは、内容が既存の省庁や政策の批判で終わっており、どのように新しい省庁や政策を作るかまでは論じられていない点であった。編者の拙い経験に基づく、本当に粗い内容ではあるが、本書では移民庁という具体的な構想を示すことに挑戦した。もし、この構想が新しい省庁や政策を作る上で多くの読者のたたき台となるのであれば、それはとても喜ばしいことである。なお、本書は実務家と研究者の論考を同時に含むことから、書誌情報の記し方にはあえて変化をつけた。注形式の方が本文と書籍等の関連がわかりやすい一方で、用いられている文献数が多い場合は、参考文献表で書誌情報が一覧できる方が便益に適う。書式が不統一と思われる向きもあるかもしれないが、この点はご容赦いただきたい。

編者は2022年３月に単著として『日本の「非正規移民」―「不法性」はいかにつくられ、維持されるか』（明石書店）を出版した。この書籍の内容を2022年６月に国際開発学会の春季大会で紹介する機会があった。その際、コメンテーターの日下部尚徳先生より「ぜひ今後は一般書の執筆にもチャレンジしてみて欲しい」と激励をいただいていた。それから程なくして、本書籍の編者への打診を駒井洋先生よりいただき、何かの巡り合わせを感じた。本書は研究書に分類されるとは思うが、現場での実践をまとめた第一部を冒頭に置き、内容が難しい章では説明を加筆するよう著者に求め、できるだけ広い読み手に届くよう、わかりやすくするように心がけたつもりである。

16名の著者の原稿を「最初の読者」として読ませていただいたのは何物にも代え難い経験となった。一人ひとりの著者が示す点と点が「線」になり、「面」となって迫ってくる瞬間を編者として幾度も味わった。非常に短期間の中、ご執筆をいただいたことに篤く御礼を申し上げたい。

監修者の駒井洋先生、明石書店・黒田貴史さま、「移民・ディアスポラ」研究会事務局長の小林真生先生に心から御礼を申し上げたい。明石書店は日本で数多くの移民研究の書籍を世に出してきた出版社である。編者自身、駒井洋先生が明石書店で監修してきた書籍を読み込み、かつて大学院入試を受けたのが懐かしく思い出される。研究者としてまだ駆け出しの私に駒井先生が編者という大役を任せて下さったことをとてもありがたく思っている。黒田貴史さまは、注文が多く、せっかちな編者をあたたかく受け止め続けてくださった。小林真生先生には、著者をご紹介いただき、過去の本シリーズの編集のご経験から助言を賜った。本書はこの御三方との協働のもとにある。

最後に、本書を手に取ってくださった読者の皆さまに心から御礼を申し上げる。よろしければ、ぜひ、本書を周りの方にもおすすめいただきたい。本書が、どのような組織を中心として、日本社会が移民と向き合っていくのかを考える一助となれば幸いである。

2023年5月11日

兵庫県西宮市にて

在留資格一覧表および在留期間一覧表

（1）在留資格一覧表

入管法別表第一（第二条の二、第十九条関係）

一

在留資格	本邦において行うことができる活動
外交	日本国政府が接受する外国政府の外交使節団若しくは領事機関の構成員、条約若しくは国際慣行により外交使節と同様の特権及び免除を受ける者又はこれらの者と同一の世帯に属する家族の構成員としての活動
公用	日本国政府の承認した外国政府若しくは国際機関の公務に従事する者又はその者と同一の世帯に属する家族の構成員としての活動（この表の外交の項の下欄に掲げる活動を除く。）
教授	本邦の大学若しくはこれに準ずる機関又は高等専門学校において研究、研究の指導又は教育をする活動
芸術	収入を伴う音楽、美術、文学その他の芸術上の活動（二の表の興行の項の下欄に掲げる活動を除く。）
宗教	外国の宗教団体により本邦に派遣された宗教家の行う布教その他の宗教上の活動
報道	外国の報道機関との契約に基づいて行う取材その他の報道上の活動

二

在留資格	本邦において行うことができる活動
投資・経営	本邦において貿易その他の事業の経営を開始し若しくは本邦におけるこれらの事業に投資してその経営を行い若しくは当該事業の管理に従事し又は本邦においてこれらの事業の経営を開始した外国人（外国法人を含む。以下この項において同じ。）若しくは本邦におけるこれらの事業に投資している外国人に代わつてその経営を行い若しくは当該事業の管理に従事する活動（この表の法律・会計業務の項の下欄に掲げる資格を有しなければ法律上行うことができないこととされている事業の経営若しくは管理に従事する活動を除く。）
法律・会計業務	外国法事務弁護士、外国公認会計士その他法律上資格を有する者が行うこととされている法律又は会計に係る業務に従事する活動

医　　　　療	医師、歯科医師その他法律上資格を有する者が行うこととされている医療に係る業務に従事する活動
研　　　　究	本邦の公私の機関との契約に基づいて研究を行う業務に従事する活動（一の表の教授の項の下欄に掲げる活動を除く。）
教　　　　育	本邦の小学校、中学校、高等学校、中等教育学校、盲学校、聾（ろう）学校、養護学校、専修学校又は各種学校若しくは設備及び編制に関してこれに準ずる教育機関において語学教育その他の教育をする活動
技　　　　術	本邦の公私の機関との契約に基づいて行う理学、工学その他の自然科学の分野に属する技術又は知識を要する業務に従事する活動（一の表の教授の項の下欄に掲げる活動並びにこの表の投資・経営の項、医療の項から教育の項まで、企業内転勤の項及び興行の項の下欄に掲げる活動を除く。）
人文知識・国際業務	本邦の公私の機関との契約に基づいて行う法律学、経済学、社会学その他の人文科学の分野に属する知識を必要とする業務又は外国の文化に基盤を有する思考若しくは感受性を必要とする業務に従事する活動（一の表の教授の項、芸術の項及び報道の項の下欄に掲げる活動並びにこの表の投資・経営の項から教育の項まで、企業内転勤の項及び興行の項の下欄に掲げる活動を除く。）
企業内転勤	本邦に本店、支店その他の事業所のある公私の機関の外国にある事業所の職員が本邦にある事業所に期間を定めて転勤して当該事業所において行うこの表の技術の項又は人文知識・国際業務の項の下欄に掲げる活動
興　　　　行	演劇、演芸、演奏、スポーツ等の興行に係る活動又はその他の芸能活動（この表の投資・経営の項の下欄に掲げる活動を除く。）
技　　　　能	本邦の公私の機関との契約に基づいて行う産業上の特殊な分野に属する熟練した技能を要する業務に従事する活動

三

在留資格	本邦において行うことができる活動
文化活動	収入を伴わない学術上若しくは芸術上の活動又は我が国特有の文化若しくは技芸について専門的な研究を行い若しくは専門家の指導を受けてこれを修得する活動（四の表の留学の項から研修の項までの下欄に掲げる活動を除く。）
短期滞在	本邦に短期間滞在して行う観光、保養、スポーツ、親族の訪問、見学、講習又は会合への参加、業務連絡その他これらに類似する活動

四

在留資格	本邦において行うことができる活動
留　　　学	本邦の大学若しくはこれに準ずる機関、専修学校の専門課程、外国において十二年の学校教育を修了した者に対して本邦の大学に入学するための教育を行う機関又は高等専門学校において教育を受ける活動
就　　　学	本邦の高等学校（中等教育学校の後期課程を含む。）若しくは盲学校、聾学校若しくは養護学校の高等部、専修学校の高等課程若しくは一般課程又は各種学校（この表の留学の項の下欄に規定する機関を除く。）若しくは設備及び編制に関してこれに準ずる教育機関において教育を受ける活動
研　　　修	本邦の公私の機関により受け入れられて行う技術、技能又は知識の修得をする活動（この表の留学の項及び就学の項の下欄に掲げる活動を除く。）
家族滞在	一の表、二の表又は三の表の上欄の在留資格（外交、公用及び短期滞在を除く。）をもつて在留する者又はこの表の留学、就学若しくは研修の在留資格をもつて在留する者の扶養を受ける配偶者又は子として行う日常的な活動

五

在留資格	本邦において行うことができる活動
特定活動	法務大臣が個々の外国人について特に指定する活動

別表第二（第二条の二、第十九条関係）

在留資格	本邦において有する身分又は地位
永　住　者	法務大臣が永住を認める者
日本人の配偶者等	日本人の配偶者若しくは民法（明治二十九年法律第八十九号）第八百十七条の二の規定による特別養子又は日本人の子として出生した者
永住者の配偶者等	永住者の在留資格をもつて在留する者若しくは特別永住者（以下「永住者等」と総称する。）の配偶者又は永住者等の子として本邦で出生しその後引き続き本邦に在留している者
定　住　者	法務大臣が特別な理由を考慮し一定の在留期間を指定して居住を認める者

(2) 在留期間一覧表

入管法施行規則別表第二

在留資格	在留期間
外交	法別表第一の一の表の外交の項の下欄に掲げる活動（「外交活動」と称する。）を行う期間
公用	法別表第一の一の表の公用の項の下欄に掲げる活動（「公用活動」と称する。）を行う期間
教授	三年又は一年
芸術	三年又は一年
宗教	三年又は一年
報道	三年又は一年
投資・経営	三年又は一年
法律・会計業務	三年又は一年
医療	三年又は一年
研究	三年又は一年
教育	三年又は一年
技術	三年又は一年
人文知識・国際業務	三年又は一年
企業内転勤	三年又は一年
興行	一年，六月又は三月
技能	三年又は一年
文化活動	一年又は六月

短期滞在	九十日，三十日又は十五日
留学	二年又は一年
就学	一年又は六月
研修	一年又は六月
家族滞在	三年，二年，一年，六月又は三月
特定活動	一　法第七条第一項第二号の告示で定める活動を指定される者にあっては，三年，一年又は六月 二　一に掲げる活動以外の活動を指定される者にあっては，一年を超えない範囲内で法務大臣が個々の外国人について指定する期間
永住者	無期限
日本人の配偶者等	三年又は一年
永住者の配偶者等	三年又は一年
定住者	一　法第七条第一項第二号の告示で定める地位を認められる者にあっては，三年又は一年 二　一に掲げる地位以外の地位を認められる者にあっては，三年を超えない範囲内で法務大臣が個々の外国人について指定する期間

・在留資格一覧表　入管法別表第一、別表第二

出所：出入国在留管理庁ウェブサイト https://www.moj.go.jp/isa/content/930002477.pdf（2023年4月14日、最終閲覧）

出入国在留管理庁および「出入国管理及び難民認定法」にかかわる年表

年	事　項
1950年	外務省に出入国管理庁設立
1951年	出入国管理令制定・施行 出入国管理庁を入国管理庁に改組
1952年	ポツダム宣言の受諾に伴い発する命令に関する件に基く外務省関係諸命令の措置に関する法律施行 **旧植民地出身者の国籍剥奪** 外国人登録法制定・施行 **外国人登録証の常時携帯義務・指紋押捺制度の導入** 入国管理庁が法務省に移管され入国管理局に
1981年	難民条約加入 出入国管理及び難民認定法制定・翌年（1982年）施行
1982年	難民認定制度始まる
1989年	出入国管理及び難民認定法改正・翌年（1990年）施行 **在留資格の再編** **不法就労助長罪**（在留資格がない者を雇用した雇用主への罰則）**が新設される**
1991年	入管特例法制定・施行 **旧植民地出身者とその子孫は「特別永住者」に**
1997年	出入国管理及び難民認定法改正・施行 **集団密航に係る罪を新設**
1998年	出入国管理及び難民認定法改正・施行 **「台湾護照」が入管法上の旅券として取り扱われる**
1999年	出入国管理及び難民認定法改正・翌年（2000年）施行 **不法在留罪を新設**（「不法」入国後の日本在留が処罰の対象に） **日本から退去強制**（強制送還）**された者の上陸拒否期間を1年から5年に伸長** **再入国許可**（中長期の在留資格を有する外国出身者が日本の外に出た後、査証を取得することなく再び日本に戻れる期間）**の有効期限を1年から3年に伸長**
2001年	出入国管理及び難民認定法改正・翌年（2002年）施行 **フーリガン対策**（サッカーW杯で暴行を行うおそれがある者の上陸拒否） **偽変造文書対策のための退去強制事由の整備**

2004年	出入国管理及び難民認定法改正・施行 **出国命令制度**（在留資格のない者が自らその事実を申し出た場合、出国後の日本への上陸拒否期間が短縮される）**の創設** **在留資格取消制度の創設** **難民審査参与員制度の創設**（翌年（2005年）施行）
2005年	出入国管理及び難民認定法改正・一部を除き施行 **人身取引議定書の締結に伴い、人身取引された者について一部の上陸拒否事由・退去強制事由から除外**
2006年	出入国管理及び難民認定法改正・施行 **外国人テロリスト等を退去強制事由に追加** **日本版 US-VISIT 導入**（入国審査での指紋採取、写真撮影）
2009年	出入国管理及び難民認定法改正・一部を除き翌年（2010年）施行 **外国人登録制度の廃止と新たな在留管理制度の導入**（2012年施行） **在留資格「技能実習」創設**
2014年	出入国管理及び難民認定法改正・翌年施行 **在留資格「高度専門職」の創設**
2016年	出入国管理及び難民認定法改正・翌年施行 **在留資格「介護」の創設** **偽装滞在者への罰則の強化**
2018年	出入国管理及び難民認定法改正・翌年施行 **在留資格「特定技能」創設**
2019年	**法務省入国管理局、出入国在留管理庁へ昇格**

出所：出入国管理庁ウェブサイト、鈴木（2018）、加藤（2021）をもとに編者作成

参考文献

加藤丈太郎（2021）「出入国管理及び難民認定法改正にかかわる年表」川村千鶴子編集代表者、明石留美子・阿部治子・加藤丈太郎・マハルザンラビ・万城目正雄・李錦純共編『多文化共創社会への33の提言—気づき愛 Global Awareness』都政新報社、44-45頁。

出入国在留管理庁ウェブサイト「最近の法改正」https://www.moj.go.jp/isa/laws/kaisei_index.html（2023年4月14日、最終閲覧）

鈴木江理子（2018）「戦後の日本と諸外国における外国人／移民政策関連年表」移民政策学会設立10周年記念論集刊行委員会編『移民政策のフロンティア—日本の歩みと課題を問い直す』明石書店。

執筆者紹介（執筆順）

監修者紹介

駒井　洋（こまい・ひろし）▶刊行にあたって、第 11 章、書評
筑波大学名誉教授。移民政策学会元会長。東京大学大学院社会研究科博士課程修了。博士（社会学）。主な著書『国際社会学研究』（日本評論社、1989 年）、『移民社会学研究――実態分析と政策提言 1987-2016』（明石書店、2016 年）。監修書に『移民・ディアスポラ研究 1 ～ 9』（明石書店、2011 ～ 2020 年）など。

編者紹介

加藤丈太郎（かとう・じょうたろう）▶序章、第 13 章（翻訳）、終章
武庫川女子大学文学部英語グローバル学科専任講師。博士（学術）。
2017 年 3 月まで NPO において非正規移民に在留資格を求める活動に従事。2017 年 4 月に研究の道に転じ、現在はベトナムから日本への国際労働移動を主なテーマとして研究を行っている。専門は移民研究、国際労働移動、国際社会学、多文化共生論。
主な著書に『日本の「非正規移民」―「不法性」はいかにつくられ、維持されるか』（単著、2022、明石書店）、『多文化共創社会への 33 の提言―気づき愛、Global Awareness』（共編著、2021、都政新報社）、『多文化共生　人が変わる、社会を変える』（共著、2018、凡人社）などがある。

著者紹介

指宿昭一（いぶすき・しょういち）▶第 1 章
弁護士。入管の民族差別・人権侵害と闘う全国市民連合代表、入管を変える！弁護士ネットワーク共同代表、外国人技能実習生問題弁護士連絡会共同代表、外国人労働者弁護団代表。
労働事件・外国人事件に専門化した弁護士業務を行う。著書に『使い捨て外国人―人権なき移民国家、日本』（単著、2020、朝陽会）、『外国人研修生　時給 300 円の労働者 2―使い捨てを許さない社会へ』（共著、2009、明石書店）などがある。

篠原拓生（しのはら・たくお）▶第 2 章
行政書士。東京都行政書士会所属。
月刊『むすぶ』（ロシナンテ社）に「おしゃべりシノラの入管クッキング」を連載中。

平野雄吾（ひらの・ゆうご）▶第３章
共同通信記者。1981 年東京生まれ。一橋大学大学院経済学研究科修士課程修了後、2006 年に共同通信入社。前橋、福島、外信部、カイロ支局などを経て 2020 年 8 月からエルサレム支局長。「入管収容施設の実態を明らかにする一連の報道」で 2019 年平和・協同ジャーナリスト基金賞奨励賞を受賞。主な著書に『ルポ入管─絶望の外国人収容施設』（単著、2020、ちくま新書、城山三郎賞、石橋湛山記念早稲田ジャーナリズム大賞など受賞）、『労働再審２─越境する労働と〈移民〉』（共著、2010、大月書店）、『東日本大震災復興への道─神戸からの提言』（共著、2012、クリエイツかもがわ）などがある。

滝朝子（たき・あさこ）▶第４章
アクティビスト、NPO アデイアベバ・エチオピア協会理事。
アクティビストとして入管制度の問題に対する抗議活動や、移民・難民である人と協働している。NPO アデイアベバ・エチオピア協会ではボランティアとして主にエチオピア・ミックスルーツの人々が住む地域で生活支援や文化交流活動を行う（2021 年より理事）。

田巻松雄（たまき・まつお）▶第５章
宇都宮大学名誉教授。「とちぎに夜間中学をつくり育てる会」代表。
2010 年度から 2021 年度まで、宇都宮大学 HANDS 事業の代表者として、外国人児童生徒教育支援活動に従事。現在は主に夜間中学など多様な学び（場）に関する研究と活動を進めている。
主な著書に、『夕張は何を語るか』（編、2014、吉田書店）、『未来を拓くあなたへ』（2017、下野新聞新書）、『ある外国人の日本での 20 年』（2019、下野新聞社、英語版 2021）などがある。

大西広之（おおにし・ひろゆき）▶第６章
四国大学学際融合研究所経営情報研究部門特別研究員。東京都立大学大学院都市環境科学研究科客員研究員。博士（法学）。専門は行政法、境界研究、民事法務。
主な著書に『越境とアイデンティフィケーション　国籍・パスポート・ID カード』（共著、2012、新曜社）、『パスポート学』（共編著、2016、北海道大学出版会）、『複数国籍　日本の社会・制度的課題と世界の動向』（共著、2022、明石書店）などがある。

渡邉祐樹（わたなべ・ゆうき）▶第７章
弁護士（2004 年登録、埼玉弁護士会川越支部所属）、作家（ペンネームは北部祐和）
1994 年 4 月から 1996 年 12 月まで東京入国管理局（現在は東京出入国在留管理局）成田空港支局に勤務し、主に入国審査業務に従事。
作家としての小説に『アフターメッセージ』（2021、幻冬舎）がある。

木下洋一（きのした・よういち）▶第8章
元入国審査官。
1989年4月、近畿公安調査局入局。2001年、法務省入国管理局（現・出入国在留管理庁）へ異動。以降、2019年3月に退職するまでの18年間、東京局、横浜支局、羽田支局等地方（支）局において、在留審査、上陸審査、違反審判などの業務に従事。2017年4月、神奈川大学大学院法学研究科に社会人入学。「出入国管理システムにおける行政裁量に関する一考察」で法学修士学位取得。2019年3月、大学院修了と同時に入管局を早期退職。

水上洋一郎（みずかみ・よういちろう）▶第9章
（公益財団法人）日韓文化協会顧問、（社会福祉法人）さぽうと21監事、（社会福祉法人）こころの家族評議員等。
元東京入国管理局長。インドシナ難民対策連絡調整会議事務局内閣審議官、入国管理局難民認定室長、同審判課長、名古屋入国管理局長、東京入国管理局長を経て2003年法務省を退職。
修士論文『ベトナム難民政策—消極的権限競合における行政部内の政策決定過程』（埼玉大学大学院政策科学研究科）、カトリック難民定住委員会編『「難民とともに」1975年～2000年』（2001年所収）。

テッサ・モーリス＝スズキ（Tessa Morris-Suzuki）▶第10章
オーストラリア国立大学名誉教授。博士（経済史）。専門は日本経済史、思想史。
近著に、*On the Frontiers of History: Rethinking East Asian Borders* (ANU Press, 2020)、*Japan's Living Politics: Grassroots Action and the Crises of Democracy*（Cambridge University Press, 2020）などがある。

外村大（とのむら・まさる）▶第12章
東京大学大学院総合文化研究科教授。日本近代史専攻。
主な著書に『朝鮮人強制連行』（2012、岩波書店）、『在日朝鮮人社会の歴史学的研究ー形成・構造・変容』（2004、緑蔭書房）などがある。

ファーラー・グラシア（Liu-Farrer, Gracia）▶第13章
早稲田大学大学院アジア太平洋研究科教授、早稲田大学アジア国際移動研究所所長。Ph D (Sociology)。日本における移民の経済的・社会的・政治的な実践、留学生と専門職移民のグローバル移動について主に研究を行っている。
主な著書に、*Labor Migration from China to Japan: International Students, Transnational Migrants* (Routledge, 2011、単著)、*Immigrant Japan: Mobility and Belonging in an Ethno-nationalist Society* (Cornell University Press, 2020、単著)、*Handbook of Asian Migrations* (Routledge, 2018、Brenda Yeohとの共編著) などがある。

小熊英二（おぐま・えいじ）▶第 14 章
慶應義塾大学総合政策学部教授。学術博士。社会学から日本近現代の研究に従事。
主な著書に『単一民族神話の起源』（新曜社、1995 年、サントリー学芸賞）、『〈日本人〉の境界』（新曜社、1998 年）、『〈民主〉と〈愛国〉』（新曜社、2002 年、大仏次郎論壇賞、毎日出版文化賞、日本社会学会奨励賞）、『日本社会のしくみ』（講談社、2019 年）、*A Genealogy of 'Japanese' Self-Images* (Transpacific Press, 2002) など。

小林真生（こばやし・まさお）▶第 15 章
立教大学兼任講師。博士（学術）。
地方都市における対外国人意識や事例分析、およびスポーツ選手の帰化・国籍選択を研究。
主な著書に、『日本の地域社会における対外国人意識－北海道稚内市と富山県旧新湊市を事例として』（2012、福村出版）。編著に『移民・ディアスポラ研究 3 －レイシズムと外国人嫌悪』『移民・ディアスポラ研究 9 －変容する移民コミュニティ』（駒井洋監修、2013、2020、明石書店）などがある。

近藤敦（こんどう・あつし）▶第 16 章
名城大学法学部教授。博士（法学）。
入管庁の在留外国人に対する基礎調査、総務省・愛知県・名古屋市・小牧市・安城市・西尾市・豊橋市・田原市・春日井市・可児市・各務原市の多文化共生推進プランや愛知県の人権推進プランなどに参加。
専門は憲法、国際人権法、移民政策。
主な単著に『国際人権法と憲法－多文化共生時代の人権論』（2023、明石書店）、『移民の人権―外国人から市民へ』（2021、明石書店）、『多文化共生と人権－諸外国の「移民」と日本の「外国人」』（2019、明石書店）などがある。

移民・ディアスポラ研究 10
入管の解体と移民庁の創設——出入国在留管理から多文化共生への転換

2023年5月31日　初版第1刷発行

監修者　駒井　洋
編著者　加藤丈太郎
発行者　大江道雅
発行所　株式会社 明石書店
〒101-0021 東京都千代田区外神田6-9-5
電話　03（5818）1171
FAX　03（5818）1174
振替　00100-7-24505
http://www.akashi.co.jp
装丁　明石書店デザイン室
印刷　株式会社 文化カラー印刷
製本　協栄製本株式会社

（定価はカバーに表示してあります。）　ISBN978-4-7503-5601-3